Pitt von Bebenburg | Matthias Thieme

Deutschland ohne Ausländer

Pitt von Bebenburg | Matthias Thieme

Deutschland ohne Ausländer

Ein Szenario

REDLINE | VERLAG

Bibliografische Information der Deutschen Nationalbibliothek:
Die Deutsche Nationalbibliothek verzeichnet diese Publikation in der Deutschen Nationalbibliografie; detaillierte bibliografische Daten sind im Internet über http://d-nb.de abrufbar.

Für Fragen und Anregungen:
vonbebenburg@redline-verlag.de
thieme@redline-verlag.de

1. Auflage 2012

Nymphenburger Straße 86
D-80636 München
Tel.: 089 651285-0
Fax: 089 652096

Redaktion: Matthias Michel, Wiesbaden
Umschlagabbildung: Bearbeitet nach einem Motiv von iStockphoto.com
Satz: HJR, Jürgen Echter, Landsberg am Lech
Druck: CPI, Ebner & Spiegel, Ulm
Printed in Germany

ISBN Print 978-3-86881-338-8
ISBN E-Book (PDF) 978-3-86414-240-6

Inhalt

Vorwort

Was denken Sie über Ausländer? Und was wissen Sie genau? Sind Sie sicher, dass Sie schon alles wissen?

Schon das Wort »Ausländer« ist merkwürdig. Meistens wird es für Menschen gebraucht, die in Deutschland leben, aber keinen deutschen Pass haben. Früher nannte man solche Menschen Fremde. In Österreich heißen sie immer noch so. Ganz offiziell. Der Fremde ist ein Mensch, »der heute kommt und morgen bleibt«, schrieb der Soziologe Georg Simmel vor 100 Jahren.[1] Dort, wo er bleibt, wird er als Fremder wahrgenommen. Die Unterscheidung von Eigenem und Fremdem ist eine Grunderfahrung des Menschen. Die Fremden sind denjenigen, die sie so nennen, nicht vertraut, andersartig und fern.

In der Antike war der Fremde der Barbar, der unverständlich spricht. Viel hat sich an dieser Wahrnehmung nicht verändert. Die Fremden sind da, leben in der Nähe und sind gleichzeitig fern. Oder anders gesagt: Mit den Fremden kommt die Ferne gefährlich nahe an uns heran. Wir wissen nicht, was das bedeutet. »Fremde bedeuten das Fehlen von Klarheit, man kann nicht sicher sein, was sie tun werden, wie sie auf die eigenen Handlungen reagieren würden; man kann nicht sagen, ob sie Freunde oder Feinde sind – und daher kann man nicht umhin, sie mit Argwohn zu betrachten«, notiert der Soziologe Zygmunt Bauman.[2]

Längst sind viele Menschen, die ohne einen deutschen Pass in der Bundesrepublik leben, keine Fremden mehr. Sie gehören dazu. Trotzdem ist ein Argwohn gegen Ausländer geblieben. Man liest viel von Gewalt in den Schulen, von Ausländerkriminalität, Terrorismus, Drogenkartellen, Ehrenmorden. Sind das Medienkampagnen, oder beschreibt es die Wirklichkeit? Welche Zahlen, Daten, Fakten liegen dazu vor? Was sagen die Wissenschaft und die Wirtschaft, die Juristen und Politiker?

Viele Deutsche glauben, dass Ausländer große Probleme verursachen, die Sozialsysteme belasten, die Nachbarschaft stören – und dass es einfach zu viele von ihnen in Deutschland gibt. Manche wünschen sich, diese Fremden unter uns gingen einfach alle weg. In diesem Buch tun sie es.

Mehr als sieben Millionen Ausländer verlassen Deutschland. Morgen. Auf den kommenden Seiten. Was würde dann geschehen? Würde die Kriminalität sinken, die Wirtschaft besser dastehen? Würden die Sozialsysteme entlastet werden? Was wäre mit dem Sport, der Kultur, der Gastronomie? Dieses Buch führt Sie in die Fiktion eines ausländerfreien Deutschlands – treten Sie ein und staunen Sie. Denn im Verhältnis zum Fremden lernen wir mehr über uns selbst als irgendwo sonst.

Die Experten

Dieses Buch ist mit der Unterstützung zahlreicher Fachleute aus allen Gesellschaftsbereichen zustande gekommen, die sich auf unser Gedankenexperiment eingelassen haben. Ihre Aussagen und Einschätzungen finden sich auf den folgenden Seiten wieder. Zu besonderem Dank sind wir verpflichtet:

Bülent Arslan, Unternehmensberater, Gründer des imap-Instituts und Vorsitzender des Deutsch-Türkischen Forums der CDU Nordrhein-Westfalen

Dr. Dmitrij Belkin, wissenschaftlicher Mitarbeiter des Fritz-Bauer-Instituts und Kurator des Jüdischen Museums Frankfurt am Main

Prof. Dr. Gerhard Bosch, geschäftsführender Direktor des Instituts Arbeit und Qualifikation im Fachbereich Gesellschaftswissenschaften der Universität Duisburg-Essen

Daniel Cohn-Bendit, Ko-Vorsitzender der Grünen-Fraktion im Europaparlament und ehemaliger Dezernent für multikulturelle Angelegenheiten in Frankfurt am Main

Prof. Dr. Dr. Dr. Wassilios E. Fthenakis, emeritierter Professor für Entwicklungspsychologie an der Freien Universität Bozen

Dr. Naika Foroutan, Sozialwissenschaftlerin und Leiterin des Forschungsprojekts »Hybride europäisch-muslimische Identitätsmodelle« an der Humboldt-Universität Berlin

Thomas Grätz, Geschäftsführer des Deutschen Taxi- und Mietwagenverbandes

Dr. Gregor Gysi, Fraktionsvorsitzender Die Linke im Bundestag

Ingrid Hartges, Hauptgeschäftsführerin des Deutschen Hotel- und Gaststättenverbandes (DEHOGA)

Juanita Henning, Sprecherin des Prostituiertenverbandes Doña Carmen e.V.

Bernd Hölzenbein, Fußball-Weltmeister 1974 und Chef-Scout von Eintracht Frankfurt

Baki Irmak, Head of Global Communication der Fondsgesellschaft DWS

Dr. Matthias Jaroch, Sprecher des Deutschen Hochschulverbands

Burkhard Kieker, Geschäftsführer von visitBerlin, der Berliner Tourismus- und Kongress GmbH

Karl Kopp, Europareferent von Pro Asyl

Bernd Mesovic, stellvertretender Geschäftsführer von Pro Asyl

Dr. Jürgen Micksch, Vorsitzender des Interkulturellen Rates in Deutschland und ehemaliger Interkultureller Beauftragter der Evangelischen Kirche in Hessen und Nassau

Hamideh Mohagheghi, Juristin und islamische Theologin, Vorstandsvorsitzende der Muslimischen Akademie in Deutschland

Prof. Dr. Dr. h.c. mult. Peter-Christian Müller-Graff, Professor für bürgerliches Recht und Europarecht sowie geschäftsführender Direktor des Instituts für deutsches und europäisches Gesellschafts- und Wirtschaftsrecht an der Ruprecht-Karls-Universität Heidelberg

Prof. em. Dr. Dr. h.c. Dieter Oberndörfer, emeritierter Professor für Politikwissenschaft und langjähriger Direktor des Arnold-Bergstraesser-Instituts in Freiburg sowie ehemaliger 1. Vorsitzender des Rats für Migration

Vural Öger, Touristikunternehmer und ehemaliger SPD-Europaabgeordneter

Cem Özdemir, Ko-Vorsitzender Bündnis 90/Die Grünen

Marei Pelzer, rechtspolitische Referentin von Pro Asyl

Dr. Rudolf Ridinger, Direktor des Verbands der Südwestdeutschen Wohnungswirtschaft

Prof. Dr. Dieter Rössner, Professor für Strafrecht und Kriminologie am Institut für Kriminalwissenschaften der Philipps-Universität Marburg

Dr. Manfred Schmidt, Präsident des Bundesamtes für Migration und Flüchtlinge

Martin Schulz, SPD, Präsident des Europäischen Parlaments

Hiltrud Stöcker-Zafari, Bundesgeschäftsführerin des Verbands binationaler Familien und Partnerschaften

Christine Sudhop, Vize-Geschäftsführerin des Bundesinnungsverbands des Gebäudereiniger-Handwerks

Prof. Dr. Rita Süssmuth, CDU, ehemalige Präsidentin des Deutschen Bundestags

Bernd Tews, Geschäftsführer Bundesverband privater Anbieter sozialer Dienste

Dr. h.c. Wolfgang Thierse, SPD, Vizepräsident des Deutschen Bundestags, Mitglied im Zentralkomitee der deutschen Katholiken

Dr. Dita Vogel, Netzwerk Migration in Europa

Dr. Bernd Wagner, wissenschaftlicher Leiter des Instituts für Kulturpolitik und stellvertretender Geschäftsführer der Kulturpolitischen Gesellschaft

Günter Wallraff, Journalist und Buchautor

Prof. Dr. Joachim Wieland, Professor für Öffentliches Recht, Rektor der Deutschen Universität für Verwaltungswissenschaften, Speyer

Matthias Wissmann, Präsident des Verbands der Automobilwirtschaft VDA und ehemaliger Bundesforschungs- und Bundesverkehrsminister (CDU)

Prof. Dr. Andreas Zick, Erziehungswissenschaftler, Institut für Interdisziplinäre Konflikt- und Gewaltforschung der Universität Bielefeld

Dr. Theo Zwanziger, ehemaliger Präsident des Deutschen Fußball-Bundes (bis 2012) und Mitglied im Exekutivkomitee des Fußball-Weltverbandes Fifa

Deutschland ohne Ausländer

Jeden Tag verschwinden in Deutschland Menschen. Spurlos. Massenhaft. Einfach so. Gestern waren sie noch da, erzählten von ihren Plänen, gingen arbeiten, umarmten ihre Liebsten, trafen Verabredungen. Und heute ist es, als hätte es sie nie gegeben. Die Vermisstendatei des Bundeskriminalamtes umfasst zwischen 5500 und 6100 Personen. 50.000 zählt die Polizei europaweit. Eine Kleinstadt von Verschwundenen. Kein böses Märchen, sondern unsere heutige Realität. Was aber, wenn plötzlich noch viel mehr Menschen verschwänden? Nicht nur Tausende, sondern Millionen?

Der Tag, an dem die Ausländer verschwinden, ist sonnig und warm. Die Meteorologen haben Temperaturen bis 30 Grad vorausgesagt, mit einzelnen Sommergewittern am Abend. Es ist Ende Juli, ein blauer, fast wolkenloser Himmel spannt sich über Deutschland. Man hat den Stichtag für die Ausreise auf einen Sonntag gelegt, damit alle ausreisenden Ausländer mit ihren Autos nicht vom Lkw-Verkehr behindert werden. Außerdem soll der Berufsverkehr nicht gestört werden. Der ADAC warnt dennoch vor langen Staus auf den Hauptreiserouten Richtung Süden und Osten und rät deutschen Autofahrern dringend, an diesem Sonntag auf Fernreisen zu verzichten.

Das deutsche Verkehrssystem auf den großen Autobahnen steht trotzdem kurz vor dem Kollaps. Die aus dem Land geworfenen Ausländer sind ohnehin verärgert, manche auch resigniert. Je länger der Stau wird, je unklarer wird, wann die Fahrt endet, und je mehr die Vorräte der Ausreisenden zur Neige gehen und die Kinder quengeln, desto gereizter wird die Stimmung. Zahlreiche Fahrzeuge der Polizei, der Feuerwehr und des Roten Kreuzes versuchen, den in kilometerlangen Staus Eingeschlossenen zu helfen, Wege freizumachen, Wasser zu verteilen, wichtige Medikamen-

te an die Leute zu bringen. Weil liegen gebliebene Fahrzeuge auch den Standstreifen blockieren, kommen die Helfer vielerorts nicht durch.

Doch die Mehrheit der Ausländer bewegt sich in ihren Autos im Stop-and-go auf der Autobahn Richtung Grenze. An den Autobahnbrücken hängen Transparente mit der Aufschrift »Danke und gute Heimreise« in verschiedenen Sprachen – eine Aktion der Bundesregierung, die ein Jahr zuvor die Ausweisung aller Bürger ohne deutschen Pass beschlossen hat. An manchen Stellen blicken Schaulustige von den Brücken auf die endlosen Kolonnen voll bepackter Autos, die sich Stoßstange an Stoßstange Richtung Grenze schieben. Es gebe zahlreiche Anreize zu einer freiwilligen Ausreise, betont ein Regierungssprecher im Radio. Es gehe um Chancengerechtigkeit und die Sicherung des Wohlstandes für die deutsche Kernbevölkerung. Man sei zuversichtlich, dass die einjährige Vorbereitung der Maßnahme nun zum Erfolg führe und alle Ausländer freiwillig das Land verließen.

Von einer Vertreibung oder gar »Deportation«, wie radikale Kritiker behaupten, könne indes keine Rede sein. Man habe alles in der Kraft der Regierung Stehende getan, um die Ausreise so human wie möglich zu gestalten. Die Regierung setze damit in beispielhaft demokratischer Weise den originären Willen des deutschen Volkes um, das in einem Referendum mit klarer Mehrheit für diese Lösung votiert habe. Nach dem Zusammenbruch mehrerer deutscher Banken im Zuge der Finanzkrise, nach der anschließenden Rezession und der Währungsreform nach dem Ende des Euro, der hohen Arbeitslosigkeit und den Rentenkürzungen müsse Deutschland sich nun ganz auf die Förderung seiner Kernbevölkerung konzentrieren.

Der Tag, an dem die Ausländer verschwinden, ist sonnig und warm. Die Rapsfelder längs der Autobahn leuchten gelb. Als am Sonntagabend die meisten Ausländer mit ihren bepackten Autos die Landesgrenze überquert haben, steht die Luft noch in den Straßen der Städte. Aus vielen Fenstern hängen anlässlich des bedeutsamen Tages kleine und große Deutschlandfahnen. Vereinzelt werden Feuerwerkskörper gezündet. Baumärkte haben palettenweise schwarz-rot-goldene Fähnchen nachbestellen müssen, weil die Nachfrage so groß war.

Durch die Straßen bestimmter Viertel sieht man Polizeifahrzeuge mit Blaulicht fahren. Wo es Demonstrationen gibt oder Gegenwehr, rücken spezielle Polizeikräfte mit Schutzschilden und Tränengas an. Barrikaden im Hamburger Schanzenviertel und in Berlin-Kreuzberg werden mit Räumfahrzeugen beseitigt, einige aus Protest gelegte Brände von der Feuerwehr gelöscht. Hubschrauber kreisen die ganze Nacht mit ihren Scheinwerfern über den Problembezirken.

Am ersten Tag, nachdem die Ausländer verschwunden sind, meldet der Deutschlandfunk die offiziell festgestellten Ausreisezahlen: 4,5 Millionen Ausländer seien bereits vor dem Stichtag freiwillig ausgereist, zwei Millionen hätten aktuell mit Zügen, Flugzeugen und Autos freiwillig das Land verlassen oder warteten an den Grenzstationen auf ihre Abfertigung. Rund 10.000 Ausländer seien »begleitet« ausgereist, das heißt von Behörden per Bus, Zug und Flugzeug außer Landes gebracht worden. Rund 900.000 bisher legal registrierte Ausländer seien ihrer Pflicht zur Ausreise noch nicht nachgekommen, heißt es. Mehrere Tausend befänden sich bundesweit in Gewahrsam.

Die Namen der verbleibenden Ausländer würden nun in die Fahndung gegeben, die Menschen von der Polizei gesucht. Kontrolliert würden insbesondere die Haushalte, in denen Deutsche mit Ausländern zusammengelebt hatten, ist aus Sicherheitskreisen zu erfahren. Damit wolle man kein Misstrauen ausdrücken oder diese Menschen gar diskriminieren. Vielmehr sei die Annahme aus der Lebenserfahrung gespeist, dass gerade die mit Deutschen verheirateten Ausländerinnen und Ausländer vielfach entgegen der gesetzlichen Vorschrift in ihren Familien geblieben sein könnten. In vielen Fällen bestehe der Verdacht, dass die Lebensgemeinschaft – möglicherweise nach einer kurzen Scheinausreise des Ausländers – auf deutschem Boden fortgesetzt werden solle.

Auch ausländische Eltern, deren Kinder mit deutschem Pass zum Bleiben berechtigt sind, stünden im Verdacht, das Land nicht rechtzeitig verlassen zu haben. Dabei seien eigens Kinderbetreuungseinrichtungen geschaffen worden, in denen diese deutschen Kinder Unterkunft hätten finden können. Speziell geschultes Personal von Deutschen mit Migrationshintergrund solle ihnen die Eingewöhnung erleichtern. Die

Nachfrage der ausländischen Eltern bleibe aber weit hinter den Erwartungen zurück.

An den Ausreisestellen wird registriert, dass sich neben den Ausländern auch vier Millionen Deutsche außer Landes befinden. Der allergrößte Teil davon seien zwar Urlauber, wie immer zu dieser Jahreszeit. Bei mehreren Hunderttausend handele es sich nach Angaben der Behörden allerdings um Frauen und Männer, die ihre ausländischen Partner und Partnerinnen in deren neue Heimat begleiteten, und um deutsche Kinder von Eltern aus aller Herren Länder.

Man bedaure den Wegzug jedes Deutschen, betont ein Regierungssprecher. Man werde aber sehr genau verfolgen, ob diese Einheimischen versuchen würden, bei einer Rückkehr ihre ausländischen Familienangehörigen mit nach Deutschland zu bringen.

Vom plötzlichen Verschwinden der Ausländer wären vor allem die Ballungszentren der Republik betroffen. In Ostdeutschland wäre der Verlust mit jedem 50. Einwohner überschaubar – zudem hat man sich hier in den vergangenen Jahren daran gewöhnt, mit leerstehenden Häusern und verwaisten Geschäften umzugehen. Denn die Abwanderung von Ost nach West hat bereits tiefe Lücken in den Ortschaften gerissen, unabhängig von der Zahl der Ausländer. Im Westen sieht es ganz anders aus.

Von den Flächenstaaten erlitten vor allem Baden-Württemberg (11,9 Prozent), Hessen (11,2 Prozent) und Nordrhein-Westfalen (10,5 Prozent) mit dem Weggang der Ausländer einen Exodus. Allein aus NRW zögen mit einem Mal 1,9 Millionen Menschen weg. In den Stadtstaaten würde sich das Verschwinden der Ausländer noch drastischer auswirken. Von Berlins Einwohnern sind rund 470.000 Menschen Ausländer, 13,6 Prozent. In Hamburg sind es 13,5 Prozent, nämlich gut 240.000 Menschen. Aber damit sind diese beiden Großstädte weit entfernt von den Regionen, die die größten Verluste erfahren würden. Frankfurt büßte mehr als ein Viertel seiner Bevölkerung ein – 25,1 Prozent. Stuttgart ginge mehr als jeder fünfte Einwohner verloren (23,1 Prozent), ebenso sähe es in München (23 Prozent) und in Nürnberg (20,1 Prozent) aus.[3]

Fast menschenleere Viertel gäbe es auch in Ludwigshafen, Köln, Düsseldorf, Augsburg – vor allem wenn nicht nur Ausländer weggingen, sondern auch Familienangehörige und Freunde, die einen deutschen Pass besitzen. Mit anderen Worten: Menschen mit Migrationshintergrund – dazu zählen in Frankfurt 278.000 Menschen oder 42 Prozent der Einwohner. In Augsburg liegt die Zahl bei gut 39 Prozent, in Nürnberg und Stuttgart bei knapp 38 Prozent.

Denken Sie kurz einmal an Ihre Umgebung, an Ihr Wohnviertel, Ihre Stadt, Ihr Bundesland. Machen Sie sich im Geiste ein Bild über Ihr Lebensumfeld mit allen Personen, die dazugehören – von Ihrem Partner bis zum Postboten. Lassen Sie alles, wie es ist, aber nehmen Sie nun die Ausländer heraus. Was bleibt? Wie würde sich Ihr Umfeld verändern, wenn plötzlich alle Ausländer weg wären? Was würde an Ihrem Arbeitsplatz passieren, was in Ihrem Freundeskreis, was in Ihrer Stadt? Würde es kaum auffallen? Oder begänne am ersten Tag des Verschwindens schon eine Katastrophe? Zum Beispiel weil Sie mit einem Ausländer verheiratet sind? Oder weil eine Ausländerin Ihre Kinder betreut oder Ihre kranken Eltern pflegt? Wie würden Firmen, Städte und Dörfer aussehen? Was wäre nach einer Woche, nach einem Monat, nach einem Jahr?

Wir denken in diesem Buch mehr als sieben Millionen Menschen weg und beschreiben ein Deutschland ohne sie. Eine Wunschvorstellung von vielen – doch wie sähe sie wirklich aus? Es gibt statistische Fakten, anhand derer man beschreiben kann, was unvermeidlich einträte. Es gibt berechenbare Effekte auf den Arbeitsmarkt, auf die Bevölkerungsentwicklung. Doch die Auswirkungen auf die gesamte Gesellschaft lassen sich nicht nur berechnen. Um sie zu ermessen, braucht es Vorstellungskraft. Wie würde sich das Zusammenleben der verbliebenen Menschen verändern? Welche Auswirkungen hätte das Fehlen dieser Menschen auf die Kultur und den Sport, auf die Gastronomie und die Wirtschaft, auf das Alltagsleben und das Verhältnis zum Rest der Welt?

Wir erzählen von dem Tag, an dem die Ausländer verschwanden, und von den folgenden Tagen, Monaten und Jahren. Vom Verschwinden der Ausländer und von den Folgen des Verschwindens. Wie in jedem Szenario gibt es verschiedene Optionen und Gabelungen. Wir haben uns ausgehend von den Fakten für eine Ausformung dieses Szenarios entschieden.

Es beginnt mit einem warmen Sommertag – dem Tag, an dem die Ausländer verschwinden, weil eine Mehrheit der Deutschen wollte, dass sie das Land verlassen. Weil eine Mehrheit der Deutschen sich ökonomisch immer unsicherer fühlte. Weil der Euro zerbrochen ist und weil bei der folgenden Währungsreform viele einen Teil ihrer Ersparnisse verloren haben. Weil eine Mehrheit der Deutschen den etablierten Parteien und ihren Politikern nicht mehr glaubte und schon gar nicht vertraute. Weil eine Mehrheit den Thesen des Buches »Deutschland schafft sich ab« von Thilo Sarrazin zustimmte und ebenso wie der frühere Berliner SPD-Finanzsenator und spätere Bundesbanker die Sorge hatte, dass »Staat und Gesellschaft im Laufe weniger Generationen von den Migranten übernommen«[4] werden könnten. Und weil diese Mehrheit, die es immer gegeben hatte, in unserem Szenario genügend Einfluss erlangt hatte, um ihren Willen auch durchzusetzen. Nicht mit Gewalt, nicht mit einem Putsch. Sondern ganz demokratisch. Als neue Bürgerbewegung, als neue Partei. Mit neuen, charismatischen Protagonisten.

Mit Politikern, die versicherten, die Ängste der Menschen endlich ernst zu nehmen. Die versprachen, sich auf das Wesentliche zu konzentrieren: die Sicherheit, den Wohlstand, das Vorankommen der Deutschen. Die neue Partei war erfolgreich. Sehr erfolgreich. Sie kam ganz rechtsstaatlich an die Macht, in einer Bundestagswahl. Sie setzte ihre Positionen durch, mit der Neubesetzung einiger Verfassungsrichterposten. Ganz einfach war das nicht. Wie bei jedem Aufstieg einer neuen Kraft gab es auch Widerstände, Intrigen und unerwartete Probleme. Doch die neue Partei konnte sich behaupten. Und erreichte ihr Ziel schließlich. Nach einer Volksbefragung zum Thema: »Sollen alle Ausländer ohne deutschen Pass das Land verlassen?«, die von 52 Prozent der Deutschen mit Ja beantwortet wurde, legte sie einen Stichtag zur Ausreise der Ausländer fest. Diese Stimmung der Bevölkerung kam nicht aus dem Nichts. Sie hatte sich über lange Zeit aufgebaut.

Forscher haben diese Welle der Abneigung oft analysiert. Heute findet die Hälfte der Deutschen, dass zu viele Ausländer in Deutschland leben. Wissenschaftler messen die Ablehnung seit Jahren. Wie Erdbebenforscher verzeichnen sie Spannungen, Risse und Erschütterungen. Doch ihr Forschungsgebiet sind nicht Erdplatten, sondern Gesellschaftsschichten. Gruppen von Menschen, die wenig miteinander zu tun haben wollen. Die in Spannung untereinander leben. Einer Spannung, die sich gefährlich entladen kann. Deshalb sind die Zahlen der Gesellschaftswissenschaftler wie die Warnhinweise von Geologen: Lange vor dem verheerenden Erdbeben stellen sie ein Ziehen und Knirschen fest, ein bedrohliches Brodeln.

Ein paar Beispiele: Im Jahr 2004 ergibt eine Umfrage der Forschungsgruppe Wahlen im Auftrag des ZDF einen Wert von 52 Prozent der Deutschen, die der Ansicht sind, es lebten zu viele Ausländer in Deutschland. Diese Angabe entspreche dem Bild der deutschen Wahlberechtigten in den letzten Jahren, teilen die Wissenschaftler mit. Die Forscher vom Allensbach-Institut legen 2008 eine Umfrage vor. Ergebnis: 53 Prozent der Deutschen finden, es lebten hierzulande zu viele Ausländer. Anders als die Studie der Forschungsgruppe Wahlen beobachtet Allensbach allerdings, dass dieser Anteil seit 1984 von 79 Prozent zurückgegangen sei. Trotz des Rückgangs in der Ablehnung bei gleichzeitig steigenden Ausländerzahlen registrieren die Forscher »ein deutliches Befremden, besonders gegenüber den türkischen Einwanderern«[5] Die Meinungsforscher von TNS Emnid stellen die gleiche Frage im September 2010, nach der Debatte um die Thesen von Thilo Sarrazin. Wieder lautet das Resultat: »Die Hälfte der Bundesbürger hält die Zahl der Migranten im Land für zu hoch.« In Ostdeutschland verträten 55 Prozent der Befragten diese Auffassung, im Westen 48 Prozent.

Zuweilen stoßen Forscher auch auf noch stärkere Ausländerablehnung. Zum Beispiel das Sozialwissenschaftliche Forschungsinstitut Berlin-Brandenburg, das im Jahr 2009 mehr als 2000 repräsentativ ausgewählte Deutsche befragt. 71 Prozent der Menschen stimmen der Aussage zu, dass in Deutschland zu viele Ausländer lebten. »Ausländer werden wieder als eine keineswegs unbedeutende Ursache für fehlende Arbeitsplätze, für niedrige Löhne, für die sozialen Probleme charakterisiert«, resümieren die Sozialforscher.[6] Wie in der Emnid-Umfrage liegt auch hier der Wert für Ostdeutschland mit 75 Prozent noch ein bisschen höher als der Wert im Westen mit 69 Prozent. Im Großen und Ganzen aber stimmen die Ansichten über Ausländer in Ost und West überein – trotz vollkommen unterschiedlicher Gegebenheiten. Denn insgesamt beträgt der Anteil von ausländischen Bürgern in Westdeutschland 9,9 Prozent, in Ostdeutschland aber nur 2,3 Prozent (Stand 2009).

»Es gibt zu viele Ausländer hier«: So lautet eine konstante Einstellung in der deutschen Bevölkerung, eine gleichbleibende Meinung einer großen Zahl von Menschen, die nahe an der Mehrheit liegt und oft sogar darüber. Beständig wie deutsche Produkte und tief verwurzelt im Wertegefüge der Nation wie die Eiche im deutschen Wald. Wie kommt das? Und welche Schlüsse sind daraus zu ziehen? Niemand hat diese Ansichten in Deutschland genauer untersucht als der Bielefelder Sozialforscher Wilhelm Heitmeyer.

Zehn Jahre lang, von 2002 bis 2011, hat Heitmeyer mit zahlreichen Mitarbeitern in einem groß angelegten Forschungsprojekt ermittelt, welche Gruppen in Deutschland auf Ablehnung stoßen. Die Umfragen mit jeweils 2000 Befragten waren repräsentativ für die Bundesrepublik, die Befragungsmethode so konzipiert, dass jede Gemeinde mit mehr als 5000 Einwohnern vertreten war.[7] Die wissenschaftliche Seriosität dieser Studie ist über jeden Zweifel erhaben und das Ergebnis ist eindeutig: 47 Prozent aller Deutschen sagen in der jüngsten Folge der Erhebung im Jahr 2011: »Es leben zu viele Ausländer in Deutschland.« Es gab in Heitmeyers Studie auch schon höhere Zustimmungsraten zu diesem Satz. Im Jahr 2004 etwa bejahten diese Aussage 59 Prozent.[8]

Je nachdem, wie man rechnet, empfinden also rund 30 bis 40 Millionen Deutsche ausländische Menschen als Störung im eigenen Land. Viele vertreten auch andere Thesen: Ausländer nähmen Deutschen die Arbeitsplätze weg, gefährdeten die Sicherheit, vermehrten sich zu stark. Immerhin knapp 30 Prozent der Befragten stimmten im

Jahr 2011 der Aussage zu: »Wenn Arbeitsplätze knapp werden, sollte man die in Deutschland lebenden Ausländer wieder in ihrer Heimat zurückschicken.«[9] Allerdings kann dieser Anteil in Krisenzeiten deutlich wachsen. Je schlechter es den Deutschen ökonomisch geht, desto eher sehen sie die Ausländer als Störfaktor, auch das zeigen Heitmeyers Studien.[10]

Umfragen in den späten 1990er-Jahren zu Einstellungen gegenüber den Minderheiten in Deutschland lassen eine ethnische Hierarchisierung erkennen: Zuwanderern aus Italien oder Griechenland wurde größere Sympathie entgegengebracht als »deutschstämmigen« Aussiedlern; diese wiederum erzielten deutlich höhere Sympathiewerte als Migranten aus Osteuropa (Russen), der Türkei, aus Asien (Vietnamesen) und Afrika. Solche Rangordnungen, die den sozialen Status von ethnischen Gruppen spiegeln, sind gesellschaftlich bis heute weit verbreitet. Nicht nur wenn Araber als verschlagene Terroristen dargestellt werden oder Türkinnen als angeblich dumme Kopftuchmädchen.

Der Blick in die Studien zeigt, was sehr viele Deutsche meinen: In Wahrheit wäre vieles besser, wenn die Ausländer nicht da wären. Wenn die Deutschen unter sich wären. Doch was bedeutet das konkret? Was heißt »unter sich« sein, wenn alle Ausländer weg wären? Wie sähe dieses Land dann aus? Würden die Deutschen dann sicherer, wohlhabender und friedlicher leben oder viel ärmer, unsicherer, bedrohter?

Ein paar Fakten helfen, den gewaltigen Unterschied zu verstehen. Bis gestern hatte Deutschland 81.830.839 Einwohner. Am Morgen, als die Ausländer die Bundesrepublik verlassen haben, sind es sieben Millionen und 369.909 Menschen weniger.[11] Übrig bleiben gut 74 Millionen Deutsche. Mehr als sieben Millionen Menschen – einfach weg. Davon war jeder Fünfte in Deutschland geboren. Diese Jungen und Mädchen, Frauen und Männer sind jetzt in ein Land jenseits dieser Heimat gezogen.

Das Szenario beschreibt keine Rückkehr zu angeblich guten alten Zeiten, in denen die Deutschen noch unter sich waren, wie es mancher Fantast glauben machen will. Ein Deutschland ohne Ausländer hat es nie gegeben. Schon im Kaiserreich lebten Menschen aus fremden Staaten hier, wenn auch relativ wenige. So registrierten die Behörden im Jahr 1871 insgesamt 206.800 Ausländer mit Wohnsitz im Deutschen Reich. Die machten allerdings nur 5 Promille der Bewohner aus.[12] Kurz vor dem Ersten Weltkrieg, 1910, waren es immerhin schon 1,3 Millionen Ausländer und damit fast 2 Prozent der Bevölkerung.

Zwischen den beiden Weltkriegen, insbesondere zur Zeit des rassistischen Nazi-Deutschland, schrumpfte der Anteil der Ausländer deutlich. Und daran veränderte sich auch nach Ende des Zweiten Weltkriegs zunächst nichts. Noch 1961 waren Ausländer in der Bundesrepublik exotisch. Die Statistiker registrierten weniger als 700.000 Ausländer in Deutschland, was gerade einmal 1,2 Prozent der Bevölkerung ausmachte. Dabei hatte 1955 schon die Anwerbung von Gastarbeitern, zunächst aus Italien, begonnen.

Erst mit einem kräftigen Arbeitskräftezuzug wurden Ausländer in Deutschland zur Normalität. Im Jahr der Wende in der DDR, 1989, lebten mehr als fünf Millionen Ausländer in der Bundesrepublik. Ein Jahr später lag die Zahl im vereinigten Deutschland bereits bei 5,582 Millionen Menschen mit fremdem Pass – von denen 200.000 in der DDR gelebt hatten. Bis in die 1990er-Jahre kletterte die Zahl über sieben Millionen Menschen.

Damals, vor 20 Jahren, berechnete die Stadt Düsseldorf für die eigene Kommune, welche Effekte es auf Arbeit, Bevölkerungsstruktur und Wohnungsmarkt hätte, wenn die Ausländer von einem Tag auf den anderen fehlen würden. Sie stellte Fakten und Daten zusammen, und ihr Fazit lautete: »Die Konsequenzen wären zusätzliche harte wirtschaftliche Nachteile und Einschränkungen der sozialen Infrastruktur und damit eine erhebliche Minderung der Lebensqualität und Attraktivität der Landeshauptstadt. In einigen Bereichen ginge in dieser Stadt buchstäblich das Licht aus.«[13]

In Düsseldorf ging es um den Verlust von 79.685 Ausländern. Wir reden in unserem Szenario von der hundertfachen Größenordnung. Deutschland ohne sieben Millionen Menschen. Ohne sie läge die Wirtschaft schnell am Boden. 3,371 Millionen Ausländer in Deutschland sind erwerbstätig. Ihre Arbeitskraft am Bau und in der Industrie, in den Gaststätten und Banken ginge auf einen Schlag verloren – und damit fast ein Zehntel der knapp 39 Millionen Menschen, die in der Bundesrepublik einer regulären Beschäftigung nachgehen, die Steuern und Abgaben zahlen.

Weit mehr als eine halbe Million ausländische Kinder und Jugendliche besuchen in Deutschland die Schule. Eine immense Zahl. Wenn auch noch die deutschen Kinder ausländischer Eltern mit ihren Müttern und Vätern gingen, leerten sich die Schulbänke noch weiter. Deutschland ohne Ausländer wäre innerhalb kürzester Zeit ein Deutschland der leeren Klassenzimmer und der geschlossenen Schulen.

Jungen und Mädchen, Männer und Frauen jeden Alters müssten das Land verlassen. Fast 2,9 Millionen Menschen allein im besten Arbeitsalter zwischen 25 und 45 Jahren.[14] In dieser Altersgruppe wäre der Verlust am größten. Es fehlten aber auch mehr als 600.000 Kinder bis 15 Jahren und ebenso viele ältere Menschen von 65 Jahren oder mehr.

Deutschland gingen knapp 3,6 Millionen Mädchen und Frauen verloren, dazu fast als 3,8 Millionen Jungen und Männer. Die weibliche Mehrheit in Deutschland wüchse damit noch deutlicher als zuvor, denn die ausländischen Männer und Jungs könnten sie nicht mehr ausgleichen. Es blieben 38 Millionen deutsche Frauen gegenüber knapp 36,4 Millionen deutschen Männern zurück.[15]

Es gibt Länder, aus denen fast nur Frauen in der Bundesrepublik leben, die ausreisen müssten – Thailand zum Beispiel, die Philippinen oder Brasilien. Aus anderen Staaten sind vornehmlich die Männer in Deutschland: Indien zählt dazu, ebenso Großbritannien.

Etliche Stadtviertel würden veröden – dort, wo bisher besonders viele Ausländer wohnen. Allein 1,6 Millionen Türken würden fehlen. Dazu 2,6 Millionen Menschen aus Staaten der Europäischen Union, davon die meisten Italiener (mehr als eine halbe Million), gut 400.000 Polen und knapp 300.000 Griechen. Außerdem mehr als 220.000 Kroaten und fast 200.000 Russen. Mehr als 100.000 Franzosen, US-Amerikaner und viele andere. Außerdem 482 Malteser.[16]

Viele Ausländerinnen und Ausländer sind bereits sehr lange hier, mehr als zwei Drittel von ihnen bereits zehn Jahre oder länger. 2,6 Millionen ausländische Frauen und Männer leben schon seit mehr als 20 Jahren in Deutschland.[17] Sie haben sich hier eingerichtet für die Gegenwart und die Zukunft. Insbesondere die Slowenen und die Kroaten, die im Schnitt schon 30 Jahre lang in der Bundesrepublik zugebracht haben. Und die anderen, die ebenfalls seit den 1950er-Jahren als Gastarbeiter angeworben oder als Familienangehörige hinterhergezogen waren. Griechen, Spanier, Italiener, die durchschnittlich 27 Jahre in der Bundesrepublik verbracht haben: ein halbes Leben lang. Mehr als 600.000 Türken sind auch schon 30 Jahre oder länger in Deutschland. Anders bei Rumänen, Polen oder Russen, die in der Mehrzahl erst seit kurzer Zeit in der Bundesrepublik leben.

Wer glaubt, dass in den vergangenen Jahren immer mehr Ausländer nach Deutschland gekommen seien, der täuscht sich. Der Höhepunkt war bereits 1996 erreicht, mit 7,5 Millionen – genauer: 7.419.700.[18] Nie lebten so viele Menschen mit fremdem Pass hier, seither ist die Zahl immer weiter zurückgegangen. Auch der Stand von 9,13 Prozent an der Gesamtbevölkerung aus dem Jahr 1996 ist nie wieder erreicht worden. Seitdem nahmen die Zahlen fast jedes Jahr langsam, aber stetig ab, bis sie 2010 wieder anstiegen.

In den Jahren zuvor sank ihre Zahl in Deutschland durch Einbürgerungen, aber auch durch Wegzüge. Zwischen knapp 100.000 und knapp 200.000 Ausländern nahmen jährlich die deutsche Staatsbürgerschaft an.[19] Zugleich kehrten Jahr für Jahr rund eine halbe Million Ausländer der Bundesrepublik den Rücken. Das waren fast genauso viele wie jene 550.000 bis 600.000, die jeweils neu ins Land kamen.

Von den Deutschen zogen ebenfalls viele weg. Insgesamt hat die Republik damit Menschen verloren, nicht nur wegen ihrer relativ geringen Geburtenrate, die weit unter den Sterbezahlen liegt. Sondern auch durch die negative Einwanderungsbilanz. Seit 2006 verließen jedes Jahr mehr Menschen das Land, als nach Deutschland kamen. 2010 etwa verabschiedeten sich 733.800 Frauen, Männer und Kinder ins Ausland, während 721.000 Menschen in die Bundesrepublik zogen.[20]

Mehr als sieben Millionen Ausländer verlassen in unserem Szenario die Bundesrepublik. Doch bald wird klar: Deutschland wird darin um deutlich mehr Menschen ärmer. Denn es gibt viele enge familiäre Bindungen zwischen Menschen mit und ohne deutschen Pass. Im Jahr 2010 etwa haben sich Partner aus Deutschland und einem anderen Staat fast 44.000-mal in der Bundesrepublik das Ja-Wort gegeben. 25.000-mal heirateten deutsche Männer eine Partnerin mit ausländischem Pass, 19.000-mal kam der Mann aus dem Ausland und die Frau aus der Bundesrepublik, zählt der Verband binationaler Familien und Partnerschaften. Oft heirateten deutsche Männer polnische Frauen oder deutsche Frauen gingen die Ehe mit einem türkischen Mann ein.[21]

Alles spricht dafür, dass nicht nur die Ausländer wegziehen würden, sondern ihre Ehepartner und -partnerinnen gleich mit. Oder aber die Betroffenen suchten einen Weg am Rande der Legalität, um in Deutschland zu bleiben. Es gibt laut Statistischem Bundesamt 1,4 Millionen deutsch-ausländische Paare in der Republik. Viele von ihnen haben im Laufe der vergangenen zehn, fünfzehn Jahre die Ehe geschlossen. Die Zahl stieg seither laufend. Noch 1996 hatte es gerade mal halb so viele binationale Paare gegeben wie 2010.[22] Man kann also davon ausgehen, dass fast 1,4 Millionen Deutsche mit ihren ausländischen Ehepartnern zusammen weggehen würden. Ganz zu schweigen von den unverheirateten Paaren. Schon fehlen nicht mehr nur 7,4, sondern rund 8,8 Millionen Menschen in Deutschland.

Doch die Ausweisung der Ausländer würde nicht nur deutsch-ausländische Paare gemeinsam in die Flucht treiben, sondern auch deutsche Kinder mit ihren ausländischen Eltern. 1,2 Millionen Paare lebten in Deutschland, bei denen beide Partner Ausländer sind.

Ihre Kinder sind zum erheblichen Teil Deutsche, auch wenn sie oft noch eine zweite Staatsangehörigkeit besitzen. Nach der Reform des Staatsbürgerschaftsrechts, die 2005 in Kraft trat, besitzen die meisten der seit dem Jahr 2000 in Deutschland geborenen Kinder den Anspruch auf die deutsche Staatsbürgerschaft. Allerdings müssen sie sich, wenn sie volljährig sind, zwischen ihren Staatsbürgerschaften entscheiden. Zumindest gilt das für viele Kinder, etwa die von türkischen Eltern. Für andere, die neben der deutschen noch eine andere EU-Staatsbürgerschaft besitzen, gilt dies nicht. Sie dürfen die doppelte Staatsbürgerschaft haben. Dieses Recht haben auch jene, deren zweiter Heimatstaat sich weigert, eine Staatsbürgerschaft aufzuheben – wie das etwa beim Iran der Fall ist. Auch dann akzeptiert Deutschland die doppelte Staatsangehörigkeit.

All diese Kinder und Jugendlichen stünden ohne Eltern da, wenn alle Ausländer ausreisen und alle Deutschen bleiben würden. Wahrscheinlicher allerdings wäre die andere Variante: Deutschland würde einen Großteil seines Nachwuchses verlieren, weil die ausländischen Paare ihre Kinder mitnehmen würden. Allein 2007 wurden 164.000 Kinder in Deutschland geboren, die einen oder zwei ausländische Elternteile hatten: fast jedes vierte Kind, das in der Bundesrepublik zur Welt kam. Bei 97.000 Jungen und Mädchen besaß zumindest ein Elternteil die deutsche Staatsbürgerschaft. Die anderen 67.000 Kinder aus dieser Gruppe hatten ausländische Väter und Mütter.

Insgesamt liegt die Zahl der sogenannten Optionskinder, die als Jugendliche noch zwei Staatsbürgerschaften besitzen und sich als Erwachsene entscheiden (»optieren«) müssen, über einer halben Million. Würden auch sie mit ihren ausländischen Eltern weggehen, läge der Verlust noch höher. Dann wären wir schon bei einem Deutschland mit neun Millionen Menschen weniger.

Andererseits: Die Zahl der Ausländer in Deutschland könnte schon in den Monaten vor jenem heißen Julitag drastisch sinken, weshalb auch die Zahl der Ausgewiesenen um Hunderttausende, wenn nicht Millionen niedriger ausfallen könnte. Das Zauberwort heißt Einbürgerung. Ausländer könnten zu Deutschen werden. Und zwar keineswegs nur Fußballstars und andere Prominente, die das mit dem augenzwinkernden Wohlwollen der Behörden tun. Sondern auch ganz normale Frauen und Männer.

Die Zahl der Einbürgerungen war in den vergangenen Jahren immer gering. Weniger als 2 Prozent der Ausländer, etwas mehr als 100.000 Menschen, ließen sich in den meisten Jahren einbürgern; im Jahr 2009 waren es sogar weniger als 100.000. Dabei leben hier viel mehr Menschen, die Deutsche werden dürften. »In Deutschland gibt es ein beträchtliches Einbürgerungspotenzial«, stellt das Bundesamt für Migration und Flüchtlinge fest. »Nur ein geringer Prozentsatz der hier lebenden Ausländer erwirbt trotz ausreichender Aufenthaltsdauer den deutschen Pass.«[23] Ziemlich wahrscheinlich, dass sich das angesichts einer bevorstehenden Ausweisung drastisch ändern würde – vorausgesetzt, die Politik einer rechtspopulistischen Regierung würde dem keinen Riegel vorschieben.

Die wichtigste Regel für Ausländer, die Deutsche werden wollen, lautet: Sie müssen mindestens acht Jahre lang regulär in Deutschland gelebt haben. So sieht es das Staatsangehörigkeitsgesetz in Paragraf 10 vor. Viele, sehr viele Ausländerinnen und Ausländer erfüllen diese Voraussetzung – und könnten auf der Stelle den deutschen Pass beantragen, wenn sie wollten. Das Statistische Bundesamt nennt eine Zahl von 4,8 Millionen und damit rund 70 Prozent der Ausländer, welche »die notwendige Aufenthaltsdauer für eine Einbürgerung erreicht« hätten.[24]

Ein Deutschland ohne Ausländer könnte also theoretisch auch entstehen, wenn nur 2,5 Millionen Menschen das Land verließen – und die anderen einfach Deutsche würden. Doch das dürfte wohl kaum im Sinne der Rechtspopulisten sein; eher würden sie die Gesetze und Verwaltungsvorschriften ändern, als einen solchen Run auf die deutsche Staatsangehörigkeit zuzulassen.

Zum anderen würden sehr viele Ausländerinnen und Ausländer den Weg nicht gehen. Schon heute zeigt sich, dass die deutsche Staatsbürgerschaft für etliche, die Deutsche werden könnten, nicht attraktiv ist. Eine groß angelegte Befragung, der Sozio-Ökonomische Panel (SOEP), hat das sehr deutlich zutage gefördert. Auf die Frage, ob sie innerhalb der nächsten zwei Jahre Deutsche werden wollen, antwortet mehr als die Hälfte der Ausländer in Deutschland (54,1 Prozent): ganz sicher nicht. Ein weiteres Viertel (25,9 Prozent) sagt: eher unwahrscheinlich.[25] Besonders ausgeprägt sei die Abneigung gegen eine Einbürgerung bei den Italienern, stellen die Forscher fest. Dagegen seien Türken oder Menschen aus dem früheren Jugoslawien eher bereit, Deutsche zu werden.

Eine weitere Untersuchung hat sich mit den Motiven der Ausländer beschäftigt, die nicht Deutsche werden wollen. Für den allergrößten Teil von ihnen ist der Grund klar: »Ich will meine jetzige Staatsangehörigkeit behalten«, sagen mehr als 55 Prozent.[26] Eine andere Gruppe begründet ihr Nein zu einer Einbürgerung mit dem Satz: »Mein Aufenthalt ist ohnehin gesichert.« Für diese 21,7 Prozent dürfte es attraktiv sein, sich einbürgern zu lassen, wenn sie andernfalls Deutschland verlassen müssten. Weitere 19,3 Prozent sind bisher nicht am deutschen Pass interessiert, weil sie ohnehin EU-Bürger sind. Würde Deutschland aber selbst EU-Bürger ausweisen, dann könnten sich auch Menschen aus dieser Gruppe entschließen, Bürger der Bundesrepublik zu werden. Es scheint also realistisch zu sein, dass etwa die Hälfte der Ausländer mit Berechtigung zur Einbürgerung auch versuchen würde, davon Gebrauch zu machen.

Ein Run von mehr als zwei Millionen Menschen auf die Passstellen und Bürgerämter des Landes wäre die Folge. Ein Andrang zugleich, den eine rechtpopulistische Regierung ganz im Sinne eines Großteils der Deutschen stark abbremsen würde. Wie so etwas geht, ist in den vergangenen Jahren häufig genug diskutiert worden. Wer Deutscher werden will, muss dann härtere Prüfungen bestehen als heute.

Seit 2008 unterzieht die Bundesrepublik Ausländer einem Test, bevor sie sie zu Deutschen erklärt. 33 Fragen müssen die Einbürgerungswilligen beantworten, allerdings nur 17 davon richtig. Diese Hürde nehmen fast alle und die Erfolgsquote liegt bei über 98 Prozent.[27]

Es liegt auf der Hand, dass dieses Ergebnis nicht im Sinne einer rechtspopulistischen Einbürgerungspolitik wäre. Sie würde die Anforderungen drastisch hochschrauben. So hoch, dass nicht Millionen eingebürgert würden, sondern bestenfalls einige Hunderttausend.

Dabei könnte sie sich problemlos auf den Willen der Bevölkerung berufen. Denn wenn Deutsche befragt werden, nach welchen Kriterien die Staatsbürgerschaft ihres Landes vergeben werden soll, antworten sie zu mehr als 90 Prozent: Die neuen Deutschen müssen die deutsche Sprache beherrschen und sich zur freiheitlich-demokratischen Grundordnung bekennen. Und vier von fünf Deutschen fordern außerdem die Bereitschaft der Ausländer, sich an den Lebensstil der Deutschen anzupassen.[28]

Der Tag, an dem die Ausländer samt ihren deutschen Angehörigen ausreisen, geht mit Sommergewittern und Regengüssen zu Ende. Bis in die Nacht hinein stehen die Autofahrer auf den Ausfallstraßen der großen Städte im Stau. Raststätten sind überlaufen von Familien mit Kindern und älteren Ausländern, die Regale leer gekauft. Auf den Parkplätzen rasten entnervte Autofahrer im Freien. Die Toilettenanlagen versagen unter dem Ansturm.

Wir haben von ADAC-Experten für Straßenverkehrsplanung berechnen lassen, dass über die deutschen Autobahnen maximal etwa 2,3 Millionen Fahrzeuge pro Tag über die Grenzen gelangen könnten, mit fünf bis sieben Millionen Menschen, wenn im Schnitt zwei oder drei Personen im Auto sitzen – doch dies ist eine Berechnung bei 24 Stunden »Volllast«. Das bedeutet im Klartext, dass sich eine endlose Blechlawine Stoßstange an Stoßstange auf den Autobahnen Richtung Grenze schieben würde. Doch das stelle eine reine Verkehrssimulation am Computer dar, sagen die ADAC-Experten. In der Realität müsse man noch ganz andere Faktoren hinzurechnen, die zu schwer kontrollierbaren Zuständen auf den Straßen führen könnten. Schon bei Messen in deutschen Großstädten mit mehr als 10.000 Besuchern sei die Verkehrslage kaum noch beherrschbar.

Es kommt wie vom ADAC prognostiziert: Schon am Abend vor dem Stichtag zur Ausreise bietet sich in den Großstädten ein chaotisches Bild. An den Tankstellen stauen sich lange Autokolonnen, bald geht den kleineren Anbietern der Treibstoff aus. Die Ausfallstraßen der großen Städte im Ruhrgebiet, in Berlin, München, im Rhein-Main-Gebiet und um Stuttgart sind schon am Abend vor dem Ausreisestichtag und die ganze Nacht über mit Tausenden Autos verstopft. Auf den Autobahnen kommt es an Baustellen und Engstellen, sogenannten »Flaschenhälsen«, schnell zu Staus bis 100 Kilometer Länge. Auffahrunfälle und leichte Kollisionen häufen sich und verschlechtern den Verkehrsfluss zusätzlich.

An den Autobahnraststätten kurz vor der Grenze sollte es an diesem Tag eigentlich ein Gratis-Menü aus Gulasch und Pommes Frites sowie einen Becher Apfelsaft für alle freiwillig ausreisenden Ausländer geben. Das hatte die Regierung in Partnerschaft mit deutschen Unternehmen organisiert. Doch die Vorräte sind schneller aufgebraucht als erwartet. An manchen Raststätten kippt die Stimmung der ausreisenden Ausländer in Wut, sodass die Tankstellenmitarbeiter mit ihren Fahrzeugen über Feldwege die Raststätte verlassen. Wo es zu Brandstiftungen auf den Raststätten kommt, greift die Polizei mit Tränengas und Wasserwerfern hart durch. Polizeihubschrauber filmen die Brennpunkte aus der Luft.

Die Demonstrationen von Oppositionsgruppen und Politaktivisten seien unangemessen, erklären Regierungsvertreter. Wer jetzt noch einen Verbleib der Ausländer im Land fordere, ignoriere die demokratische Mehrheitsmeinung und die Gesetzeslage. Deutschland ist zweigeteilt. Barrikaden trennen die Viertel. In Köln, Stuttgart und Offenbach haben Ausländer und ihre Unterstützer ganze Wohnquartiere abgeriegelt. Die Polizei kann sich nur mit massiven Kräften und unter Einsatz von Tränengas und Wasserwerfern Zugang verschaffen, wird aber von einem Hagel von Pflastersteinen empfangen. Polizeikasernen und die neu geschaffenen Ausländer-Ausreiseämter werden von Flashmobs zerstört, die so schnell wieder verschwinden, wie sie gekommen sind. Während es in vielen ländlichen Gebieten ruhig bleibt, eskalieren die Konflikte in Großstädten. Dort kommt wegen eines Aufrufs zum Generalstreik zeitweise das öffentliche Leben zu erliegen.

Immer häufiger muss die Polizei gewaltätige Auseinandersetzungen zwischen rechten »Bürgerwehren« und dem Bündnis »Wir sind Ausländer« schlichten. Die Krankenhäuser, deren Arbeit ohnehin durch den Abzug ausländischer Ärzte und Pfleger erschwert ist, sind vollkommen überfüllt. Stich- und Steinwurfverletzungen sind an der Tagesordnung.

Da die Polizei der wachsenden Zahl von bewaffneten Auseinandersetzungen nicht Herr wird, entschließt sich die Regierung zum Notstands-Einsatz der Bundeswehr im Inneren. Ob das erste Todesopfer ein Polizist in Hamburg ist oder ein türkischstämmiger Jugendlicher in Esslingen, ist zwischen den Parteien umstritten. Während die Familie berichtet, der junge Mann sei Opfer einer rechtsradikalen Bürgerwehr geworden, sprechen offizielle Stellen von einer »ungeklärten Todesursache«. Unstrittig ist, dass der Polizist von einem Pflasterstein am Kopf getroffen wurde und seinen Verletzungen erlag. Die Polizei werde mit aller Härte gegen Deutsche vorgehen, die sich Zutritt zu Wohnungen und Geschäften von ausgereisten Ausländern verschafften, warnt das Innenministerium. Zurückgelassene Immobilien, Wohnungen, Mobiliar und Wertgegenstände würden von den Behörden erfasst, kategorisiert und später im Rahmen des Programms »Deutschland zuerst« der heimischen Bevölkerung zur Unterstützung ihrer eigenen Wirtschaftsaktivitäten nach einem gerechten Verteilsystem wieder zur Verfügung gestellt.

Am Abend beginnt die Operation »Hilfe zur Ausreise«, erläutert ein Polizeisprecher in der Tagesschau. Man werde alle Ausländer, die noch nicht freiwillig aufgebrochen seien, zu Hause aufsuchen und ihnen das Angebot unterbreiten, mit kostenlosen Sammelflügen von den deutschen Flughäfen direkt in ihre neue Heimat gebracht zu werden.

Sozialarbeiterinnen, Ärzte und Psychologen befänden sich mit an Bord, um den Ausländern die Ausreise so erträglich wie möglich zu gestalten. Flug und Verpflegung würden den Ausreisenden nicht in Rechnung gestellt, betont ein Regierungssprecher. Trotz Protesten aus der deutschen Bevölkerung wolle man an dieser Geste des Dankes für den Beitrag der Ausländer an der Entwicklung Deutschlands festhalten.

Mit 300 ausländischen Kindern und Eltern an Bord hebt an den deutschen Großflughäfen alle zehn Minuten ein Jumbo ab und verschwin-

det im Nachthimmel. Von den Bahnhöfen fahren Sonderzüge bis an die Grenzen, wo es zu chaotischen Szenen an den Umsteigestationen kommt.

Viele Ausländer sind schon vor dem Stichtag ausgereist und weitere haben sich bei deutschen Freunden, Bekannten und Verwandten versteckt. Ein Heer von Illegalen, untergebracht in Kellerwohnungen, Hobbyräumen, Dachgeschossen, Garagen oder ehemaligen Jugendzimmern. Doch die Behörden werden nicht nur auf diese neuen Menschen ohne Bleiberecht aufmerksam. In Zehntausenden von Fällen melden die erstaunten deutschen Grenzbeamten die Ausreise von Ausländern, die bei den hiesigen Meldebehörden gar nicht registriert gewesen waren. Der Sprecher der Bundesregierung hebt denn auch hervor, dies zeige, wie mit dem Vorgehen das Recht erst richtig zur Geltung gebracht werde, da diese Menschen sich bisher unerkannt illegal in Deutschland aufgehalten hätten. Zugleich weist der Regierungssprecher aber darauf hin, dass Schätzungen von mehreren hunderttausend weiteren Menschen ohne gültige Papiere ausgingen. Auch diese Menschen seien aufgefordert, das Land nun unverzüglich freiwillig zu verlassen. Etliche Ausländer sind abgetaucht. Das Heer der Illegalen wächst.

Niemand weiß genau, wie viele Ausländer sich bisher schon ohne gültige Papiere in Deutschland aufhalten. Sie arbeiten als Prostituierte, auf dem Bau oder in Haushalten, sie leben dauerhaft hier oder nur saisonweise, wenn sie Arbeit haben. Alle Experten sind sich darüber einig, dass es um eine nennenswerte Zahl von mehr als 100.000 Menschen geht.

Am Sonntag, an dem die Ausländer verschwinden, berichten die öffentlich-rechtlichen Fernsehsender den ganzen Tag über in Sondersendungen aus vielen Städten und von zahlreichen Grenzübergängen. Auch in anderen Sendern gibt es immer wieder Berichte, wobei hier auch die aktuellen Sportneuigkeiten nicht zu kurz kommen. Die Fußballbundesliga pausiert zum Glück gerade, sonst würde den Fans sofort deutlich werden, dass sie auf fast die Hälfte ihrer Stars künftig verzichten müssen. Denn so viele Ausländer spielten in den Mannschaften der Erstliga-Vereine.

In manchen ländlichen Gebieten nehmen die Deutschen das Verschwinden der Ausländer vor allem auf der Mattscheibe wahr. In der eigenen Nachbarschaft lebten nur ein, zwei Ausländerfamilien – mehr nicht. In Offenbach und Stuttgart, Essen und Berlin leeren sich dagegen bestimmte

Stadtviertel fast vollständig. Häuser stehen leer, Imbisse bieten kein Essen mehr an und am Montagfrüh bleiben viele Geschäfte geschlossen.

Vielerorts kommt es zu handgreiflichen Auseinandersetzungen, weil Menschen mit fremdartigem Aussehen und ausländischen Namen geblieben sind. Nachbarn beschweren sich darüber, dass sie noch immer da seien, wo doch die Ausreise aller Ausländer beschlossene Sache sei. Doch diese Menschen sind Deutsche. Immer wieder müssen sie ihren Personalausweis vorzeigen, wenn sie es wagen, sich auf der Straße zu bewegen. Mehrfach greift die Polizei ein, weil den Migranten die deutschen Papiere von erbosten Menschen weggenommen werden.

Eindringlich appelliert die Politik an die Bürger, sich rechtstreu zu verhalten. »Diese Regierung wendet sich gegen alle Versuche, Deutsche gegen Deutsche auszuspielen«, heißt es in einer Erklärung. Der Gesetzentwurf einer rechtsradikalen Partei, neben den Ausländern auch Deutsche mit Migrationshintergrund auszuweisen, sei schließlich mit deutlicher Mehrheit vom Parlament verworfen worden. »Selbstjustiz in jeder Form wird von uns entschieden abgelehnt und von der Polizei verfolgt.« Die Aufnahme von ausreisepflichtigen Ausländern ist per Gesetz zur Straftat erklärt worden. Es gibt zwar Gegenden, in denen die Aufnahme von Ausländern öffentlich zelebriert wird, als Protest und Solidaritätsaktion. Aber die Behörden reagieren mit Hausdurchsuchungen und Strafbescheiden für die Unterstützer. Es bleibt eine Minderheit in der Gesellschaft, die den Ausländern Unterschlupf und Schutz anbietet.

Die in die Illegalität Abgetauchten können keine legale Arbeit mehr annehmen. In den Wochen und Monaten, nachdem fast sieben Millionen Ausländer und zwei Millionen weiterer Menschen Deutschland verlassen haben, beginnt eine Boomzeit der Schwarzarbeit. In vielen deutschen Nachbarschaften macht sich Misstrauen breit. Wer hält nach versteckten Ausländern Ausschau? Wer versteckt welche? Sind die Mülltonnen beim Nachbarn schneller voll als früher? Anwohner verdächtigen und denunzieren ihre Nachbarn. Es gibt viel Streit. Wo immer man versteckte Ausländer findet, werden sie von der Polizei abgeholt und abgeschoben.

Das Verfahren zur Abschiebung der verbleibenden Ausländer ist schon lange geübt, tausendfach praktiziert. Die Behörden besitzen seit Langem Routine darin, Fremde rechtsstaatlich und demokratisch legitimiert aus dem Land zu schaffen. Im Jahr 2010 beispielsweise wurden knapp 7000 Ausländer mit Flugzeugen und weitere 648 über Land oder See abgeschoben. Für die »Sicherheitsbegleitung« in den Flugzeugen gab die Bundesrepublik in jenem Jahr laut Bundestagsdrucksache fast fünf Millionen Euro aus.[29]

Mit der Inhaftierung von Ausländern, die nicht freiwillig gehen, hat Deutschland ebenfalls schon vor dem Stichtag reichlich Erfahrung gesammelt. Schon jetzt müssen Ausländer, die nicht freiwillig gehen wollen, in Abschiebehaft, bevor sie außer Landes gebracht werden. Zum Stichtag 31. Dezember 2007 waren es laut Bundestag zum Beispiel genau 900 Frauen und Männer, die hinter Gittern auf ihre Abschiebung warteten.[30]

Auch bei Anreizen zur Ausreise ist alles seit Jahren geübt: Die IOM, Internationale Organisation für Migration, bietet schon lange mit ihren Programmen REAG und GARP »Reisebeihilfen und Starthilfen« an, wie das Bundesamt für Migration und Flüchtlinge mitteilt. Möglich sind: »Übernahme der Beförderungskosten mit Flugzeug, Bahn oder Bus, Benzinkosten in Höhe von 250 Euro pro Pkw sowie Reisebeihilfen in Höhe von 200 Euro für Erwachsene und Jugendliche oder 100 Euro für Kinder unter 12 Jahren«. Dazu gibt es dann für einige Ausländer auch »Starthilfen«, je nachdem, in welches Land sie gehen. Am meisten erhalten Menschen, die in Krisenländer wie Irak, Afghanistan oder Kosovo zurückkehren – 750 Euro für jeden Erwachsenen und Jugendlichen, die Hälfte für Kinder. Rückkehrer nach Bosnien, Georgien oder Russland bekommen 400 Euro, Äthiopier, Eritreer oder Syrer nur 300 Euro. Einige Tausend Ausländer haben das Angebot schon in den vergangenen Jahren angenommen. Im Jahr 2010 waren das beispielsweise 4480 Menschen. Ein Großteil von ihnen ging in die Heimatländer zurück, vor allem nach Serbien oder Mazedonien. Einige zogen aber auch weiter in Wohlstandsländer, in die USA oder Kanada.[31]

Am Tag nachdem die Ausländer verschwanden, erteilt die Kommission der Europäischen Union Deutschland in einer Sondersitzung eine scharfe Rüge und fordert die Bundesregierung dazu auf, umgehend wieder für Freizügigkeit unter den EU-Bürgern zu sorgen. Sie droht mit Konsequenzen. Die Bundesregierung weist die Rüge der EU als Einmischung in die inneren Angelegenheiten eines Mitgliedstaates zurück. »Dieser Ton ist unter europäischen Freunden ungebührlich und unangemessen«, lässt ein Sprecher in Berlin wissen. Deutschland respektiere selbstverständlich die Menschenrechte und auch die internationalen Verpflichtungen, so weit sie mit den nationalen Interessen in Einklang zu bringen seien. Man sei jederzeit zu Gesprächen bereit.

Im Übrigen müsse man die Binnengrenzen wieder einführen, da ansonsten nicht zu kontrollieren sei, ob die Ausländer wirklich das Land verlassen hätten. Dazu verlangt Deutschland eine Änderung des EU-Vertrags oder eine Ausnahmeregelung. Berlin betont, man bitte sich Toleranz aus, und ruft das Verhalten Dänemarks im Jahr 2011 in Erinnerung.

Das skandinavische Land hatte im Mai 2011 auf Druck der rechtspopulistischen Volkspartei beschlossen, den Verkehr aus Deutschland wieder zu überwachen. Zunächst 30 zusätzliche Zollbeamte kontrollierten, um ausländische Schmugglerbanden aus dem Land fernzuhalten. Elektronische Überwachungseinrichtungen sollten folgen.

Im Ausland herrscht Empörung über das deutsche Vorgehen, wie schon in all den Monaten, seit das Referendum »Deutschland ohne Ausländer« der Regierungsparteien erfolgreich war. Einzelne nationale Regierungen bezeichnen das deutsche Vorgehen allerdings auch als vorbildlich und erwägen ähnliche Schritte, wenn sich das deutsche Modell als erfolgreich erweise. Schließlich ist Deutschland, was die Einstellung der Bevölkerung zu Ausländern betrifft, keine Ausnahme.

Auch in Frankreich, Großbritannien, Ungarn, Italien, den Niederlanden, Polen und Portugal ist rund die Hälfte aller Befragten der Ansicht, es gebe zu viele Ausländer in ihrem Land. Das haben jüngst die Forscher Andreas Zick, Beate Küpper und Andreas Hövermann ermittelt.[32] Dabei bestehen in den europäischen Ländern durchaus Unterschiede. Laut der Studie findet lediglich ein Viertel der Bevölkerung in Polen, es seien zu viele Zuwanderer im Land – bei einem geschätzten Ausländeranteil von gerade mal 1,8 Prozent. In Italien oder Großbritannien liegt die Ablehnung der Ausländer mit 60 Prozent dagegen noch etwas höher als in Deutschland, bei Bevölkerungsanteilen, die etwa mit jenen in Deutschland vergleichbar sind.

In Ungarn finden sich jedoch die meisten Menschen, die sich mit Vehemenz gegen Ausländer aussprechen und der Aussage, es gäbe zu viele davon im Land, »voll und ganz« zustimmen. Man könnte das überraschend finden, denn Ungarn zählt zu den Ländern mit besonders wenigen Ausländern, nämlich gut 110.000 – und damit gerade mal 1,1 Prozent der Bevölkerung. Doch der Befund entspricht dem, was sich auch innerhalb Deutschlands zwischen Ost und West zeigt: Wer wenig mit Ausländern zu tun hat, entwickelt oft eher eine Abneigung als derjenige, der viele ausländische Nachbarn hat. Die These, dass »Kontakt hilft«, ist inzwischen vielfältig belegt.[33]

In etlichen Ländern werden die aus Deutschland ausgewiesenen Landsleute mit offenen Armen aufgenommen. So sind in den großen Städten der Türkei, Spaniens, Portugals, Griechenlands und Italiens Begrüßungsveranstaltungen für die Landsleute organisiert worden. Die Plätze sind bunt beflaggt. Redner erinnern daran, dass zahlreiche Landsleute vor Jahrzehnten zum Arbeiten nach Deutschland gegangen seien und nun zurückkehrten. Örtlich flammen aber auch Proteste gegen die ausgereisten »Deutschen« auf, die den Einheimischen jetzt die Arbeitsplätze streitig machen würden.

Für manche Herkunftsländer wäre eine Zuwanderung aller Bürger, die vorher in Deutschland gelebt haben, kaum zu verkraften. Selbst in der wirtschaftlich boomenden Türkei gäbe es nicht genügend Arbeitsplätze, Schulen und Wohnungen für 1,6 Millionen Einwanderer auf einen Schlag. Obwohl man sich dort an Rückkehrer längst gewöhnt hat, zwar in großer Zahl, aber völlig anderen Dimensionen, als sie eine Massenausweisung aus Deutschland zur Folge hätte.

Während 2009 rund 40.000 Frauen und Männer Deutschland in Richtung Türkei verließen, wanderten im gleichen Jahr 30.000 Menschen aus der Türkei nach Deutschland ein. Viele der Rückkehrer sind willkommen. Ihre Wirtschafts- und Sprachkontakte nach Deutschland gelten als wichtiges Pfund, das vor Ort geschätzt wird und mit dem sie wuchern können. Darauf weist etwa Cigdem Akkaya hin, die Gründerin eines »Rückkehrer-Stammtisches« in Istanbul, dem mehr als 1.000 Menschen angehören, und frühere stellvertretende Leiterin des Essener Zentrums für Türkeistudien.

In Deutschland aber würden die Weggezogenen schmerzlich vermisst. Deutschland ohne sieben Millionen, wenn nicht sogar neun Millionen Menschen, die bisher hier lebten. Ein Land mit ohnehin schrumpfender Bevölkerung, das von einem Tag auf den anderen jeden zehnten Einwohner verliert. Das hat massive Auswirkungen – in allen Bereichen der Gesellschaft. Wir zeigen, welche.

I. Arbeiten ohne Ausländer

Altenheime ohne Pfleger

Am Abend des Tages, an dem die Ausländer das Land verlassen, bricht in deutschen Pflegeheimen bundesweit der Notstand aus. In ganz Deutschland wälzen sich viele alte Menschen hungrig und ungewaschen in ihren ungemachten Betten. Sie rufen nach ihren Pflegern und Pflegerinnen. Doch die sind weg. Wie die anderen Ausländer. Ausgereist, auf Anweisung der Regierung. Als erstes brechen die Dienstpläne der Pflegestationen zusammen. Ohne das ausländische Personal sind sie nicht mehr in der Lage, die alten Menschen zu Hause zu betreuen. Zigtausende Menschen müssen in Heime und Krankenhäuser verlegt werden – doch dort sieht es nicht besser aus. Auch hier hatte ein großer Teil der Beschäftigten keinen deutschen Pass besessen – nun fehlen an allen Stellen Arbeitskräfte, und die Betten müssen bis in die Gänge und Abstellkammern gestellt werden. Bereits nach einigen Tagen kommt es auf den Stationen zu schrecklichen Szenen. Verwirrte alte Menschen irren halb bekleidet durch die Gänge und können kaum noch betreut werden. Dehydrierte Körper, wundgelegene Patienten, Knochenbrüche wegen sich häufender Stürze. Das verbliebene Personal versucht, durch massive Gabe von Psychopharmaka der Lage in den Pflegeheimen irgendwie Herr zu werden. Doch es hilft nichts. Der Personalmangel führt auch bei den wenigen Pflegern zu immensen Belastungen, Krankheit und Kündigungen. Bald spricht sich herum, dass die Sterberaten in den Heimen plötzlich sprunghaft angestiegen sind. Deutschland ohne Ausländer – das heißt für viele alte Menschen nun weitaus früher sterben, wegen schlechter Betreuung und Mangel an Pflegekräften.

Welche enorme Lücke die Ausreise der Ausländer im Pflegebereich reißen würde, zeigen die aktuellen Zahlen und erläutert uns für dieses Buch Bernd Tews, Geschäftsführer des Bundesverbandes privater Anbieter sozialer Dienste: Gegenwärtig existieren in Deutschland rund 24.000 Pflegeeinrichtungen. Etwa

12.000 Pflegedienste versorgen kranke und alte Menschen in ihren Wohnungen und ermöglichen ihnen so den Verbleib in ihrer vertrauten Umgebung. Daneben gibt es etwa gleich viele stationäre Pflegeeinrichtungen. Diese kümmern sich rund um die Uhr um pflegebedürftige Menschen in einem Alten- oder Pflegeheim und bieten neben der Pflege, der medizinischen Versorgung und Betreuung eine Vollverpflegung und die Übernahme der gesamten Hauswirtschaft. Auch die Kurzzeitpflegeeinrichtungen gehören dazu. Sie bieten die gleichen Leistungen für einen begrenzten Zeitraum, in der Regel für sechs bis acht Wochen, zum Beispiel nach einem Krankenhausaufenthalt, bis die pflegebedürftigen Menschen entschieden haben, wo und wie sie langfristig wohnen und versorgt werden wollen, oder der bis Hilfebedarf entfällt.

Hinzu kommen die Tagespflegen – diese ergänzen die häusliche Versorgung. Die Tagespflegebedürftigen leben in ihren eigenen Wohnungen. An Tagen ihrer Wahl oder in der Nacht werden diese Pflegebedürftigen zu Hause abgeholt und in die Tages- oder Nachtpflege gebracht. Dort gibt es neben der pflegerischen Versorgung auch die Betreuung und das Zusammensein mit Leidensgenossen – anschließend werden die Menschen zurück in ihre Wohnungen begleitet.

Im Jahre 2009 waren etwa 2,4 Millionen Menschen pflegebedürftig im Sinne der Pflegeversicherung, erläutert Tews. Rund 1,62 Millionen Menschen leben davon in der eigenen Wohnung, etwa 1,07 Millionen von ihnen werden von Angehörigen versorgt und beziehen Pflegegeld aus der Pflegeversicherung. Nach Schätzungen unterstützten schon im Jahr 2010 bis zu 170.000 Migranten, vorrangig aus Osteuropa und in der Regel unter Vernachlässigung der Aufenthalts- und Arbeitsrechtsbestimmungen, diese Pflegebedürftigen und deren Angehörige bei der Versorgung in der eigenen Wohnung, weiß unser Experte. Weitere 550.000 kranke und solche Menschen, die pflegebedürftig im Sinne der Pflegeversicherung sind, werden durch Pflegedienste zu Hause versorgt.

Gegenwärtig sind in den Pflegeheimen und Diensten rund 950.000 Mitarbeiter beschäftigt. Im Jahr 2009 waren es nach der Bundespflegestatistik 890.000 – eine gigantische Zahl: Damit arbeiten in Deutschland in diesem Bereich mehr Leute als in der Automobilbranche. Einschlägige Prognosen gehen aufgrund der demografischen Entwicklung davon aus, dass die Zahl der pflegebedürftigen Menschen sich bis zum Jahr 2050 fast verdoppeln wird. Nach Studien des IDW und des WifOR-Instituts für PwC (2011) wird der Bedarf an zusätzlichen Pflegekräften in der Altenpflege um 230.000 zusätzliche Vollzeitstellen und im Krankenhaussektor um rund 140.000 weitere Stellen bis zum Jahr 2020 ansteigen. Die Behindertenhilfe und die dort beschäftigten Pflegekräfte sind hierbei noch nicht einmal berücksichtigt.

Nach Zahlen des Bundesgesundheitsministeriums[34] haben etwa 11 Prozent der Pflegekräfte aus Pflegediensten einen Migrationshintergrund und ca. 15 Prozent der Pflegekräfte in Pflegeheimen. Im Pflegeheim ist somit jeder sechste bis siebte Mitarbeiter und in den Pflegediensten etwa jede neunte Pflegekraft ausländischer Herkunft. In 4 Prozent der Pflegeheime liegt der Anteil der Pflegekräfte mit Migrationshintergrund bei über der Hälfte aller Mitarbeiter aus diesem Bereich. Der größere Anteil von ihnen ist in Pflegeheimen in den alten Bundesländern tätig. Dort hat jeder fünfte bis sechste Mitarbeiter in der Pflege eine entsprechende Herkunft. »Zusammenfassend kann man feststellen, dass der Pflegebereich, insbesondere die Pflege und Versorgung unserer älteren Mitbürger, bereits heute ohne die Unterstützung von Migranten unmöglich wäre«, sagt Pflege-Experte Tews.

Gegenwärtig können schon rund 30.000 der offenen Stellen in der Altenpflege nicht besetzt werden. »Es gibt so gut wie keine arbeitslosen Pflegefachkräfte«, erklärt Tews, »und wir brauchen in den Pflegeheimen und Pflegediensten allein bis 2020 zusätzlich zu den aufgrund von Fluktuation zu besetzenden Stellen 230.000 neue Vollzeitkräfte.« Die Zahl der potenziellen jungen Menschen aus dem Inland, die in der Altenpflege arbeiten wollen, gehe drastisch zurück und die Branchen konkurrieren um die wenigen, die sich für einen solchen Beruf entscheiden. Deshalb meint Tews: »Ohne eine gezielte ›Willkommenskultur‹ und Anwerbung von ausländischen Pflegekräften werden wir die Pflege und Versorgung unserer hilfebedürftigen Mitbürger bereits in absehbarer Zukunft nicht mehr sicherstellen können.« Da die demografische Entwicklung in Europa vergleichbar verläuft und auch in den übrigen EU-Staaten ein Bedarf für die Versorgung der wachsenden Zahl der älteren pflegebedürftigen Mitbürger besteht, müssten insbesondere potenzielle Pflegekräfte außerhalb Europas angesprochen werden. Im Klartext: Ohne Ausländer wäre Deutschland bei der Pflege schon jetzt verloren.

»Wenn heute, von einem auf den anderen Tag, alle Pflegekräfte mit Migrationshintergrund das Land verlassen müssten, würde bei der bereits knappen Personalsituation die Versorgung in vielen Einrichtungen und Diensten zusammenbrechen«, kommentiert Tews unser Szenario. Er skizziert eine Horrorvision: »In einem Pflegeheim mit 100 Bewohnern wie zum Beispiel in Nordrhein-Westfalen würde jeder fünfte Mitarbeiter wegfallen. Auf einen Schlag fehlten bei 40 Pflegekräften acht Kollegen und Kolleginnen. Unverzüglich müsste eine Urlaubs- und Freizeitausgleichssperre für die verbliebenen Mitarbeiter einsetzen. Die Versorgung müsste auf das Allernötigste eingeschränkt werden, Gespräche und Aktivierungen wären nicht mehr möglich; ob jeder Bewohner das Bett verlassen könnte, wäre fraglich und die nächtliche Versorgung wäre auch kurzfristig kaum sichergestellt. In der Häuslichkeit werden viele Mitarbeiter zur Versorgung und Pflege morgens zum Aufstehen, zur Mittagszeit und am Abend zum Zubettgehen benötigt. Ein Pflegedienst, der 18 Mitarbeiter beschäftigt, würde plötzlich auf zwei Mitarbeiter verzichten müssen. Diese zwei Mitarbeiter versorgen täglich durchschnittlich sechs pflegebedürftige Menschen in ihren Wohnungen. Folglich könnten diese zwölf hilfebedürftigen Menschen in ihren Wohnungen nicht mehr versorgt werden. Aufgrund der bereits gegenwärtig fehlenden Pflegefachkräfte könnte maximal kurzfristig eine Notversorgung erfolgen. Angehörige und Nachbarn müssten beispielsweise einspringen und könnten daher nur noch eingeschränkt, verkürzt oder gar nicht mehr ihrer Arbeit nachgehen. Pflegebedürftige, die allein leben oder chronisch krank sind, müssten vermutlich zur Sicherstellung der Behandlungspflege vom Arzt versorgt oder ins Krankenhaus eingewiesen werden.«

Doch das wäre noch nicht alles: Kann die Versorgung in der eigenen Wohnung der pflegebedürftigen Menschen nicht mehr sichergestellt werden, wäre eigentlich zwingend der Umzug in ein Heim angezeigt. Aber wie bereits beschrieben, wäre dies keine Alternative, da auch dort die ausgewiesenen Pflegekräfte fehlen würden. »Aus der Sicht der Pflegeeinrichtungen ist deshalb völlig klar: Wir brauchen nicht weniger, sondern deutlich mehr Migranten in der Pflege, um die Versorgung unserer hilfebedürftigen und kranken Mitbürger gewährleisten zu können, und wir brauchen auch jeden Deutschen, der die nicht immer leichte, aber sehr dankbare Arbeit in der Pflege aufnehmen will«, sagt Tews. »Aber selbst wenn zukünftig jeder dritte Schulabgänger eine Pflegeausbildung macht, wird die benötigte Anzahl an Pflegefachkräften und Pflegekräften nicht ausreichen«, warnt der Experte. »Ohne Migranten ist eine Versorgung der pflegebedürftigen Mitbürger perspektivlos. Daher müssen hierfür jetzt die nötigen Weichen gestellt werden.«

Ausländer rein statt Ausländer raus, lautet der Expertenrat beim Thema Pflege. Ob vielen Älteren bewusst ist, wie sehr ihre Betreuung und Pflege von Menschen ohne deutschen Pass abhängt? Aus eigener Kraft – so viel steht fest – könnten es die Deutschen nicht schaffen, ihre Pflegebedürftigen adäquat zu versorgen. Unsere Alten brauchen die Ausländer, wenn sie nicht verwahrlost und allein in ihren Betten liegen wollen. Wer nur noch ein paar Jahre hat bis zum Tod, der freut sich über Zuneigung und Ansprache. Ob es nun polnische oder deutsche Mitarbeiter von Pflegeheimen oder -diensten sind, die den Alten morgens aus dem Bett helfen, müsste dabei egal sein – solange überhaupt noch jemand kommt.

Autoindustrie ohne Ausländer

Das Auto ist der Deutschen liebstes Kind. Nach wie vor wird es samstags ausgiebig gewaschen, gesaugt und gepflegt. Rund 83 Prozent der bundesweit rund 40 Millionen Haushalte verfügten 2010 laut ADAC über mindestens ein Auto. Und fast ein Drittel der Haushalte besitzt zwei oder mehr Fahrzeuge. Was wenigen Autofahrern bekannt ist: Bei der Herstellung der deutschen Autos spielen Ausländer eine große Rolle. Von der Bundesagentur für Arbeit gibt es Zahlen zu den sozialversicherungspflichtig Beschäftigten nach Wirtschaftszweigen. Danach waren 2011 von rund 792.000 sozialversicherungspflichtig Beschäftigten in der deutschen Automobilwirtschaft rund 84.000 Ausländer. Das entspricht einem Anteil von 10,6 Prozent. Die Bedeutung der Automobilbranche als Arbeitgeber für Menschen mit Migrationshintergrund ist damit überdurchschnittlich hoch. Und Menschen ohne deutschen Pass sind dort weiterhin begehrt.

Der Präsident des Verbands der Automobilindustrie, Matthias Wissmann, betont die Bedeutung der Zuwanderung für die Branche: »Wir setzen uns gegenüber der Bundesregierung dafür ein, dass wir neben der Förderung der Ausbildung in Deutschland für qualifizierte Bürger dieses Landes auch eine entsprechend verbesserte Regelung der Zuwanderung erhalten«, sagt Wissmann uns. »Und zwar vor allem für Ingenieure und Facharbeiter.« Erfreulicherweise habe die Regierung darauf reagiert, indem sie etwa die Einkommensschwellen für Zuwanderer herabgesetzt habe. »In Deutschland müssen wir verstehen, dass wir den enormen Fachkräftebedarf künftig nur decken können, wenn wir sowohl die Ausbildungsförderung voranbringen und unser berufliches Bildungssystem weiterentwickeln als auch dauerhaft qualifizierte Zuwanderung ermöglichen«, erläutert Wissmann.

Wer bei Migranten in der Automobilindustrie nur an ausländische Arbeiter in Montagehallen denkt, liegt aber falsch. Längst werden viele hoch qualifizierte Tätigkeiten von Ausländern erbracht. Gerade beim Automobildesign besteht eine regelrechte Tradition von Kreativen aus dem Ausland. Aktueller Chefdesigner von BMW ist etwa der Niederländer Adrian van Hooydonk. Dessen Vorgänger war Chris Bangle, ein Amerikaner. Einer dessen Vorgänger wiederum war Paul Bracq – ein Franzose, der unter anderem für das Design des Mercedes Benz 600 (»Pullman«), für den Mercedes-Sportwagen 230 SL (»Pagode«) sowie für die jeweils erste Generation des BMW 3er, 5er, 6er und 7er verantwortlich zeichnete. Chefdesigner von Volkswagen und zuvor von Audi ist der Italiener Walter de Silva, aus dessen Feder unter anderem der Audi A5 stammt. Zahlreiche der weltweit erfolgreichsten deutschen Pkw wurden und werden von ausländischen Designern entworfen. Doch lange bevor italienische Designer die deutschen Autos eleganter machten, kamen vor mehr als fünf Jahrzenten aus dem Mittelmeerland die Arbeiter, die Deutschland dringend benötigte.

Am Beispiel der italienischen Arbeiter lässt sich gut nachvollziehen, wie Deutschland die Arbeitskräfte anwarb – und unter welchen Bedingungen die sogenannten Gastarbeiter ihren großen Beitrag zum deutschen Wirtschaftswunder leisteten. Im Jahr 1955 schlossen die deutsche und die italienische Regierung einen Anwerbevertrag. Seither kamen Hunderttausende italienische Arbeiter nach Deutschland. Das war nur der Anfang für weitere bilaterale Anwerbeabkommen mit Spanien (1960), Griechenland (1960), der Türkei (1961), Marokko (1963), Portugal (1964), Tunesien (1965) und Jugoslawien (1968). Zunächst sollten die italienischen Saisonarbeiter für die Landwirtschaft und für das Hotel- und Gaststättengewerbe gewonnen werden. Die Arbeitsverträge waren auf sechs oder zwölf Monate befristet. Aber bereits kurz nach Unterzeichnung des Abkommens reichten Betriebe aus allen Branchen, besonders Industrie und Bergbau, Vermittlungsaufträge für sogenannte Gastarbeiter ein. In den 1950er- und 1960er- Jahren kamen 67 Prozent aller italienischen Migranten in Deutschland aus dem strukturschwachen Süditalien.

Die Geschichte ihrer Integration wird erst allmählich geschrieben. Etwa am Beispiel Wolfsburgs. Die Sozialwissenschaftlerin Anne von Oswald hat die Geschichte der Italiener bei Volkswagen in Wolfsburg recherchiert und Erstaunliches herausgefunden. Alles begann mit einem Pakt zwischen VW und dem Vatikan: »Ausschlaggebend für das VW-Werk, sich auf Italien zu konzentrieren, war letztendlich die Verbindung des katholischen Generaldirektors Heinrich Nordhoff zum Vatikan in Rom und die dort signalisierte Kooperationsbereitschaft zur Arbeitskräftevermittlung«, schreibt Oswald. »In einem Schriftwechsel vom Oktober 1961 zwischen Nordhoff und zwei deutschen katholischen Funktionären im Vatikan fragte der Generaldirektor von VW an, ob es mithilfe der katholischen Kirche möglich wäre, 3000 italienische Arbeiter zu erhalten. Wenig erstaunlich, wenn man die persönlichen Kontakte Nordhoffs zu Papst Pius XII. berücksichtigt, ist die eindeutige, sofortige Stellungnahme des Vatikans in den Worten, dass es – nach einem kurzen Anruf beim päpstlichen Werk der Assistenz (PCA) – wohl möglich sein werde, über die christliche Arbeitsorganisation ACLI die von Ihnen gewünschten italienischen Jungarbeiter zu erhalten.«

Die Verbindung zwischen VW-Führung und dem Vatikan sowie die Rolle und die Auswirkungen der katholischen Konfession innerhalb der Führung des Werkes und ihre Verbindung zur lokalen katholischen Kirche sind laut Oswald zur Erklärung verschiedener betrieblicher Entscheidungen von Bedeutung. »Sowohl die auffallend restriktive Beschäftigungspolitik gegenüber deutschen Frauen, besonders verheirateten Frauen, als auch die bis zum Jahre 1978 aufrechterhaltene Entscheidung, keine italienischen Arbeitsmigrantinnen im Werk arbeiten zu lassen, hängen höchstwahrscheinlich damit zusammen. Ob es nun gelang, die gesamte Anzahl von 3000 angeforderten Italienern über das Organisationsnetz des Vatikans zu mobilisieren, bleibt zweifelhaft; eindeutig ist jedoch, dass sich durch die Verbindung zum Vatikan Möglichkeiten für VW auftaten, wesentlich schneller und eine größere Anzahl von Italienern für Wolfsburg zu gewinnen, als es auf dem üblichen Weg geschehen wäre. Als ein deutsches Unternehmen unter vielen hätte die VW-Personalabteilung bei der Anwerbekommission der Bundesanstalt für Arbeit in Verona nach Arbeitskräften anfragen und je nach Angebot auch länger auf die angeforderten Arbeitskräfte warten müssen«, schreibt Oswald.

Doch wie sah es abseits der offiziellen Wortklaubereien in der Wirklichkeit aus? Wie lebten die Menschen, die man gerufen hatte, zwischen Werk und Lager? Oswalds Studie ermöglicht einen Blick in die Vergangenheit. Auch die Berliner Autorin Carola Rönneburg hat sich auf Spurensuche begeben und das Leben der italienischen Gastarbeiter beschrieben. Wir zitieren aus ihrem sehr lesenswerten Buch *Grazie mille! Wie die Italiener unser Leben verschönert haben,* weil es gut verdeutlicht unter welchen Bedingungen Ausländer in Deutschland aufgenommen wurden. »Die zweistöckigen Baracken sind aus Holz. 4000 Männer sind hier untergebracht, jeweils vier in einem Raum von knapp 13 Quadratmetern. Möbliert ist er mit Etagenbetten, einem Tisch, vier Stühlen und einem Schrank. Das Gelände ist eingezäunt, am Schlagbaum vor dem Eingang wird jeder kontrolliert, der kommt und geht. Wachleute patrouillieren mit Schäferhunden. In dieser Anlage leben die italienischen Arbeiter des Volkswagenwerks im Jahr 1962. Sie ist in aller Eile hochgezogen worden und wird weiter ausgebaut. Zwei Jahre später werden schon 6000 Italiener nach Schichtende in dieses Lager zurückkehren, das betriebsintern nicht so heißen darf: Nordhoffs Sorge um mögliche Assoziationen ist begründet.

Das VW-Werk, 1938 von italienischen ›Fremdarbeitern‹ errichtet, hielt während des Zweiten Weltkriegs Kriegsgefangene, Zwangsarbeiter und KZ-Häftlinge in Baracken. Die Produktion von Hitlers Traumauto, dem Automobil für die Massen, lag da längst brach – VW stellte Bomben und Minen her; seine Arbeitssklaven bauten neben Amphibienfahrzeugen vor allem Kübelwagen für die Wehrmacht und die SS. 1944 schufteten hier auch 1441 italienische Militärinternierte im ›Arbeitskommando 6024‹, davon rund 1000 im Werk. Als ›Verräter‹ wurden die kurz zuvor noch verbündeten Soldaten misshandelt und gezielt ausgehungert, um sie zu höheren Arbeitsleistungen zu zwingen. Diese Zeit liegt noch nicht lange zurück.

Ausländische Arbeitnehmer leben überall in der Bundesrepublik in zweifelhaften Unterkünften und haben es oft sogar noch schlechter getroffen als bei VW. Sechs oder mehr Personen bewohnen einen Raum – Saisonarbeiterinnen in der Landwirtschaft sind nicht selten zu zehnt –, in dem sie auch ihre Mahlzeiten zubereiten müssen. Nicht einmal einen aufeinander abgestimmten Tagesablauf gibt es – in verschiedene Schichten eingeteilt, stört man sich gegenseitig beim Schlafen. Vom Gesetz her sind Arbeitgeber nur gefordert, ›angemessenen‹ Wohnraum zu bieten. In Wolfsburg gibt es für die je 68 Bewohner einer Etage an der ›Berliner Brücke‹ eine Küche mit 18 Kochplatten, 13 Waschbecken im Waschraum und vier Toiletten: Schlangestehen gehört zum Alltag. Rocco Artale, der nach einer Beschäftigung in einer Hannoveraner Zuckerfabrik 1962 bei VW auf ein ›Sammelsurium verschiedenster Italiener‹ stieß, erinnert sich besonders daran, wie es an jeglicher Rückzugsmöglichkeit fehlte: ›Es gab keinen privaten und erst recht keinen intimen Bereich.‹

Unterstützt durch Berichte der Tagespresse herrscht allgemein die Auffassung, man müsse den Gastarbeitern auch nichts Besseres bieten. Ausländische Arbeiter sollen in diesen Jahren eine Zeit lang aushelfen, wieder gehen und bei Bedarf durch frische Kräfte ersetzt werden. Entsprechend sind ihre Verträge in den meisten Branchen befristet. Bei VW unterschreibt man gewöhnlich zunächst für ein Jahr, ab 1963 sogar nur für ein halbes. Viele halten es aber nur wenige Wochen aus. Beim Autohersteller entwickelt sich alles andere als eine Stammbelegschaft: Massenhaft verlassen die Italiener das Werk, kaum dass sie begonnen haben, hier zu arbeiten. Anne von Oswald ermittelte für ihre Untersuchung *Volkswagen, Wolfsburg und die italienischen* »Gastarbeiter«, dass über die Hälfte der 1962 frisch eingestellten Italiener nicht einmal ein Jahr in Wolfsburg blieb. ›Kein Wunder‹, kommentiert Rocco Artale. Das Leben hinter dem Zaun ist trist und beschränkt sich nach acht bis zehn Stunden Arbeit auf ›Essen kochen und Socken waschen‹. Isoliert vom Rest der Stadt, sitzen die Italiener nach Feierabend in der Werkskantine. Die Freizeitbeschäftigungen heißen ›Skat spielen und abwarten‹.

Rocco Artale, der später Mitglied im Rat der Stadt Wolfsburg wird, zählt in den 1960er-Jahren zu der kleinen Minderheit, die sich mit den Umständen arrangiert und einen langen Atem beweisen wird. Mit einem ›sehr kleinen Kreis von Kollegen‹ besucht er einen Deutschkurs in Braunschweig. Und lebt drei Jahre in der Baracke, bis er ein Zimmer zur Untermiete findet. Die kasernierte Männergesellschaft im Werk sehnt sich nicht in erster Linie nach einem Theaterbesuch, sondern eher nach Frauen. Anne von Oswald schildert, wie sich Fahrgemeinschaften bilden, die Ausflüge auf den Braunschweiger Strich unternehmen, wo allerdings schon bald ein weiblicher Arbeitskräftemangel herrscht. Zu romantischeren Aktivitäten kommen die Italiener nicht, weil Wolfsburger Kneipenwirte und Tanzlokalbetreiber sie abweisen – die deutschen Männer fürchten die Konkurrenz. Ganze neun Jahre bleibt die ausländische VW-Belegschaft hinter dem Schlagbaum. Zwar muss Heinrich Nordhoff schon 1965 akzeptieren, dass diejenigen, die der Fabrik nicht sofort den Rücken gekehrt haben, ›mehr und mehr Gefallen an ihrem Gastland finden und dableiben wollen. Der Generalkonsul schätzt den Anteil unserer Italiener, die Wolfsburger werden wollen, auf 80 Prozent. Das bedeutet Frauen, Kinder, Familien, Wohnungen, Schulen usw. Dieser Realität haben wir entgegenzusehen und uns darauf vorzubereiten.‹ Man werde ›in diesen sauren Apfel beißen müssen‹.

Es geschieht jedoch nichts. Schlimmer noch, die Rezession kostet 1966/67 Tausende in der Bundesrepublik ihre Arbeitsplätze, vor allem Ausländer. Bei VW gibt es vordergründig keine Massenentlassungen: Das Unternehmen beschließt einen Einstellungsstopp und lässt viele Kurzverträge auslaufen. Bald darauf – die Konjunktur erholt sich merklich – werden wieder italienische Arbeiter angeworben. Wie schon im ersten Jahr greift die Personalabteilung auf ihre ursprünglich durch den katholischen Generaldirektor Heinrich Nordhoff gepflegten Beziehungen zum Vatikan zurück. Über die katholische Arbeiterorganisation ACLI und Kirchengemeinden hören Italiener noch in entlegensten Landstrichen davon, dass sie in Deutschland gebraucht werden. Und erneut bleibt nur die Hälfte von ihnen.

Erst 1970 entschließt sich das Volkswagenwerk, seine ausländischen Arbeiter aus den Holzbaracken in feste Behausungen zu bringen. In Kästorf, wenige Kilometer nördlich von der Fabrik gelegen, soll ein Kleinhochhauskomplex entstehen. Mehrbettzimmer soll es jedoch weiterhin geben. ›Ein Ghetto‹, so Rocco Artale. ›Genau das, was wir nicht wollten.‹ Rückblickend beschreibt er die 60er Jahre als Phase der Organisation, ›als wir begannen, Forderungen zu stellen‹. In den 70er-Jahren haben Wolfsburgs Italiener ›schon politische Wurzeln‹, erklärt Artale, und sie mischen sich ein. Ihre Wohnsituation ist nicht nur ein Thema für den Betriebsrat bei VW, dem mit Lorenzo Annese bereits seit 1963 ein Italiener angehört, sondern auch im Rathaus. Das mehrstöckige Arbeiterwohnheim in Kästorf ist nicht mehr zu verhindern, doch endlich werden in dessen Nähe auch Werkswohnungen für Familien gebaut. Einige italienische VW-Angehörige können mit ihren Frauen und Kindern zusammenleben. Andererseits bleiben die Italiener auch dort unter sich. ›Deutsche wollten da nicht wohnen‹, so Artale.

1974, als Artale Gewerkschaftssekretär der IG Metall wird, zuständig für Italiener und Tunesier, die seit vier Jahren angeworben werden, zieht ein alter Bekannter von ihm nach Wolfsburg: Antonio di Virgilio, Journalist und Mitarbeiter des italienischsprachigen *Radio Colonia* beim WDR. Jetzt wechselt er in die Verwaltung der Stadt, die eines der ersten Ausländerreferate der Bundesrepublik eingerichtet und ihn angestellt hat. Damit leitet ein Ausländer eine deutsche Behörde, was einer kleinen Sensation gleichkommt. Auch Antonio di Virgilio beschäftigt sich mit der Wohnsituation der italienischen Bevölkerung. Erst 15 Prozent der VW-Männer haben ihre Familien nachgeholt. In anderen deutschen Städten sind es längst über 50 Prozent, doch in Wolfsburg mangelt es weiter an Wohnraum. Bei seinem Amtsantritt weist di Virgilio sarkastisch darauf hin, ›dass es in Wolfsburg keine Hinterhöfe und keine abbruchreifen Häuser gibt‹.

Hinzu kommt, dass Arbeitsplätze für Frauen fehlen: VW beschäftigt keine Ausländerinnen – und möglichst nur unverheiratete deutsche Frauen. Erst 1978, sechzehn Jahre nach den ersten Anwerbungen, dürfen auch nichtdeutsche Frauen bei VW arbeiten. Trotz dieser

Widrigkeiten ändert sich langsam die italienische Bevölkerungsstruktur. Wie Heinrich Nordhoff schon einige Zeit zuvor erkannt hatte, handelt es sich nun um Familien und damit auch um Kinder, die zur Schule gehen müssen.«[35]

Was würde heute passieren, wenn alle Mitarbeiter ohne deutschen Pass plötzlich aus der Automobilindustrie verschwänden? Bei der Daimler AG wäre dies unvorstellbar. Längst hat der Weltkonzern die innere Vielfalt zur Unternehmensphilosophie erklärt. »Diversity«, heißt das Zauberwort. Es steht für ein weltweites Programm des Konzerns. Im Jahr 2009 lag der Anteil der nicht deutschen leitenden Führungskräfte bei Daimler bei 29 Prozent. Der Konzern vereint heute mehr als 260.000 Mitarbeiter aus 140 Nationen an 90 Standorten auf fünf Kontinenten. Seine Strategie lautet: Interkulturelle Kompetenzen individuell fördern. Es gibt bei Daimler weltweit Trainings und Workshops für interkulturelle Zusammenarbeit oder internationale Tandem-Programme mit Mentoren. Schwerpunkte sind auch der weltweite Personaleinsatz oder die gezielte Suche von Mitarbeitern und Führungskräften mit internationalen Profilen. »Ein internationales Arbeitsumfeld wird künftig noch selbstverständlicher werden«, erklärt Daimler-Chef Dieter Zetsche. »Kooperationen über Landesgrenzen hinweg nehmen zu.« Auch Daimlers Forschung und Entwicklung werde in Zukunft noch stärker in globalen Netzwerken agieren. »Gerade hier ist Vielfalt eine klare Erfolgsvoraussetzung«, meint der Manager. »Bei Daimler setzen wir auf die Unterschiedlichkeit unserer Mitarbeiter. Wir nutzen vielfältige Erfahrungen, Perspektiven und Kompetenzen – weltweit und unternehmerisch. Sie spiegeln die Vielfalt unserer Kunden, Lieferanten, Investoren und der Umwelt wider. Wir alle tragen dazu bei, ein respektvolles und wertschätzendes Arbeitsumfeld zu schaffen. So gestalten wir gemeinsam die Zukunft von Daimler mit.«

Das Lob der Vielfalt ertönt bei Daimler nicht aus idealistischen Motiven, sondern aufgrund rationaler ökonomischer Erwägungen. Von der Wertschätzung der unterschiedlichen Mitarbeiter gibt es nach Meinung der Manager eine direkte Verbindung zur Wertschöpfung des Unternehmens. »Denn Diversity ist ein nachhaltiger Wertbeitrag für unsere Wettbewerbsfähigkeit«, sagt der Personalvorstand und Arbeitsdirektor der Daimler AG, Wilfried Porth. »Echte Innovation, effiziente Zusammenarbeit und das sichere Gespür für unsere Zukunftsmärkte können nur entstehen, wenn vielfältige Kompetenzen und Talente an Bord sind.« Es gehe um die Menschen und die Märkte der Zukunft.

»Es wird auch künftig nicht leicht sein, Talente zu gewinnen und zu halten«, weiß Ursula Schwarzenbart, Leiterin des Potential Management der Daimler AG. »Der weltweite Wettbewerb um Fachleute, insbesondere Ingenieure, wird sich weiter verschärfen.« Wer bei diesem Wettbewerb mithalten oder ihn sogar gewinnen will, braucht Ausländer. Bei Daimler gibt es etwa ein Mitarbeiternetzwerk der türkischstämmigen Angestellten, den »Daimler Türk-Treff«. Mehr als 50 Jahre ist es her, dass Daimler in der Türkei zur Verstärkung der Belegschaft in Deutschland die erste Generation von Gastarbeitern angeworben hat. Mittlerweile sind die türkischstämmigen Kollegen aus dem Arbeitsalltag nicht mehr wegzudenken.

Gemeinsam mit dem Mitarbeiternetzwerk Daimler Türk-Treff würdigte die Daimler AG vor einiger Zeit das deutsch-türkische Anwerbeabkommen und seine Erfolgsgeschichten. Zu den geladenen Gästen zählten Bilkay Öney, Ministerin für Integration des Landes Baden-Württemberg, Cem Özdemir, Bundesvorsitzender von Bündnis 90/Die Grünen, Dr. Bernhard Lasotta, integrationspolitischer Sprecher der CDU-Fraktion im Landtag sowie der türkische Generalkosul Mustafa Türker Ari. Die Mitarbeiter aus der Türkei hätten »ein halbes Jahrhundert Daimler-Geschichte mitgeschrieben – mit großem Einsatz und voller Leidenschaft für den Stern«, betonte der Daimler-Vorstandsvorsitzende Zetsche.

Die Zahl der Mitarbeiter aus der Türkei im Unternehmen ist seit den 1960er-Jahren stetig angestiegen. Arbeiteten im Jahr 1963 lediglich rund 200 Kollegen mit türkischem Pass im Unternehmen, waren es zehn Jahre später bereits rund 10.000. Heute sind rund 12.000 türkische Mitarbeiter weltweit bei Daimler beschäftigt. Hinzu kommen viele weitere mit deutschem Pass und türkischen Wurzeln. »Sie sind aus keinem Bereich mehr wegzudenken – von der Montage bis zum Management«, meint ihr oberster Chef Zetsche. »Und genauso muss es auch sein, denn Spitzenleistung hängt nicht von Nationalität, Geschlecht oder Herkunft ab«, ergänzt er.

Als Erfolgsfaktor für gelungene Integration sieht er auch die Marke Mercedes-Benz an: »Unsere türkischen Mitarbeiter sind mindestens so stolz, beim Erfinder des Automobils zu arbeiten, wie ihre deutschen Kollegen«, so Zetsche. »Stolz verbindet, wenn man ihn teilt. Er schafft eine gemeinsame Identität.« Für die Integration ausländischer Mitarbeiter im Unternehmen setzt sich seit Jahrzehnten der bereits erwähnte »Daimler Türk-Treff« ein. Das Mitarbeiternetzwerk besteht seit fast 20 Jahren und hat inzwischen Mitglieder aus fast allen Nationen, die im Unternehmen vertreten sind. »Wir haben bereits Diversity gelebt, als der Begriff noch völlig unbekannt war«, erläutert Nejdet Niflioglu, Vorsitzender des Daimler Türk-Treff. Das Netzwerk ist auch außerhalb des Unternehmens aktiv und berät etwa Jugendliche mit Migrationshintergrund bei der Ausbildungs- und Berufswahl. Eine Autoindustrie ohne Ausländer – das ist hier schlicht undenkbar.

»Das gäbe sofort einen Börsencrash«

Interview mit Baki Irmak (Finanzexperte)

Baki Irmak wurde in der Türkei geboren, kam im Alter von sieben Jahren nach Deutschland und lebt heute in einer Welt, in der Nationalität keine Rolle mehr spielt. Irmak ist seit Oktober 2010 weltweit verantwortlich für die Kommunikation der DWS. Die Fondsgesellschaft verwaltet 94 Fonds mit einem Volumen von 45,4 Milliarden Euro. Über die Tochtergesellschaft DWS Investment S. A. mit Sitz in Luxemburg erzielt die DWS 147 Milliarden Euro verwaltetes Fondsvermögen. Damit ist die DWS die größte deutsche Fondsgesellschaft. Sie ist Teil der Deutschen Asset Management und gehört zur Deutsche Bank Gruppe. Irmak ist seit 2003 für die DWS in der Abteilung Communications & Public Affairs tätig. Er hat an der Katholischen Universität Eichstätt, der URV Tarragona und an der Justus-Liebig-Universität Gießen BWL und Philosophie studiert.

Herr Irmak, was würde mit dem Finanzsektor passieren, wenn alle Ausländer weg wären?

Man muss zunächst einmal festhalten, dass in den Finanzinstituten gar nicht so viele Ausländer arbeiten wie etwa im Maschinenbau oder Automobilgewerbe. Bei der Deutschen Bank arbeiten weltweit etwa 80.000 Mitarbeiter – etwa 12 Prozent der Mitarbeiter arbeiten in einem Land außerhalb ihres Heimatlandes. In Deutschland sind es nur 3 Prozent. Die Frage ist allerdings: Was bedeutet Heimatland?

Eine interessante Frage: Was bedeutet Heimatland innerhalb des Weltkonzerns Deutsche Bank?

Die Heimat ist der Ort, wo der Arbeitsvertrag unterschrieben worden ist. Es gehört zu unseren Grundsätzen, dass wir nicht nach Pässen diskriminieren. Wir führen auch keine Statistiken über Mitarbeiter mit Migrationshintergrund. Bankintern gibt es bei uns das Kriterium der Nationalität gar nicht. Wir erfassen, ob unsere Mitarbeiter in ihrer Heimat beschäftigt sind oder nicht. Wenn sie in einem anderen Land arbeiten als dem Land, in dem sie ihren ersten Arbeitsvertrag unterschrieben haben, werden sie als nicht in ihrer Heimat geführt. So wissen wir, dass 12 Prozent unserer weltweiten Mitarbeiter außerhalb ihres Heimatlandes arbeiten.

Nochmal: Ein türkischer Investmentbanker, der schon lange in Deutschland lebt und arbeitet, aber keinen deutschen Pass hat, wäre also in Ihrer Statistik in seinem Heimatland Deutschland tätig?

Ja, in unseren Geschäftsberichten würde diese Person als ein Mitarbeiter gezählt werden, der in seinem Heimatland arbeitet. In diesem Fall in Deutschland. Das ist korrekt.

Dann sind Sie bankintern ja liberaler als der Gesetzgeber.

In international aufgestellten Finanzinstituten geht es bei Personalfragen in erster Linie um hoch qualifizierte Mitarbeiter. Im Vergleich zum Maschinenbau haben wir keine Produktions- oder Fertigungsstätten, wo man extrem standardisierte Arbeiten verrichten muss. Bei der Deutschen Bank zum Beispiel haben mehr als 63 Prozent der Mitarbeiter einen Studienabschluss. Weitere 15 Prozent haben die Hochschulreife. In anderen internationalen Finanzinstituten ist es ähnlich. Im Verhältnis zu anderen Branchen ist der Anteil von Ausländern im mittleren und oberen Management deutlich höher. Je internationaler ein Haus, desto internationaler die Belegschaft. Die Deutsche Bank und die Allianz sind beispielsweise internationaler als Sparkassen, Volks- und Raiffeisenbanken sowie spezialisierte Versicherungsunternehmen in Deutschland. Daher treffen Sie in den Vorstandsetagen dieser beiden Institute eine Reihe von Menschen ohne deutschen Pass. Diese Konzerne wetteifern um hoch qualifiziertes Personal und möchten die besten Köpfe einstellen. Sie konkurrieren hier nicht nur mit Banken, sondern auch mit den Googles, Apples, Microsofts dieser Welt. Alle wollen gute Physiker, Mathematiker, Statistiker und sehr gut ausgebildete Ökonomen rekrutieren.

Die könnten in unserem Szenario nun nicht mehr angeworben werden, sondern müssten das Land verlassen – mit welchen Folgen?

Bei international aufgestellten Finanzinstituten würde das bedeuten: Hoch qualifiziertes Personal verlässt das Land. Eine international aufgestellte Bank wie die Deutsche Bank würde dann hoch qualifiziertes Personal nur noch in London, Schanghai, New York oder Hongkong einstellen – aber nicht mehr in Frankfurt. Das würde bedeuten, dass internationale Banken ihre anspruchsvollen Tätigkeiten allmählich ins Ausland verlagern. Das wäre der Beginn eines Brain-Drain – einer Auswanderung der Intelligenz, auch der besten Deutschen. Damit würden auch die Tätigkeiten, die eine hohe Qualifikation erfordern, ins Ausland verlagert und als Dienstleistung wieder importiert.

Wenn die Hochqualifizierten in Deutschland weg wären – wo befände sich dann die Zentrale einer internationalen Bank?

Damit verschiebt sich die Führung eines solchen Finanzinstitutes sukzessive ins Ausland. Wenn Top-Manager wie Anshu Jain, Hugo Bänziger, Paul Achleitner oder Jay Ralph das Land verlassen müssten – dann würden ganze Geschäftsbereiche in Deutschland damit aufgegeben. Langfristig wäre die Frage, ob solch ein Unternehmen international überhaupt noch bestehen kann. Am Bankschalter wird das Geschäft dagegen am nächsten Tag noch genauso funktionieren.

Ein zunächst unsichtbarer, längerfristig aber verheerender Verlust?

Ein irreparabler Schaden. Das wäre verheerend und würde zu massiven langfristigen Schäden führen. Es gibt in Deutschland bereits jetzt die Diskussion um Kreditverknappung, weil die Banken die Unternehmen nicht ausreichend mit Krediten versorgen würden. Welche privaten deutschen Banken gibt es noch? Es gibt die Deutsche Bank – die Commerzbank ist nur mit Staatshilfe gerettet worden. Die nächsten unabhängigen Institute sind dann schon Unternehmen wie Metzler oder die Berenberg Bank, die schon längst nicht mehr in der Kreditvergabe tätig sind. Ansonsten gibt es nur noch öffentlich-rechtliche und genossenschaftliche, die diese Aufgabe wahrnehmen. Daneben gibt es die ausländischen Banken. Französische Banken wie BNP, die spanischen Banken wie Santander Central Hispano oder die amerikanischen Banken wie Goldman Sachs und JP Morgan. Ohne Hypovereinsbank und Trinkaus & Burkhardt, die auch zu ausländischen Instituten gehören, beschäftigen die Auslandsbanken derzeit etwa 30.000 Mitarbeiter.

Was würden diese Banken machen, wenn morgen alle Ausländer das Land verlassen müssten?

Dann könnten diese Banken die eigenen Mitarbeiter aus ihrem Heimatland nicht mehr in Deutschland beschäftigen. Es wäre die Frage, ob diese Banken überhaupt noch gewillt wären, in Deutschland Filialen zu unterhalten. Darunter würde die Kreditversorgung in Deutschland leiden. Die Deutsche Bank hätte hier nahezu eine Monopolstellung.

Unternehmen hätten also plötzlich große Probleme, an Kapital zu gelangen?

Richtig. Aber auch deutsche Finanzinstitute wären im internationalen Wettbewerb plötzlich benachteiligt. Bei den internationalen Ausschreibungen würde man deutsche Finanzunternehmen nicht mehr berücksichtigen. Der Zugang zum Markt und zu den Investoren wäre gefährdet. Institute wie die Deutsche Bank machen schon jetzt einen Großteil ihres Geschäftes im Ausland. Auch die deutsche Wirtschaft, die im Ausland expandieren möchte, braucht einheimische Banken, die sie dabei begleiten. Deshalb würde die Verschlechterung, die durch die Ausweisung der ausländischen Bankmitarbeiter eingeleitet würde, bald die gesamte Wirtschaft zu spüren bekommen.

Bis hin zu Firmenpleiten?

Richtig. Die Exportnation Deutschland ist in starkem Maße vom Ausland abhängig. Der Anteil des Exports am Bruttosozialprodukt lag 2010 bei etwa 47 Prozent. Nahezu alle Dax-Unternehmen machen einen Großteil ihrer Gewinne und Umsätze im Ausland. Das Deutschlandgeschäft macht heute etwa 20 Prozent der Gewinne und der Umsätze aus.

Wie würden ausländische Investoren reagieren – mit Strafaktionen, Spekulation gegen Deutschland?

Ja, selbstverständlich. Es wäre ja offensichtlich, dass die deutschen Unternehmen und die deutschen Banken nach einer Ausweisung der Ausländer deutliche Wettbewerbsnachteile hätten. Wir leben in einer hoch vernetzten Welt. Die Globalisierung hat zu stark gegenseitigen Abhängigkeiten der Märkte und Marktteilnehmer geführt. Die Kapitalmärkte würden radikal Unternehmen abstrafen, in deren Heimatländern so etwas durchgesetzt würde. Banken und Unternehmen hätten einen deutlich erschwerten Zugang zu Geld an den Märkten. Darunter würden die Aktien deutscher Unternehmen leiden. Die Folgen wären eine Rezession, wenn nicht sogar eine Depression. Wir haben weltweit einen Wettkampf der Wirtschaftsstandorte. Geld ist flüchtig, extrem flüchtig. Es reagiert schnell auf solche Veränderungen. Es ist kein Zufall, dass Rechtsstaatlichkeit im Heimatland eines Unternehmens dazu führt, dass dieses Unternehmen deutlich teurer an den Börsen bewertet wird als Unternehmen aus Ländern, bei denen Zweifel an der Rechtsstaatlichkeit bestehen. Russische Aktien haben zum Beispiel eine deutlich niedrigere Bewertung an den Börsen gegenüber Ländern wie Indien, wo die Vermutung der Rechtsstaatlichkeit für Kapitalanleger offenbar deutlich höher ist. Die Unternehmen in Russland werden derzeit an den Börsen mit dem Sechsfachen des Gewinns bewertet, in Brasilien liegt dieser Faktor bei 10, in Indien bei 15. Unternehmen der gleichen Branche werden in Brasilien doppelt so hoch bewertet als in Russland, wo Anleger mehr staatliche Intervention vermuten, wie der Bewertungsvergleich zwischen Petrobras und Gazprom veranschaulicht. Auf Störungen der freien Märkte reagieren internationale Anleger extrem sensibel.

Deutschland ohne Ausländer – ein Land der Kapitalflucht?

Ja, wir erleben so etwas im Kleinen heute schon. In Europa kann man sehen, wie stark Wirtschaftsstandorte miteinander im Wettkampf stehen. In Ungarn ist es jetzt schon so, dass ausländische Unternehmen und Banken auf Distanz gehen, weil Präsident Orbán mit seinem nationalen Schwenk und seiner protektionistischen Politik die Kapitalanleger verschreckt hat. Das EU-Land Tschechien kann derzeit an den Märkten Geld zu 3,5 Prozent Zinsen borgen, während das EU-Land Ungarn über 7 Prozent zahlen muss. Das Land schlittert daher jetzt in Zahlungsschwierigkeiten und ist auf internationale Hilfe angewiesen.

Deutschland als Problemfall, als ökonomischer Bittsteller?

Deutschland als ein führendes Exportland könnte sich eine Ausweisung aller im Land lebenden Ausländer überhaupt nicht leisten. Die Abhängigkeit von ausländischen Märkten ist in Deutschland derartig hoch, dass wirtschaftlich alles daran hängt. Es gibt kaum ein großes Land, das abhängiger von seinen Beziehungen zum Ausland ist. Auch deutsche Staatsanleihen werden zu über 60 Prozent im Ausland gehalten. Der Anteil der ausländischen Eigentümer an deutschen Aktiengesellschaften ist noch höher. Daimler wird über 63 Prozent, E.ON über 70 Prozent, Bayer und Deutsche Börse sogar über 80 Prozent von Ausländern gehalten.

Wie würden diese Geldgeber auf eine Ausweisung der Ausländer reagieren?

Das gäbe sofort einen Börsencrash hier. Die Intervention in den Arbeitsmarkt wäre eine Art Protektionismus. Das würde zu einer Infragestellung der offenen und liberalen Gesellschaft in Deutschland durch die Anleger insgesamt führen. Geld ist flüchtig, Geld ist sehr scheu. Geld kennt nationale Grenzen nicht. Deutschland droht in diesem Szenario eine Kapitalflucht. Das Land würde sich an den Märkten vermutlich zu deutlich teureren Konditionen verschulden. Das führte schon mittelfristig zu höheren Zinsen. Die Zinslast Deutschlands würde sich binnen weniger Jahre vervielfachen. Dann drohte der Teufelskreis, der Griechenland gerade ereilt hat. Deutschland wäre im Extremfall nicht mehr in der Lage, seine Schulden zurückzuzahlen. Mit Verschlechterung der Bonität, Unternehmenspleiten, Rezession, mit all den Dingen, die dann passieren, wenn die Kapitalmärkte einem Staat nicht mehr vertrauen. Das Vertrauen ist die Währung einer Wirtschaft. Es ist aber extrem fragil. Wenn es weg ist, kehrt es so schnell nicht zurück. Die Kapitalmärkte sind da gnadenlos.

Deutschland ohne Sauberkeit

Kurz nachdem die Ausländer das Land verlassen müssen, verwandelt sich Deutschland in ein dreckiges Land. Büros bleiben schmutzig, Fenster schmierig. Toiletten beginnen zu stinken, der Müll beginnt sich zu stapeln. Aber auch Operationssäle werden unhygienisch, Vorstandsetagen nicht mehr vorzeigbar, glänzende Firmenfoyers verwandelt sich in schäbige, abweisende Eingangshöhlen.

Das Gebäudereiniger-Handwerk ist der größte Arbeitgeber für ausländische Bürger in Deutschland, gefolgt vom Arbeitsmarkt für Bürokräfte und Warenkaufleute. Etwa 10 Prozent der ausländischen Beschäftigten arbeiten in Gebäudereinigungsbetrieben, erklärt uns Christine Sudhop, Vize-Geschäftsführerin des Bundesinnungsverband des Gebäudereiniger-Handwerks. In der Branche besitzen rund 35 Prozent der Mitarbeiterinnen und Mitarbeiter einen sogenannten Migrationshintergrund. In größeren Reinigungsunternehmen arbeiten Seite an Seite Angehörige von bis zu 100 verschiedenen Nationen. »Damit stellen ausländische Beschäftigte einen wichtigen Teil des Gefüges, das dafür sorgt, dass an jedem Morgen saubere Büros auf Verwaltungsangestellte warten, OPs für die nächste Operation bereitstehen und Stadien für den Bundesliga-Samstag gerüstet sind«, führt Sudhop aus.

»Ein Montagmorgen, an dem alle ausländischen Beschäftigten nicht zum Arbeitsbeginn erscheinen, führt zunächst dazu, dass in den Unternehmen eilig die Arbeiten nach Priorität mit den vorhandenen Arbeitskräften besetzt werden. Ein Klassenraum muss dann unter Umständen warten, während die Toiletten keinen Aufschub dulden. Schwieriger wird es – auch kurzfristig – dort, wo spezielle Schulungen und Kenntnisse notwendig sind. Eine OP-Reinigung mit Desinfektion kann nicht durch eine Büroreinigungskraft übernommen werden, sodass besonders in hygienesensiblen Bereichen recht schnell mit Engpässen zu rechnen ist.« Während ein Ausfall von wenigen Tagen aber erwartungsgemäß durch übliche Vertretungsregelungen aufzufangen sei, werde die Situation zunehmend problematisch, wenn der Aus- oder gar Wegfall der ausländischen Beschäftigten anhielte. Der Arbeitsmarkt sei in einigen Regionen, auch aufgrund der derzeit guten wirtschaftlichen Situation, bereits heute derart leer gefegt, dass die Personalrekrutierung ohnehin zunehmend schwierig werde.

Bei einem plötzlichen Wegfall des gesamten Angebots ausländischer Arbeitskräfte kämen die Unternehmen in die Situation, dass die Anzahl der Beschäftigten nach einiger Zeit nicht mehr ausreichen würde, die Reinigungsaufträge im gewohnten Umfang zu erledigen. Auch das gesamte Know-how der zahlreichen ausländischen Führungskräfte in Gebäudereinigungsbetrieben, von Objektleitern, die die Liegenschaften organisatorisch betreuen, über die Meister, die das fachliche Wissen beisteuern, bis hin zu nicht wenigen Betriebsinhabern fiele mit einem Schlag weg. Der ausländische Fachkräftemangel würde sich in Kürze bemerkbar machen, ist Sudhop überzeugt. Und auch Ausbildungsplätze im Gebäudereiniger-Handwerk blieben zunehmend unbesetzt, was den Fachkräftemangel weiter verstärken würde. »Deutschland müsste sich daran gewöhnen, dass der gewohnte Hygienestandard schwindet, wenn 35 Prozent der Menschen, die ihn Tag für Tag gewährleisten, dies nicht mehr tun«, so die Expertin. »Selbst wenn die regelmäßige Unterhaltsreinigung noch in mehr oder weniger ausreichendem Umfang bewerkstelligt werden kann, werden die reduzierten Kapazitäten kaum noch ausreichen, notwendige Pflege- und Instandhaltungsmaßnahmen durchzuführen.« Sonderaufträge müssten warten.

»Was auf den ersten Blick unspektakulär klingt, heißt aber nichts anderes, als dass zum Beispiel Einrichtungsgegenstände und Bodenbeläge nach kurzer Zeit erneuert werden müssen, weil es an Pflege mangelt«, weist Sudhop auf mittelbare Folgen hin. Der Unterhalt von Gebäuden werde damit für alle teurer. Angesichts der schon heute leeren Kassen der Kommunen wie der Krankenhäuser würde dies ein nicht zu unterschätzendes Problem darstellen. »Der Einzug in ein neues Verwaltungsgebäude muss warten, da für die Reinigungsarbeiten nach der Baufertigstellung nicht genügend Personal zur Verfügung steht«, so ein Beispiel der Expertin. Oder: »Wenn zu Ferienbeginn die Flüge im Minutentakt gen südliche Gefilde abheben sollen und sich ganz Deutschland auf den Weg in die Ferien machen will, kann der Personalengpass dazu führen, dass der ein oder andere Flieger am Boden bleibt oder ein Kreuzfahrtschiff nicht rechtzeitig für den Auslauf parat steht.«

Wirtschaftlich noch folgenreicher seien Engpässe aber da, wo ein Ausfall der Reinigung zu Produktionsstillstand beim Kunden führen kann. »Eine nach wie vor wachsende Branche, die tagtäglich dafür sorgt, dass das Gemeinschaftsleben funktioniert, würde an ihre Grenzen geführt«, erläutert Sudhop. Die Konsequenzen wären eine zunehmende Konzentration der Reinigungsressourcen auf unerlässliche Arbeiten und zum anderen eine Wandlung des Reinigungsmarktes von einem momentan fast reinen Nachfrage- zu einem Anbietermonopol. Deutsche, die auch ohne Ausländer weiter in Sauberkeit leben wollten, müssten teuer dafür bezahlen – oder wieder selbst putzen.

Deutschland ohne Gründer

Der Verkehr vor dem Biergarten im Gallus, der hier sonst nie abebbte, ist merklich ruhiger geworden. Nichts ist los bei der BMW-Niederlassung mit den nagelneuen Sportwagen, bei Peugeot mit den wehenden blau-weißen Fahnen auf dem Hof. Vor der gelben Taxisäule, wo sonst drei Fahrzeuge auf Fahrgäste warteten, steht jetzt kein einziges mehr. Wer weg will, muss eine andere Möglichkeit finden. Die Straßenbahn immerhin fährt noch nach Höchst und in die Stadt hinein. Auch S-Bahnen sind noch unterwegs, oben auf der Brücke über der Warte. Meistens jedenfalls. Aber nicht immer. Denn etliche Fahrer sind ausgefallen.

Wer ein Auto hat, kommt voran. Aber wenn es kaputt ist, wird die Sache schwieriger. In der Einfahrt vom Kfz-Reparatur-Meisterbetrieb verspricht ein blau-weißer Hinweis neben dem TÜV-Schild: »Direktannahme«. Das war einmal. Hier wird heute gar nichts angenommen. Draußen an die Mauer hat jemand mit roter Farbe »Revolution Now« gesprüht. Ob das schon länger her ist oder ganz frisch angesichts der neuen Situation in Deutschland, in Frankfurt, im Gallus?

Vor Jahrhunderten, als die Galluswarte als Außenposten der Landwehr gebaut wurde, da befand man sich hier außerhalb der Stadt, auf dem Weg zum Galgenfeld. Es sieht so aus, als ob das Viertel jetzt, nach Jahrhunderten des Lebens, wieder zu einer toten Ecke werden sollte.

An der Galluswarte im Frankfurter Westen wurde die Mainstadt früher gegen Fremde verteidigt; der weithin sichtbare steinerne Wartturm ist seit 1414 Wahrzeichen des Viertels. 700 Jahre später liegen in einem angebauten Kiosk deutsch- und anderssprachige Zeitungen aus, *Hürriyet* und die *Gazzetta dello Sport, Zaman, Sabah* und die *Gazeta Wyborcza*. Informationen für die Fremden, die hier heimisch geworden sind.

Der Klinkerbau eine Ecke weiter zeugt von den großen Jahren des Gallus, als in diesem Teil der Stadt die Industriebetriebe aus dem Boden schossen, als Frankfurt hier sein Geld verdiente mit den Fahrrädern aus den Adlerwerken oder den Bremsen von Teves. Und mit Arbeitern, die aus der Fremde kamen. Die Berliner Stadtteile Kreuzberg oder Neukölln mögen bekannter sein für die Vielzahl von Ausländern. Aber mit 34 bis 35 Prozent leben dort deutlich weniger Menschen ohne deutschen Pass als im Frankfurter Gallus. Hier sind es 41 Prozent. Ohne Ausländer würde es ziemlich menschenleer. Und die Geschäfte würden zum großen Teil schließen.

»Bin in 30 Minuten zurück«, steht auf dem Schild, das der gläubige Muslim vom »Ankauf-Verkauf«-Laden an seine Glastür gehängt hat, neben die Sure aus dem Koran und die Eistee-Werbung. Niemandem würde es helfen, 30 Minuten auf ihn zu warten, wenn die Ausländer weg wären. Wer sein altes Handy verkaufen will, seine Videokamera oder seine Playstation, seine »Elektro-Artikel aller Art«, der würde hier nicht mehr fündig. Eine Ecke weiter verkündet ein Schild in riesigen Lettern über dem Eingang zum türkischen Ramsch-Kaufhaus schon länger: »Räumungsverkauf – alles muss raus«. Als ob schon Wirklichkeit wäre, was wir in diesem Buch beschreiben.

Im Gallus kann man beispielhaft eine Infrastruktur besichtigen, die Ausländer aufgebaut haben. Der »Malang Call Shop« schafft die Verbindung in alle Welt, der »Computer 24 h Notdienst« löst technische Probleme. Gebrauchtwagenhändler kaufen jedes Fahrzeug, Kiosks bedienen den täglichen Bedarf, Wettbüros sorgen für etwas Spannung im Alltag. Kaum etwas davon würde übrig bleiben, wenn die Ausländer fehlen würden.

Und das gilt nicht nur für das Gallus, sondern auch für viele andere Teile Frankfurts und anderer Großstädte. Im Jahr 2010 haben mehr als 12.000 Menschen einen neuen Betrieb in der Mainmetropole aufgemacht. Die Mehrheit der Unternehmer waren Ausländer: beinahe 7000. Die Zahl der Deutschen, die eine Firma eröffneten, lag hingegen deutlich niedriger – bei gut 5300. [36]

Jüngst berichteten Medien über eine »regelrechte Gründerwelle« unter Migranten in Deutschland. »Im Jahr 2009 meldeten Zuwanderer mehr als dreimal so häufig wie Deutsche ein Gewerbe an«, zitierten sie die Ergebnisse einer Studie, die im Auftrag von Bundeswirtschaftsminister Philipp Rösler (FDP) erstellt worden war.[37] Allerdings beschäftigten die Firmen von Migranten weniger Angestellte und die Gründer müssten häufiger bald wieder aufgeben. Minister Rösler jubelte trotzdem: Firmengründungen seien »ein Lebenselixier für die deutsche Wirtschaft«.

Bei den wichtigsten Ergebnissen betrachteten die Autoren der Studie alle Menschen mit Migrationserfahrung – egal ob mit oder ohne deutschen Pass. »Absolut gesehen weisen die Mikrozensusdaten für das Jahr 2009 etwa 678.000 Selbstständige mit Migrationshintergrund aus, was einem Anstieg von rund 96.000 Personen gegenüber dem Jahr 2005 entspricht«, heißt es in der Studie. Der Anteil der Selbstständigen mit Migrationshintergrund an allen Selbständigen sei von den Jahren 2005 bis 2009 von 14,3 auf 16,1 Prozent gestiegen. Die Mehrzahl der Gründer mit Migrationshintergrund, nämlich 9,7 der 16,1 Prozent, gehörte zu den Menschen ohne deutschen Pass. Das sind mehr als 400.000 Selbstständige, die in einem Deutschland ohne Ausländer fehlen würden.[38]

Der Inbegriff des von Ausländern geführten Betriebs ist, neben Pizzeria und Dönerbude, die Änderungsschneiderei. Bezeichnenderweise wurde eine der ersten Kleinkunstbühnen, die ein eingewanderter Türke in Deutschland aufmachte, unter dem Namen »Kabarett Änderungsschneiderei« gegründet. Die heute unter der Kurzform »KäS« über Frankfurt hinaus bekannte Bühne ist das Lebenswerk des Schriftstellers und Kabarettisten Şinasi Dikmen. Die türkischen Änderungsschneider sind inzwischen so oft karikiert worden, dass man glatt vergessen könnte: Es gibt sie wirklich. Rund 4000-mal in Deutschland.

Der Hamburger Filmemacher Tonguç Baykurt, ein Türke, hat beschrieben, wie es dazu kam. »Als ich in der Türkei aufwuchs, konnten wir uns Konfektionskleidung nicht leisten. Also nähte, strickte und häkelte meine Mutter was das Zeug hielt. Und ihre Freundinnen auch«, berichtet Baykurt, der einen Film über die Änderungsschneidereien gedreht hat.[39] »Als die Türken nach Deutschland auswanderten, nähten sie weiter. Die Frauen konnten damit ein gutes Zubrot verdienen, während ihre Männer als ungelernte Fabrikarbeiter schufteten«, erläutert er. »In den 70ern, als die Wirtschaftskrise ausbrach, übernahmen viele Frauen die Ernährung der Familie, indem sie Änderungsschneidereien eröffneten. Als die Arbeitslosigkeit dann zum Dauerzustand wurde, begannen die Männer ihren Frauen zu helfen. Und irgendwann saßen sie hinter dem Tresen und nähten selber.«

Man kann auch einen anderen Bereich herausgreifen, der im wahrsten Sinne des Wortes ohne Ausländer lahmliegen würde: das Taxigewerbe. Beim Deutschen Taxi- und Mietwagenverband verfügt man zwar über keine Statistik, aber über genug Erfahrung. »Gehen Sie davon aus, dass in den Großstädten mindestens 70 Prozent der Fahrer einen Migrationshintergrund haben, ob mit oder ohne deutsche Staatsbürgerschaft«, sagt uns Verbandsgeschäftsführer Thomas Grätz. Von Stadt zu Stadt seien es andere Nationalitäten, die vom Taxifahren leben – in München viele Iraner, in Hamburg Afrikaner, in Frankfurt Menschen aus Pakistan. In den mittleren Städten und auf dem Lande liege der Migrantenanteil niedriger, weiß Grätz.

Insgesamt dürften nach seiner Einschätzung unter 180.000 Taxi- und Mietwagenfahrern, die regelmäßig am Steuer sitzen, mehr als 100.000 Migranten sein. Man kann hinzufügen: Mehr als 40.000 von ihnen würden in einem Deutschland ohne Ausländer wegfallen, wenn man von einem durchschnittlichen Anteil an Migranten ohne deutschen Pass ausgeht.

Eine ganze Reihe von Unternehmern und Betreibern kleiner Geschäfte würde also fehlen, wenn die Ausländer wegziehen würden. Eine Vielzahl von Verkäufern, Handwerkern und anderen Bediensteten wäre schlichtweg nicht mehr da.

»Im Bereich des kleineren Einzelhandels würde sicher einiges verloren gehen«, sagt uns ein Kenner der Materie: Bülent Arslan. Der gebürtige Türke, der als Kleinkind mit seiner Familie nach Deutschland kam, hat Volkswirtschaft studiert. Er gründete im Jahr 2000 das imap-Institut in Düsseldorf, mit dem er Unternehmen und die Politik berät. Insbesondere die Ökonomie der Türken in Deutschland hat Arslan sich genau angeschaut. Heute sitzt Arslan, der das Türkisch-Deutsche Forum in der nordrhein-westfälischen CDU seit der Gründung leitet, auch mit am Tisch, wenn Bundeskanzlerin Angela Merkel (CDU) zum Gipfel über Integrationspolitik einlädt.

Viele kleine Unternehmen von Ausländern würden nicht von Deutschen übernommen, sondern schließen, ist sich der Unternehmensberater sicher. »Man muss dazu sagen, dass sowohl in der kleinen Gastronomie als auch bei kleinen Einzelhändlern ein Großteil dieser Betriebe aus betriebswirtschaftlicher Sicht gar nicht existieren dürfte. Diese Betriebe existieren nur, weil die ganze Familie mit anpackt. Manche sprechen von einer Selbstausbeutung. Eine Konsequenz wäre also, dass wir in bestimmten Stadtteilen zum Beispiel bestimmte Anbieter von Obst und Gemüse nicht mehr hätten.«

Im Handwerk hätten in den letzten zehn, zwanzig Jahren viele Migranten Ausbildungsberufe gelernt, berichtet der Experte. »Die gründen oder übernehmen jetzt eigene Betriebe« – etwa im Baubereich, bei Elektroinstallationen, Gas/Wasser oder als Friseure. All diese Kräfte würden in anderen Ländern ihre Leistungen offerieren.

Arslan hat auch eine Erklärung dafür, warum eine überdurchschnittliche Zahl von Ausländern ihr eigenes Geschäft aufgemacht hat. »Es gibt in vielen Migrantengruppen eine kulturelle Nähe zur Selbstständigkeit«, formuliert er. »Selbstständigkeit ist in manchen Migrantengruppen mit Status verbunden. Selbst wenn das nur die Kioskbude ist: Man ist der eigene Chef.«

Es ist diese wirtschaftliche Dynamik, die Deutschland ohne Ausländer abhanden kommen würde, ist Bülent Arslan überzeugt. »Sie gründet oft auf dem Verhalten von Einwanderern aus rückständigen Regionen, die den wirtschaftlichen und sozialen Aufstieg suchen. Den bekommen sie entweder dadurch, dass die Kinder eine bessere Bildung genießen im Aufnahmeland. Oder sie kriegen den

Aufstieg durch mehr Arbeit hin. Man kann häufig beobachten, dass ein Familienunternehmen gegründet wird und alle mit anpacken.« Das muss nicht beim Kiosk oder der Änderungsschneiderei enden. »Es gibt auch eine ganze Reihe von Beispielen, wo dieser Familienzusammenhalt zu großen Unternehmen geführt hat«, erinnert Arslan und nennt als bekannteste deutsch-türkische Geschäftsleute den Textilunternehmer Kemal Şahin und den Touristikunternehmer Vural Öger.

Gerade Şahins Lebensgeschichte wirft ein Schlaglicht darauf, welche kuriosen Auswirkungen politische Vorgaben entwickeln können, die zur Begrenzung der Ausländerzahl gedacht sind. »Er musste sich selbstständig machen, um das Aufenthaltsrecht zu bekommen«, weiß Arslan. In der Tat. Şahin hatte in Deutschland studiert und war ausgebildeter Ingenieur, als seine Wahlheimat ihn zur Ausreise aufforderte. Es gab für ihn nur einen Weg, um bleiben zu können: Sein eigenes Geschäft gründen. Aus dem kleinen Geschenkeladen in Aachen, den Şahin 1982 zunächst als Notlösung eröffnete, entwickelten sich eine Großhandelsfirma und weitere Firmengründungen in der Sahinler Group. Şahins Unternehmen gehört mittlerweile zu den weltweiten Größen in der Textilbranche.

Die ausländischen Unternehmer schaffen Arbeitsplätze in Deutschland. Allein in Berlin beschäftigten die 8000 türkischstämmigen Unternehmer rund 30.000 Mitarbeiter, sagte der damalige Berlin-Vermarkter René Gurka 2008 in einem Interview. »Laut IHK gibt es in Berlin gut 36.000 Unternehmerinnen und Unternehmer mit Migrationshintergrund. Ohne Frage sind sie enorm wichtig für unsere Stadt. Beispiel: Allein Unternehmer mit türkischem Migrationshintergrund erwirtschafteten 2008 einen Jahresumsatz von etwa 3,5 Milliarden Euro.«[40] Auf ganz Deutschland bezogen ermittelte eine Umfrage des Deutschen Industrie- und Handelskammertages für 2010, dass die Unternehmensgründungen der Einwanderer allein in jenem Jahr rund 150.000 Jobs schaffen würden.

Doch die Ausländer würden nicht nur als Unternehmer und Arbeitgeber wegfallen. Auch die ausländischen Konsumenten wären weg, die für eine beträchtliche Binnennachfrage in Deutschland sorgen. Und ihre Ausgaben sind besonders hoch. Auch dafür hat Bülent Arslan eine Erklärung parat. »Die Türken hatten bis in die 80er-Jahre hinein eine sehr hohe Sparquote, weil sie zurückkehren wollten. Dieses Sparverhalten hat sich in den 90er Jahren geändert, seitdem die Leute wissen, dass sie hier bleiben. Das hat dazu geführt, dass der Konsumanteil gestiegen ist«, berichtet der Unternehmensberater.

Es sei »nicht unüblich, dass ein ehemaliger Gastarbeiter der ersten oder zweiten Generation heute über erhebliches Kapital von mehr als 100.000 oder 200.000 Euro verfügt«. Zugleich habe die Generation, die in den 80er-Jahren als Kinder oder Jugendliche in Deutschland aufgewachsen sei, sehr unter diesem Sparverhalten gelitten. »Man kann in dieser jungen Generation ein auffällig starkes Konsumverhalten beobachten, insbesondere was Statussymbole angeht, also Kleidung, Autos oder bestimmte Handymarken.«

Kurz: Die Türken konsumieren anders als die Deutschen. Arslan kennt beide Kulturen gut und erklärt: »Bei den Türkischstämmigen gibt es aufgrund der höheren Kinderzahl einen stärkeren Konsum im Kindersegment, also Baby-Kleidung, Spielsachen und so weiter. Man kann das gut daran ablesen, welche Unternehmen in türkischen Medien werben. Dann gibt es im Bereich Telekommunikation größere Ausgaben. Das hat etwas zu tun mit der Kommunikation in die Türkei. Aber auch untereinander scheinen die Leute kommunikativer zu sein. Dann gibt es Unterschiede bei Finanzdienstleistungen. Sie sind interessante Kunden, weil aufgrund der ursprünglichen Rückkehrabsicht viel Kapital vorhanden ist. Bis Ende der 90er-Jahre hat man bei der türkischen Zentralbank hohe Zinssätze bekommen, bis zu 10 Prozent. Deswegen hatten viele ihr Geld in der Türkei angelegt. Diese Zinssätze erzielen sie aber nicht mehr in der Türkei.« Jetzt können Versicherungen und Banken hierzulande ihr Geschäft mit den Migranten machen. Solange sie hier sind.

Deutsche Männer ohne Prostituierte

Einen Tag, nachdem die Ausländer weg sind, bricht in Deutschland der sexuelle Notstand aus. Fast alle Bordelle sind geschlossen. Deutschland ohne Ausländer ist sofort ein Land der toten Hose. Ein Land der Verklemmtheit, der Biederkeit und der unbefriedigten Lust. Frühere Bordellbesucher können nur darauf hoffen, eine der wenigen Huren mit deutschem Pass zu finden oder eine Prostituierte, die in die Illegalität abgetaucht ist. Denn die zuvor von deutschen Männern stets begehrten ausländischen Frauen sind weg.

Professionelle Prostitution in Deutschland ist heute eine Domäne von Migrantinnen: Der Migrantenanteil im bundesdeutschen Prostitutionsgewerbe wird auf bis zu 90 Prozent geschätzt. Keiner kennt das Gewerbe besser als Juanita Henning. Sie leitet in Frankfurt am Main den Verein Doña Carmen, der sich als Prostituierten-Selbsthilfeorganisation versteht. Seit seiner Gründung im Jahr 1998 engagiert sich der Verein für die sozialen und politischen Anliegen von Prostituierten, insbesondere von Prostitutionsmigrantinnen. Er berät und betreut Prostituierte und unterhält mitten im Frankfurter Rotlichtviertel in der Elbestraße in Bahnhofsnähe die einzige Beratungsstelle für die Frauen und ihre Angehörigen. Mit den örtlichen Betreibern hat Doña Carmen Qualitätsstandards für Bordelle ausgehandelt.

Juanita Henning, Mitbegründerin des Vereins und seit 1991 Sozialarbeiterin mit Prostituierten im Frankfurter Bahnhofsviertel, hat mit ihrem Buch *Kolumbianische Prostituierte in Frankfurt – Ein Beitrag zur Kritik gängiger Ansichten über Frauenhandel und Prostitution* die bislang fundierteste empirische Studie über Prostitutionsmigrantinnen in Deutschland vorgelegt. Sie organisiert in Frankfurt Bordellführungen und gibt *La Muchacha,* die einzige mehrsprachige Prostituiertenzeitung in Deutschland, heraus. Juanita Henning erzählt uns, was passieren würde, wenn die ausländischen Prostituierten verschwänden: »In Frankfurt am Main sind seit mittlerweile zwei Jahrzehnten über 90 Prozent der in Bordellen tätigen Frauen Migrantinnen«, berichtet sie. Nur die ethnische Zusammensetzung, nicht aber der Anteil der Migrantinnen habe sich mit der Zeit geändert: »Zunächst gab es mehr Thais, dann Frauen aus Lateinamerika und der Karibik, heute mehr Frauen aus Ost- und Südosteuropa, immer auch einige aus afrikanischen Ländern. Nichts ist so international wie die Prostitution, erst recht in Zeiten wachsender Globalisierung«, erläutert Henning.

Je nach Schätzung gehe man von 150.000 bis 400.000 ausländischen Prostituierten in Deutschland aus. Ganz gleich, wie hoch die Zahl tatsächlich ist: Wenn die Migrantinnen verschwänden, hätte dies unmittelbar den Zusammenbruch des gesamten Markts prostitutiver Dienstleistungen zur Folge, so die Expertin. »Frauen mit deutschem Pass könnten diese Lücke nicht schließen. Selbst wenn der Rückgang des Angebots die Preise für sexuelle Dienstleistungen kurzfristig hochschnellen ließe: Das Stigma der Prostitution, nochmals verstärkt durch die Vertreibung der Migrantinnen, wäre hierzulande eine erhebliche Schwelle, die deutschen Frauen den Einstieg erschweren würde. Finanzielle Anreize allein oder finanzielle Not ersetzen weder Erfahrung und Qualifikation noch den ›Exoten‹-Faktor der Migrantinnen, der sexuellen Fantasien von Prostitutionskunden größeren Spielraum gewährt«, führt Henning aus.

Schon heute sei Prostitutionsmigration höchst umstritten. Für einen Ausschluss von Migrantinnen aus der Prostitution würden immer wieder »Begründungen« genannt. So wendeten Kritiker ein, die Migrantinnen seien Opfer von »Zwangsprostitution« oder wirtschaftlicher Umstände, die ihnen keine andere Wahl ließen. Die Entscheidung zur Migration in die Prostitution sei daher »unfreiwillig«. Die Meinungen der Experten gehen auf diesem Gebiet weit auseinander. Der Verein Doña Carmen warnt jedoch davor, ausländische Frauen in der Prostitution mit dem Etikett »Zwangsprostituierte« zu versehen und abzustempeln. Schließlich würden Angehörige anderer Berufsgruppen, die aus wirtschaftlichen Gründen nach Deutschland migrieren, aus gutem Grund auch nicht als »Zwangsarbeiter« eingestuft. Der Verein setzt sich für die Anerkennung von Prostitution als Beruf ein. Für ausländische Prostituierte fordert Doña Carmen die Möglichkeit einer geregelten Migration, eine Art Green Card.

Fest steht: Der Markt für sexuelle Dienstleistungen ist schon lange ein entwickelter Wirtschaftszweig. Die Größenordnungen sprechen für sich: Allein in der Frankfurter Bordellprostitution gibt es etwa 26 Häuser im Bahnhofsviertel und in der Breiten Gasse. Dort werden laut dem Verein Doña Carmen bislang pro Jahr 3,34 Millionen sexuelle Dienstleistungen getätigt. 3,34 Millionen Mal Erregung und Entspannung – schwer vorstellbar, wo sich diese Energie entladen würde, wenn die ausländischen Prostituierten fehlten und das ganze Gewerbe brachläge.

Schon jetzt ist auch die Prostitution konjunkturabhängig: Mit der Finanzkrise von 2008 sank mit der Zahl der Prostituierten auch die der sexuellen Dienstleistungen – eine Entwicklung ähnlich wie in anderen Wirtschaftszweigen. Und trotzdem handele es sich um einen in erheblichem Umfang nachgefragten Service, erklärt Henning. Prostitutionsgegner jeglicher Couleur würden ein Verbot der Prostitutionstätigkeit von Migrantinnen als erste Etappe im Kampf um Moral, Humanität und Frauenrechten feiern, vermutet die Interessenvertreterin. Sie sieht das anders: »Sexuelle Befriedigung ist ein Wert für sich, hat als solche ihre Berechtigung und daher auch ihren Preis«, sagt sie. »Für Konservative und christliche Fundamentalisten ist das eine Reduktion des kultivierten Menschen auf rein animalische Bedürfnisse und damit der Untergang des Abendlands. Umgekehrt aber wird ein Schuh daraus: Erst die jahrhundertelange christliche Fixierung von Sexualität auf den einzig legitimen Zweck geschlechtlicher Reproduktion reduzierte Menschen auf das Niveau des Tieres.«

Die Stigmatisierung von Prostituierten sei immer ein Mittel patriarchaler Disziplinierung sämtlicher Frauen zum Zwecke monogamer Sittenvorstellungen gewesen, meint Henning. Der Ausschluss von Migrantinnen aus der Prostitution wäre daher bloß der Auftakt zu einer umfassenderen Kampagne: gegen Prostitution als solche, gegen »wahllosen« Geschlechtsverkehr, gegen außereheliche Sexualität, gegen Homosexuelle, Transsexuelle und so weiter. Eine insgesamt autoritär strukturierte Gesellschaft mit entsprechend rigider Sexualmoral wäre zu erwarten. Zweifellos ein gesellschaftlicher Rückschritt, meint Henning. Auch für den Mikrokosmos des »Milieus« und dessen Umfeld hätte der weitgehende Zusammenbruch der Prostitution schwerwiegende Folgen. In einer Stadt wie Frankfurt beispielsweise würde ein Verbot der Tätigkeit von Migrantinnen im Prostitutionsgewerbe die Verödung eines lebendigen und multikulturellen Stadtteils zur Folge haben: des Bahnhofsviertels. Ohne Prostitutionsmigrantinnen und deren Kunden müssten zahlreiche Restaurants, Lebensmittel- und Telefongeschäfte, kleine Läden und Lokale im Viertel dichtmachen. Das Bahnhofsviertel wäre dann sozial so tot wie eine Bürostadt am Wochenende.

Vermutlich würden Befürworter einer Gentrifizierung des Viertels versprechen, dieser Tristesse ein Ende zu setzen. Also eine »Aufwertung« des Viertels durch Banker, Künstler, Mittelschicht? Henning bezweifelt, dass das gelingen könnte. Das Viertel wäre vielmehr über Jahre hinweg ein hart umkämpftes Objekt von Boden- und Grundstücksspekulation, meint sie: »Viele Häuser stünden leer. Ein einfaches Rechenexempel mag dies verdeutlichen: Eine 100-Quadratmeter-Etage in einem Haus, das heute als Bordell dient, ist in vier Zimmer aufgeteilt. Mieteinnahmen: 140 Euro pro Zimmer und Tag. Bei einem fünfetagigen Haus macht das monatliche Mieteinnahmen von über 80.000 Euro, die unter Hauseigentümern und Bordellbetreibern aufgeteilt werden. Selbst wenn eine Bank ihrem verdienten Mitarbeiter eine edel sanierte Etage für 4.000 Euro Monatsmiete finanzieren würde, käme der Hauseigentümer damit nicht entfernt an die bisher erzielten Einnahmen heran. Von Künstlern und anderen Interessierten ganz zu schweigen.« Spekulativer Leerstand wäre die Folge, sagt Henning, da es lukrativer und vielleicht auch realistischer wäre, auf einen politischen Gesinnungswandel in den nächsten zwanzig Jahren zu setzen. Eher würden zahlreiche Häuser verkommen und verfallen, als dass sie anderweitig vermietet würden.

Auch die Migrantinnen, die bislang in diesen Häusern gearbeitet haben, hätten einiges zu verlieren: »In der ersten Zeit nach einem plötzlich verhängten Betätigungsverbot würden zweifellos Angst und Unsicherheit die Frauen bestimmen«, sagt Henning. »Aber sie würden sich nicht ohne Weiteres der Repression beugen und sich ihre Arbeit wegnehmen lassen.« Manche, die nicht in die Anonymität – und jetzt auch Illegalität – der Arbeit in Stadtteilwohnungen ausweichen könnten oder wollten, würden individuell auf Gegenwehr sinnen und sich möglicherweise gefälschte deutsche Ausweise zulegen. Die Expertin prophezeit: »Eine erneute Spirale von Razzien und Kontrollen würde das gesellschaftliche Klima vergiften – in Frankfurt und anderswo.« Auch wenn ein Teil der Bevölkerung wie bisher aufseiten der Frauen stünde, gäbe es wohl Anlässe zur Kriminalisierung, sagt Henning. »Eine Handvoll Denunzianten und Sittenwächter würde sich schon finden, sodass sich Gefängnisse hierzulande mit Prostitutionsmigrantinnen füllen würden.« Gefängnis wegen Prostitutionstätigkeit – dies sei kein besonders großartiger zivilisatorischer Fortschritt.

Prostitutionskunden würden den Migrantinnen in die vermeintlich ruhigeren Stadtteile folgen, wenn sie nicht gleich in Nachbarländer führen, analysiert Henning unser Szenario: »Die Straßenstriche an der deutsch-tschechischen Grenze, im französischen Grenzraum und anderen Grenzgebieten hätten Hochkonjunktur. Der Sextourismus würde allenthalben boomen und Vertreter der Kirchen hätten erneut Gelegenheit, scheinheilig die Not der dort tätigen Frauen zu beklagen.« Prostitution ohne Prostitutionsmigrantinnen – das wäre eine reaktionäre Utopie, die niemandem nützen würde, auch nicht den betroffenen Frauen. Schließlich sei Prostitutionsmigration immer auch eine Art »Völkerverständigung von unten« gewesen, so Henning.

Deutschland ohne Steuern

Im Bundestag schlägt die Stunde der Wahrheit. Kanzler und Finanzminister stellen den Bundeshaushalt für das kommende Jahr vor. Die Schulden werden in ungeahnte Höhen geschraubt. Die in der Verfassung verankerte Schuldenbremse müsse vorerst ausgesetzt werden, verkündet der Kanzler. Deutschland könne es sich in dieser schwierigen Übergangssituation mit kleiner gewordener Bevölkerung nicht leisten, die finanziellen Spielräume derart zu verengen. Der Finanzminister stimmt zu. »Es gibt keinen anderen Weg.«

Die Einnahmen, so haben die Experten des Ministers prognostiziert, werden wohl um 20, vielleicht auch 25 Milliarden Euro geringer ausfallen als zuletzt. Länder und Gemeinden haben Steuerausfälle in ähnlicher Höhe zu verkraften und bedrängen ihrerseits den Bund, er müsse ihnen mehr Geld zukommen lassen. Schließlich werde es bei dem einmaligen Einbruch nicht bleiben. Das Land müsse die Delle dauerhaft verkraften. Klagen sind auch aus den Sozialversicherungen zu hören. »Wir müssen jetzt zusammenhalten – und dafür auf die eine oder andere lieb gewordene Leistung verzichten«, ruft der Kanzler ins Parlament. Die Opposition höhnt. »Da sehen Sie, wie Sie dieses Land heruntergewirtschaftet haben.«

Ohne Ausländer wäre Deutschland ärmer. Das gilt nicht nur im übertragenen Sinne, kulturell oder im Zwischenmenschlichen. Das gilt ganz buchstäblich. Nüchtern, schwarz auf weiß, hat eine Reihe von Wissenschaftlern in den vergangenen Jahren Berechnungen dazu angestellt, wie viel Geld die Ausländer zu den deutschen Staatsfinanzen beitragen und wie viel sie vom Staat erhalten. Das Ergebnis lautete ganz überwiegend: Ausländer nützen Deutschland. Ein Staat, der auf ihre Beiträge verzichten müsste, hätte deutlich weniger Geld übrig für die verbleibenden Deutschen.

Selbst Thilo Sarrazin muss andere Gründe dafür anführen, dass er lieber weniger Türken und Araber in Deutschland hätte, als die nüchternen Zahlen. Denn der SPD-Politiker räumt ein, dass Migranten sich günstig auf die Staats- und Sozialkassen auswirken. »2007 kamen in Deutschland auf 100 Menschen mit einem überwiegenden Einkommen aus Erwerbstätigkeit 68,7 Menschen, die von Renten und Sozialtransfers lebten«, schreibt er unter Berufung auf Zahlen des Statistischen Bundesamtes. »Für Menschen ohne Migrationshintergrund betrug die Relation 70,6 Prozent.«[41]

Übersetzt bedeutet dies: Von den Migranten sind im Durchschnitt mehr Menschen produktiv als von den alteingesessenen Deutschen. Doch Sarrazin schafft es, selbst dieses Argument gegen die Zuwanderer zu wenden: Denn die Migranten wirkten »demografisch kaum entlastend«, obwohl sie im Durchschnitt jünger seien. Mit anderen Worten: Eigentlich müssten die Ausländer den Deutschen sogar noch mehr nützen.

Die Erforschung der gesamtwirtschaftlichen Folgen von Zuwanderung ist sehr kompliziert. Die Fallstricke hat die Sozialwissenschaftlerin Dita Vogel, die heute am Hamburgischen Welt-Wirtschaftsinstitut forscht, bereits Mitte der 90er-Jahre in ihrer Dissertation beschrieben. Zum Beispiel weist sie darauf hin, dass die Wirkungen in einem bestimmten Haushaltsjahr nicht unbedingt etwas darüber aussagen müssen, wie es in den Jahren danach weitergeht. »Langfristig werden die Migranten der ersten Generation zu Rentnern. Dann kommt es darauf an, ob überhaupt und, wenn ja, wie ihre Kinder und Kindeskinder in die Aufnahmegesellschaft integriert werden.«[42]

Dita Vogel zeigt sich optimistisch, dass sich diese Entwicklung günstig für die deutschen Sozialsysteme auswirkt, auch wenn die Ausländer dann mehr Geld aus den Rentenkassen erhalten, während sie vorher fast nur eingezahlt hatten. Es bestünden »gute Chancen«, dass die Migranten der folgenden Generationen mehr in die öffentlichen Haushalte einzahlten, »als für die Renten und weiteren Sozialleistungen für ihre eigenen Eltern und die kinderlos gebliebenen

Mitglieder der Zuwanderungspopulation nötig ist«,[43] konstatiert die Wissenschaftlerin.

Eine besonders gründliche Studie, die sich mit dem »Finanzierungsbeitrag der Ausländer zu den deutschen Staatsfinanzen« befasst, stammt von Holger Bonin. Der Volkswirt wurde an der Universität Freiburg promoviert, war Abteilungsleiter am Deutschen Institut für Wirtschaftsforschung (DIW) und leitet seit 2007 den Forschungsbereich »Arbeitsmärkte, Personalmanagement und Soziale Sicherung« am Zentrum für Europäische Wirtschaftsforschung in Mannheim. Zuvor war Bonin am Bonner Institut zur Zukunft der Arbeit (IZA) tätig, wo er unter anderem ermittelte, wie viel die Ausländer zu den öffentlichen Haushalten des Jahres 2004 in Deutschland beigetragen haben. Die Bilanz des Ökonomen: »Die Ergebnisse zeigen einen laufenden Überschuss der von Ausländern empfangenen Einnahmen über die Transferausgaben von 2000 Euro pro Kopf. Obwohl sich der Finanzierungsbeitrag zukünftig verschlechtert, weil die ausländische Bevölkerung altert, entlasten die Ausländer den Staatshaushalt auch langfristig. Unter Status-quo-Bedingungen beträgt ihr mittlerer fernerer Finanzierungsbeitrag im Barwert 11.600 Euro. Bei 7,2 Millionen Ausländern in Deutschland summiert sich dieser Überschuss auf 84 Milliarden Euro.«[44]

Bonin hat alles zusammengezählt, was es an Leistungen gibt. Auf der einen Seite an den Staat zu entrichtende Abgaben, insbesondere Steuern: Lohn- und Einkommensteuer auf Arbeitseinkommen, den Solidaritätszuschlag nicht zu vergessen, Beiträge zur gesetzlichen Renten-, Arbeitslosen-, Kranken-, Pflege- und Unfallversicherung, Steuern auf Grundbesitz, Steuern auf Kapitalbesitz, Einkommensteuer auf Kapitalerträge, Körperschaftsteuer, Gewerbesteuern, Erbschafts- und Vermögensteuern, Mehrwertsteuer, Mineralölsteuer, Versicherungssteuer, Tabaksteuer, Kfz-Steuer und so weiter. Auch auf der anderen Seite, nämlich bei Zahlungen durch den Staat, hat er nichts unberücksichtigt gelassen: Was Ausländer an Leistungen der Renten-, Arbeitslosen-, Kranken-, Pflege- und Unfallversicherung erhalten, wie viel Arbeitslosenhilfe, Sozialhilfe, Wohngeld, Kindergeld, Jugendhilfe, Mutterschaftsgeld, Bafög an sie fließt. Selbst öffentliche Aufwendungen für Kindergärten, Schulen und Universitäten oder die staatlichen Kosten für Sprach- und Integrationskurse, die ausschließlich der ausländischen Bevölkerung zugutekommen, hat der Volkswirtschaftler bedacht.

Am Ende des Zahlenvergleichs steht fest: »Zwar zahlen Ausländer pro Kopf mit 7400 Euro im Durchschnitt rund 32 Prozent weniger Steuern als Deutsche (10.800 Euro), jedoch erhalten Ausländer wegen des niedrigen Rentneranteils derzeit auch niedrigere Transfers. Pro Kopf der ausländischen Bevölkerung liegen die in Anspruch genommenen staatlichen Transferleistungen bei 5500 Euro, pro Kopf der deutschen Bevölkerung bei 7500 Euro. Im Saldo beträgt der Überschuss der Steuern und Beiträge über die Transfers bei den Ausländern pro Kopf rund 2000 Euro, bei den Deutschen dagegen 3400 Euro. Der durchschnittliche Finanzierungsbeitrag der Ausländer ist somit derzeit zwar spürbar geringer als der der Deutschen, jedoch klar positiv.«[45]

7400 Euro Steuern im Schnitt – das macht bei gut sieben Millionen Ausländern eine Summe von 50 Milliarden Euro, die den Haushalten von Bund, Ländern und Gemeinden verloren gehen würden. Zum Vergleich: Für das Jahr 2012 geht man insgesamt von etwa 580 Milliarden Euro Steuereinnahmen aus. Nicht anders sieht die Einzelbetrachtung des Bundeshaushalts aus: 2012 wird mit Gesamteinnahmen von 280 Milliarden Euro geplant, von denen knapp 250 Milliarden aus Steuern stammen sollen. Ohne die Ausländer würden wohl an die 25 Milliarden Euro fehlen. Das ist ungefähr so viel, als würde man die Etats für Familie, Wirtschaft sowie Bildung und Forschung auf einen Schlag komplett streichen.

Das Klischee von Sozialschmarotzern ist damit ad absurdum geführt. »Trotz erheblicher Beschäftigungsschwierigkeiten, die im Vergleich zur deutschen Bevölkerung zu einer hohen Inanspruchnahme von Arbeitslosengeld und Leistungen der sozialen Grundsicherung führen, stellt diese Bevölkerungsgruppe insgesamt betrachtet keine Belastung für das Staatsbudget dar«, heißt es im nüchternen Befund des Ökonomen.[46]

Neben den Staatseinnahmen lassen sich weitere Effekte der Zuwanderung für Wirtschaft und Beschäftigung zeigen. Hans Dietrich von Loeffelholz, der Chefvolkswirt des Bundesamtes für Migration und Flüchtlinge (BAMF), hat etwa darauf hingewiesen, dass Ausländer vor allem dann volkswirtschaftlich helfen, wenn sie auf Dauer bleiben. »Langfristig führen demografische Expansionen wie die Zuwanderung global, regional und lokal zu größeren und differenzierteren Märkten, zu höheren Investitionen und zu größerer Arbeitsteilung«, schreibt er.[47] Weiterhin verweist er darauf, dass die Ausländer nicht etwa Deutschen den Arbeitsplatz wegnehmen, sondern vielmehr oft die schweren oder schlecht bezahlten Tätigkeiten erledigen, die sonst niemand ausüben will. In der Wissenschaftssprache klingt das so: »Was die Beschäftigungseffekte von Zuwanderungen angeht, gibt es keine Hinweise darauf, dass Immigranten (länger) ansässige Arbeitskräfte in großem Maße von ihren Arbeitsplätzen verdrängen; meist sind diese Kräfte komplementär zu den ansässigen Arbeitskräften, die sich aus ungeliebten Beschäftigungen zurückziehen.«[48]

Zuwanderungsskeptiker wie der Bevölkerungsforscher Herwig Birg machen trotzdem Bedenken geltend. Man solle nicht ausschließlich ökonomisch argumentieren, sondern auch gesellschaftliche Kosten berücksichtigen, so sein Plädoyer »Selbst wenn es zuträfe, dass durch die Zuwanderer die Summe der Einkommen der Inländer erhöht wird, folgt daraus nicht schon, dass die Entwicklung mit Einwanderungen der Entwicklung ohne Einwanderungen automatisch vorgezogen werden sollte«, schreibt Birg in einem Gutachten für die bayerische Landesregierung. Es sollte in politisch aufgeladener Zeit dafür sorgen, dass Deutschland kein liberales Zuwanderungsgesetz erhält, wie der Wissenschaftler in der Expertise deutlich macht. Der Versuch war vergeblich, wie heute bekannt ist – das Zuwanderungsgesetz gilt seit 2005.

Nach Birgs Auffassung ist ein hohes Volkseinkommen nicht die richtige Messzahl, um für Einwanderung zu werben. Vielmehr müsse ein möglichst hohes Pro-Kopf-Einkommen angestrebt werden. Das allerdings sei ohne Zuwanderung besser erreichbar, da Migranten im Schnitt weniger verdienten als die alteingesessenen Deutschen.[49]

Birg gelangt aber auch volkswirtschaftlich zu einem schlechteren Ergebnis als Bonin. Er zitiert Zahlen von Hans-Werner Sinn und anderen Forschern des Münchner ifo-Instituts – die aus dem Westdeutschland des Jahres 1997 stammen. Ergebnis: Die »fiskalischen Auswirkungen« pro Zuwanderer summierten sich auf einen Negativwert von durchschnittlich 1419 D-Mark (etwa 700 Euro). Dabei sind neben Ausländern auch eingebürgerte Deutsche eingerechnet. Klar im Plus befindet sich selbst in diesem Gutachten die Bilanz für die Rentenversicherung – kein Wunder angesichts der Altersstruktur der Migranten Ende der 90er-Jahre, denn Zuwanderer waren und sind im Schnitt jünger und haben mehr Kinder. Hier konnte die Versicherung durchschnittlich 3512 D-Mark mehr hereinholen, als für Migranten ausgegeben wurde. Insbesondere bei Steuern und Sozialleistungen gab es hingegen ein dramatisches Minus für den Staat – von 4760 D-Mark je Zuwanderer.[50]

Wer hat nun recht? Bonin, der ein deutliches Plus für den Staat durch die Ausländer errechnet, oder das ifo-Insitut mit seiner negativen Bilanz? Wie immer, wenn Wissenschaftler zu gegensätzlichen Ergebnissen kommen, spielen ihre Grundannahmen eine entscheidende Rolle. Bundesamt-Chefvolkswirt von Loeffelholz hat die Differenzen der Wissenschaftler in seiner früheren Tätigkeit am Rheinisch-Westfälischen Institut für Wirtschaftsforschung (RWI) aufgeklärt.

Das ifo-Institut habe bei seinen Berechnungen, die für die Ausländer in Deutschland zu einem schlechten Ergebnis führten, nicht nur Steuern und Sozialversicherungsbeiträge berücksichtigt, sondern *alle* Staatsausgaben auf die Bewohner umgelegt. Dabei wurden auch staatliche Fixkosten – etwa für die Bundeswehr oder für die Kosten der deutschen Vereinigung – berücksichtigt, die nicht geringer würden, wenn die Ausländer nicht in Deutschland wären. Tatsächlich hätten die Deutschen schwerer daran zu tragen, würden die von den Ausländern gezahlten Steuern fehlen, erklärt von Loeffelholz. Dies lässt das Bild der ifo-Studie – und damit auch von Birg – krass zuungunsten der Zuwanderer ausfallen.

Die RWI-Autorengruppe korrigiert die Zahlen entsprechend. Sie kommt zu einem gemischten Ergebnis, das zu diesem Themenkomplex als Stand der Forschung angesehen werden kann. Gemäß der revidierten Zusammenstellung von Loeffelholz und anderen ist die fiskalische Bilanz von Zugewanderten nur noch in den ersten zehn Jahren ihres Aufenthalts negativ.[51] »Die Differenz in der Fiskalbilanz zwischen Zugewanderten mit Aufenthaltsdauer unter zehn Jahren und Zugewanderten mit Aufenthaltsdauer über 25 Jahren beträgt rund 3100 Euro pro Jahr.«[52] Die Folgerung ist klar: Ausländer helfen Deutschland mehr, je besser sie integriert sind.

Das Bundesamt für Migration und Flüchtlinge (BAMF) hat für uns aktuell zusammengestellt, was es für unsere Volkswirtschaft bedeutete, wenn Deutschland zu einem Land ohne Ausländer würde. Amtspräsident Manfred Schmidt fasst die Ergebnisse zusammen: »Die gesamte wirtschaftliche Wertschöpfung, also das Bruttoinlandsprodukt (BIP), würde fortan um circa 8 Prozent sinken. Das hieße, dass das BIP jährlich um 150 bis 200 Milliarden Euro schrumpfen würde, was wiederum negative Folgen für den Lebensstandard jedes Einzelnen hätte.« Und dies nicht nur kurzfristig, sondern auf Dauer. Denn die Wirtschaft würde nicht wieder auf die Beine kommen, da in einer Gesellschaft mit weniger Dynamik, Innovationsfähigkeit und Offenheit auch »die Zukunftschancen im globalen Wettbewerb« sinken würden.

Eine Folge bestünde nach Einschätzung des Experten darin, dass die verbleibenden Deutschen länger arbeiten müssten. Denn die Zuwanderer federten den demografischen Wandel ab. »Um dies zu kompensieren, müsste unser Renteneintrittsalter erhöht werden, sodass wir alle (noch) länger als bisher bis 67 Jahre arbeiten müssten«, analysiert Schmidt.

Betroffen wäre jeder einzelne Deutsche. »Jeder müsste eine höhere Steuer- und Abgabenbelastung tragen, ein geringeres Leistungsangebot in vielen Infrastrukturbereichen in Kauf nehmen und eine noch höhere Staatsverschuldung schultern«, so die ernüchternde Bilanz des Bundesamtsleiters.

»Das Ende der deutschen Wirtschaft«

Interview mit Gerhard Bosch (Arbeitswissenschaftler)

Gerhard Bosch hat sich sein bisheriges berufliches Leben lang mit der Arbeitswelt beschäftigt. Hat ihre Gesetzmäßigkeiten erkundet. Einen deutschen Arbeitsmarkt ohne Ausländer kann der Wissenschaftler sich nicht vorstellen. Besser: Will er sich lieber nicht vorstellen, denn das, was er über die erwartbaren Konsequenzen sagen kann, ist ein Katastrophenszenario. Doch Bosch hat sich darauf eingelassen, hat die Folgewirkungen analysiert. Und berichtet uns von einem Deutschland, in dem nur noch wenige gut leben würden und viele nicht mehr leben wollten.

Bosch hat Wirtschaftswissenschaften und Soziologie an der Universität Köln studiert und schloss 1972 als Diplom-Volkswirt ab. 1977 promovierte er an der Universität Dortmund und habilitierte sich 1992 an der Universität Osnabrück. 1993 wurde Bosch zum Professor an der Universität Duisburg-Essen berufen. Seit 2007 ist er dort geschäftsführender Direktor des Instituts Arbeit und Qualifikation im Fachbereich Gesellschaftswissenschaften.

Herr Bosch, lassen Sie uns über die Fiktion »Deutschland ohne Ausländer« reden – was würde auf dem Arbeitsmarkt geschehen?

Zunächst einmal würden wir eine dramatische Arbeitskräfteknappheit in bestimmten Branchen haben. Die Ausländer haben zwar den Strukturwandel mitgemacht, vom verarbeitenden Gewerbe in den Dienstleistungssektor, aber sie konzentrieren sich im Arbeitsmarkt auf bestimmte Bereiche. Zum Beispiel sind mehr als ein Fünftel aller Beschäftigten (21,2 Prozent) in der Gastronomie Ausländer. Allein in der Gastronomie arbeiten demnach 169.000 Ausländer. Dieser Sektor würde ohne sie zusammenbrechen. Das Gleiche gilt für den

Pflegebereich und Teile der Landwirtschaft. Das Handwerk beschäftigt auch überproportional viele Ausländer und setzt bei den Auszubildenden in hohem Maße auf Ausländer. Das bedeutet: Wenn hier die Ausländer verschwinden würden, hätten wir massive Probleme bei den handwerklichen Berufen, Nachwuchs zu finden. Das würde auch die Qualität der Dienstleistungen beeinträchtigen. Die Ausländer kamen als Angeworbene, als abhängig Beschäftigte, haben sich aber in der zweiten und dritten Generation zunehmend selbstständig gemacht. Es gibt sehr viele kleine Gewerbetreibende. Zum Beispiel Gemüsehändler, Schneider, Schuhmacher. Das sind Tätigkeiten, die Deutsche kaum noch ausüben, für die es aber einen hohen Bedarf gibt.

Welches wären die Auswirkungen, wenn die Ausländer fehlen würden?

Wenn die Ausländer verschwinden würden, hätten wir massive Engpässe in allen diesen Branchen. Bestimmte Dienstleistungen könnten nicht mehr angeboten werden – das wäre eine dramatische Verschlechterung der Lebensqualität in Deutschland. Die Ausländer konzentrieren sich weniger auf dem Land, sondern in den großen städtischen Zentren. Da füllen sie sehr wichtige Dienstleistungsfunktionen aus, die dazu führen, dass diese großen Zentren überhaupt funktionieren: Die großen Flughäfen, die großen Gebäude mit vielen Angestellten, wo Servicefunktionen in hohem Maße von Ausländern ausgeübt werden.

Was würde dies für die Sozialversicherungssysteme bedeuten?

Die deutsche Gesellschaft altert. Das hat weitreichende Konsequenzen. Es gibt einen zunehmenden Pflegebedarf. Um diesen zu decken, brauchen wir Ausländer. Bislang sieht es nicht so aus, als ob wir mit deutschen Arbeitskräften diese große Lücke bei der Pflege schließen könnten. Das bedeutet: Wenn die Ausländer das Land verlassen würden, würde vielen alten Menschen nichts anderes übrig bleiben, als den Ausländern hinterherzuziehen und sich in einem anderen Land pflegen zu lassen. Zum Teil geschieht dies heute schon. Es gibt schon eine kleine Pflege-Emigration, zum Beispiel nach Asien. Dort lassen sich einige ältere Deutsche schon jetzt für weniger Geld pflegen. Eine Ausweisung aller Ausländer würde also wahrscheinlich eine Auswanderung vieler Pflegebedürftiger nach sich ziehen, die in Deutschland keine Pflegekräfte mehr finden würden und deshalb das Land verlassen müssten. Für die sozialen Sicherungssysteme ist zudem entscheidend, dass die ausländische Bevölkerung im Durchschnitt jünger ist als die deutsche. Ausländer machen bei der Bevölkerungsgruppe der über 65-Jährigen nur 8,5 Prozent der Bevölkerung aus, bei den unter 5-Jährigen sind es dagegen 34 Prozent. Das bedeutet: Auch wenn die Ausländer bei den familienpolitischen Sozialleistungen zunächst einen höheren Anteil in Anspruch nehmen als Deutsche, so tragen sie doch langfristig als Beitragszahler in hohem Maße zur Stabilisierung unserer sozialen Sicherungssysteme bei.

Was würde das Fehlen von sieben Millionen Menschen für den Arbeitsmarkt bedeuten?

Solche Schocks hat es nie gegeben. Das ist ein Szenario, das nur mit Kriegszeiten zu vergleichen wäre. Eine Vertreibung von sieben Millionen Menschen hätte partielle Zusammenbrüche zur Folge. Es gäbe ganze Straßenzüge, in denen jedes Restaurant geschlossen wäre. Es gäbe ganze Bereiche, in denen niemand mehr da wäre, der bestimmte Dienstleistungen ausführt. Es müssten in diesem Szenario deshalb echte Notstandsprogramme durchgeführt werden. Ab dem Stichtag der Ausweisung der Ausländer würde in Deutschland ein dramatischer Notstand herrschen. Die Bundeswehr und die Polizei müssten herangezogen werden, im Sinne einer Arbeitsverpflichtung, weil sonst die Engpässe nicht bewältigt werden könnten. Deutsche müssten in großem Ausmaß verpflichtet werden, bestimmte Arbeiten zu verrichten, die vorher von Ausländern gemacht wurden. Ein Zwangsregime, wo Arbeitslose mit allem Druck etwa in die Putz- und Reinigungsdienste hineingezwungen werden. Dann gäbe es in Deutschland schlurfende Kolonnen von deutschen Zwangsarbeitern. Aber das funktioniert auf Dauer gar nicht in einer Gesellschaft wie unserer, die auch auf Motivation in der Arbeitswelt basiert, nicht nur auf direktem Zwang.

Was wäre weiter denkbar?

Der Hochschulzugang müsste massiv beschränkt werden, damit andere Jobs und Ausbildungen genügend Nachwuchs bekämen. Handwerkliche und Dienstleistungsberufe ohne akademischen Abschluss müssten ganz andere Lohngefüge bekommen. Die Migration hat natürlich auch Ungerechtigkeiten stabilisiert und erhöht. Ganze Sektoren wurden von Ausländern besetzt, weil die Deutschen dort nicht mehr arbeiten wollten. Eine Aufwertung dieser Tätigkeiten wurde gar nicht mehr versucht. Man hat es einfach die Ausländer zu schlechten Löhnen machen lassen. Auch global gesehen profitieren wir Deutsche von ausländischen Arbeitern. Wir leben mit billigen Importen, die zu Hungerlöhnen produziert wurden. Das ist Teil unseres Lebensstandards. Diese Gratisgaben würden dann verschwinden. Das müssten wir dann selbst erledigen. Wir müssten sehr viel mehr selber machen. Zu Hause putzen, selbst kochen, selbst Dinge transportieren, reparieren. Eine Putzfrau wird sich dann nur noch jemand leisten können, der sehr gute Gehälter zahlt – das wird dann richtig teuer, erreicht dann ein Butler-Niveau. Die Mittelklasse könnte sich das nicht mehr leisten.

Es fehlten aber auch viele hoch qualifizierte Ausländer. Ja, es gäbe einen großen Produktivitätsverlust. Es fehlten Ingenieure, Unternehmer, Künstler. Auch für die Wissenschaft wäre das ein riesiger Verlust. Die Wissenschaft braucht den Austausch, die Kooperation mit Ausländern in den Forschungszentren mit multinationalen Belegschaften. Der ganze Bereich würde völlig isoliert. Das wäre ein absoluter Verlust an Innovationspotenzial. Das würde uns sehr wehtun, wenn wir dieses Potenzial verlören. Und das würde auch Auswirkungen auf den Export haben. Die deutsche Exportwirtschaft braucht viele Ausländer, die Kontakt zu ihren Heimatländern halten. Das ist eine Quelle für das Entstehen von Exporten. Eine solche Ausländerpolitik wie in Ihrem Szenario hätte auch Rückwirkungen. Sieben Millionen vertriebene Ausländer – damit hätten wir sieben Millionen gegen uns. Das würde zweifellos eine sehr feindselige Stimmung im Ausland schaffen. Das würde sich auf die Exportmöglichkeiten der deutschen Wirtschaft sehr negativ auswirken. Das wäre ein absolutes Kamikaze-Unternehmen, denn Deutschland hängt an der Globalisierung mehr als jedes andere europäische Land. Wir brauchen ein international gutes Ansehen. Wir würden viele Unternehmen verlieren. Die würden sagen: Diesen Verlust an Innovation können wir uns nicht erlauben, wir gehen ins Ausland.

Das wären deutsche Firmen, die sagen würden: Tut uns leid – wir sind sonst nicht mehr überlebensfähig als internationales Unternehmen. Fast alle großen deutschen Unternehmen haben Führungsprogramme, bei denen weltweit die besten Kräfte ausgesucht werden. Der Nachwuchs wird mit den Kategorien A, B und C bewertet. Die A-Gruppe ist die bestbewertete, die weltweit für Führungsfunktionen vorgesehen ist. Große Unternehmen wie BASF, Bayer, Volkswagen verstehen sich heute zunehmend als internationale Unternehmen, deren Unternehmenssprache ab einem bestimmten Niveau Englisch ist. Auch der Schriftverkehr und die Dokumente dieser Firmen sind nur noch in Englisch verfasst. Bei der Besetzung zentraler Positionen zählt in diesen Firmen nicht mehr der Pass, sondern die Leistung und die Bewertung im weltweiten Wettbewerb der Mitarbeiter. Wenn eine wichtige Stelle zu besetzen ist, geht die Personalabteilung an diese Karteien und schaut sich weltweit im Unternehmen um. Solche wichtigen Unternehmen würden ihren Firmenhauptsitz nach Paris oder London verlegen, wenn Deutschland alle Ausländer ausweisen würde. Wenn die Führungsspitze solcher Unternehmen weggeht, geht vieles mit. Die Gehälter, die Kaufkraft. In Deutschland bliebe höchstens noch die Zulieferwerkstatt.

Wirtschaftlich also ein Totalschaden – aber wie sähe es kulturell aus?

Wir müssten unseren Kultursektor zumachen. Es gibt beispielsweise kein Orchester in Deutschland, in dem keine Ausländer spielen. Wir haben ja ein geschichtliches Beispiel, wo wir eine Gruppe vertrieben haben: Das waren die Juden. Von diesem Verlust an international gebildeten Leuten hat sich die deutsche Wissenschaft und Kultur erst in den 80er-Jahren erholt. Überall haben diese Menschen im Ausland glänzende Karrieren gemacht. In der Kultur, der Soziologie, der Ökonomie. Da mussten wir 50 Jahre daran arbeiten, um diesen gigantischen Verlust wieder auszugleichen. Die Ausweisung von sieben Millionen Ausländern wäre ähnlich katastrophal. Familien mit verschiedenen Pässen würden auseinandergerissen. Das hätte ein großes Gewaltpotenzial. Das ginge nicht friedlich über die Bühne. Es entstünde ein restriktiver Polizeistaat. Die Abschiebungen – das wäre Polizeistaat pur.

Was wäre danach mit unserem Rentensystem los?

Wir müssten deutlich höhere Rentenbeiträge bezahlen, weil die Gesellschaft schneller altert. Das Leben würde sich massiv verteuern. Unsere Lebensqualität würde drastisch sinken. Viele Dienstleistungen wären nicht mehr verfügbar. Oder würden so teuer, dass die meisten Deutschen sie sich nicht mehr leisten könnten. Neue Verteilungskämpfe würden aufbrechen. Vor allem zwischen den verbliebenen wenigen jungen Erwerbstätigen und den vielen Rentnern und Pflegebedürftigen. Es wäre eine Notstandssituation. Wir würden eine Zunahme autoritärer Maßnahmen erleben. Wir würden in einer Pseudodemokratie leben. Und es würden neue extreme gesellschaftliche Spannungen entstehen. Neue Feindbilder. Vieles, was manche heute Ausländern zuschreiben, ist ein Problem von Schichten. Als ich Kind war in Offenbach, habe ich die klassische deutsche Unterschicht noch kennengelernt. Versoffene, schlagende Väter zum Beispiel. Das sind Phänomene bestimmter Gesellschaftsschichten. Wenn alle Ausländer weg wären, würden andere Gruppen angefeindet. Die vermeintlichen Faulenzer, die vermeintlich Unproduktiven. Die Hartz-IV-Empfänger, die Kranken. Und vor allem die politisch Andersdenkenden. Denkbar ist auch eine politische Bewegung, die alle Schichten bindet. In Ungarn kann man dieses Modell zum Teil beobachten. Ein Programm, das auf Nationalismus und Ausgrenzung basiert, aber alle Schichten der einheimischen Bevölkerung anspricht.

Der neue Hass richtet sich dann auf alle Andersdenkenden in der Gesellschaft. Eine solche Gesellschaft würde so spannungsreich, dass sie entweder soziale Fragen lösen müsste oder andere Gruppen als Blitzableiter braucht. Bei uns gibt es fast keine Zigeuner mehr, fast keine Juden mehr – deshalb würde sich der Hass der Mehrheit gegen politisch Andersdenkende richten. Es wäre eine autoritäre Gesellschaft. Da in solchen Strukturen die Dummheit vorherrscht, bis hin zur Selbstschädigung, würde Deutschland als führende Exportnation und innovative Gesellschaft aufhören zu existieren.

II. Die Deutschen allein zu Haus

Deutschland ohne Liebe

Die Braut kam im langen cremefarbenen Kleid. Der Bräutigam im neuen schwarzen Anzug. Er hatte einen grünen Mercedes-Oldtimer organisiert, in dem sich das frisch vermählte Paar vom Standesamt in Schloss Biebrich abholen ließ. Die gesamte Verwandtschaft war nach Wiesbaden angereist, vor allem aus Oldenburg und aus Izmir, um Anke und Turgut in die Ehe zu begleiten.

Das war im Mai gewesen. Jetzt, wenige Wochen später, war Turgut nicht mehr da. Anke war geblieben. Sie hatte ihren Job nicht aufgeben, die Freunde nicht verlassen, nicht in die Ferne ziehen wollen, in ein unbekanntes Land. Sie stand traurig vor ihrem Kleid. Heute Abend würde sie ihren Mann wieder über Skype sehen und sprechen, statt in seinen Armen zu liegen.

An ihrem gemeinsamen Festtag hatten sie beide Ja gesagt. Es war alles wie bei einer deutsch-deutschen Ehe, außer dass Turgut seine »Evlenme Ehliyet Belgesi« mitgebracht hatte, seine Familienstandsbescheinigung aus Izmir. Das hatte ihn ein bisschen Mühe gekostet, aber der Großonkel hatte helfen können. Es war so ein schönes Fest geworden. Am Ende hatte Anke die hochhackigen Schuhe in die Ecke geworfen und barfuß weitergetanzt. Dabei wussten sie ja, dass Turgut, ihr charmanter Ehemann mit dem markanten Kinnbärtchen, fortgehen müsste. Sie schaute auf ihre Hand, an der der noch so ungewohnte Goldring mit dem kleinen Brillanten glänzte.

Das Verschwinden der Ausländer aus Deutschland käme einer massenhaften Scheidung gleich. Noch 2010 haben sich Partner aus Deutschland und einem anderen Staat fast 44.000-mal in Deutschland das Ja-Wort gegeben. Allein von den im Jahr 2010 verheirateten deutschen Männern verlören fast 25.000 ihre Partnerin – und 19.000 deutsche Frauen büßten ihren Partner ein.[53]

Erst nach zwei Jahren Ehe können ausländische Partner die deutsche Staatsbürgerschaft erhalten. Von 1,4 Millionen deutsch-ausländischen Paaren in der Republik wäre jeweils ein Partner weg, sofern die Deutschen ihre ausländischen Ehepartner nicht begleiten.[54] Die Zahl ist laufend gestiegen. Noch 1996 gab es gerade mal halb so viele binationale Ehen wie 2010.

Deutsche Frauen heiraten besonders häufig türkische Männer, gefolgt von Italienern, Amerikanern, Österreichern, Briten, Niederländern, Marokkanern und Kroaten. Bei den deutschen Männern bestehen andere Konstellationen. Die meisten ihrer Partnerinnen kommen aus Polen, gefolgt von Türkinnen, Russinnen, Thailänderinnen, Ukrainerinnen, Italienerinnen und Rumäninnen.[55] Viele dieser Paare haben im Laufe der vergangenen 10, 15 Jahre die Ehe geschlossen. Und das sind nur die Verheirateten unter den internationalen Paaren. Viele Liebesbeziehungen ohne Trauschein müssen hinzugerechnet werden.

Höchst unwahrscheinlich, dass sie sich alle trennen würden, wenn die ausländischen Partnerinnen und Partner Deutschland verlassen müssten. Viel wahrscheinlicher ist, dass Ehepartner zusammenbleiben würden – und der Exodus der Menschen aus der Bundesrepublik noch wesentlich größer ausfiele, als wenn »nur« die Ausländer betroffen wären. Andere Ehepaare müssten zusammen ausreisen: 1,2 Millionen Paare, von denen beide Ausländer sind, leben in Deutschland.

Aber ihre Kinder sind zum erheblichen Teil Deutsche, die bleiben dürften. Allein 2009 wurden 144.000 Kinder in Deutschland geboren mit einem oder zwei ausländischen Elternteilen: fast jedes vierte Kind. Bei 82.000 Babys besaß ein Elternteil die deutsche Staatsbürgerschaft,[56] bei 62.000 waren Väter und Mütter Ausländer. Die Hälfte dieser Kinder wurden bei der Geburt trotzdem Deutsche, denn das geschieht, wenn ein Elternteil lange genug rechtmäßig in Deutschland gelebt hat. Und auch hier gilt: Es würden weit mehr Menschen die Republik verlassen als »nur« die Ausländer – denn natürlich würden die Eltern ihre Kinder nicht in Deutschland allein zurücklassen, egal ob die einen deutschen Ausweis besitzen oder nicht.

Das Soziologen-Paar Elisabeth Beck-Gernsheim und Ulrich Beck hat die Vielfalt der Partnerschaften in der globalisierten Welt analysiert. Auch sie beschreiben die enorme Zunahme der Beziehungen mit Partnern, die unterschiedliche Wurzeln haben. »Es wächst die Zahl der Paare, bei denen die Partner sich deutlich unterscheiden nach Nationalität, Hautfarbe, Religion oder Pass«, stellen die Wissenschaftler fest.[57]

Zugleich weisen sie aber darauf hin, dass die binationale Wirklichkeit keineswegs überall auf Zustimmung stößt. »Ob der Schwiegersohn katholisch ist oder protestantisch, ist kaum noch eine Frage, an der sich die Generationen entzweien. Anders, wenn der Auserwählte der Tochter ein Ausländer ist, noch dazu nicht westlicher Herkunft, eine andere Hautfarbe hat, gar islamischen Glaubens ist: Das dürfte in vielen Familien der Mehrheitsgesellschaft auch heute noch eine Provokation darstellen.« Pointiert folgern die Soziologen: »Von der farbenblinden Gesellschaft, die auf Fragen nach ethnischer Herkunft nicht achtet, sind wir weit entfernt.«[58] Mit anderen Worten: Manchen Fremdenfeinden und Rechtspopulisten könnte durchaus daran gelegen sein, das Rad der Geschichte in diesem Punkt zurückzudrehen. Im krassesten Fall so wie in unserem Szenario.

Die beiden Soziologen beschäftigen sich jedoch nicht nur mit den gemischten Ehen, sondern auch damit, wie Ehen von zwei ausländischen Partnern in Deutschland entstanden sind. Überraschendes tritt zutage: Viele dieser Menschen kamen aufgrund einer politischen Entscheidung nach Deutschland, die eigentlich das Gegenteil bewirken sollte – wegen des Anwerbestopps der Bundesrepublik für ausländische Gastarbeiter im Jahr 1973, der durch eine »Rückkehrprämie« ergänzt wurde. Deutschland machte klar: Es wollte die Arbeiter, die es 20 Jahre lang ins Land geholt hatte, wieder loswerden. »Aber viele wollten ihren Arbeitsplatz in Deutschland behalten«, schreiben Beck/Beck-Gernsheim. Gleichzeitig hätten sie sich entschieden, nicht dauerhaft getrennt von Frau und Kind zu leben. »Sie beschlossen, die Ehefrau (in selteneren Fällen den Ehemann) und die Kinder nachzuholen. Der Familiennachzug begann.«[59]

So prägen die wirtschaftlichen und die politischen Realitäten das Verhalten der Familien. Unter verschiedenen Lebensbedingungen suchen sich Frauen und Männer unterschiedliche Wege, um ihre Beziehung und ihren Alltag zu organisieren. Hiltrud Stöcker-Zafari kennt bestens die manchmal verschlungenen Wege, die Familien mit unterschiedlichen Staatsangehörigkeiten dabei schon heute gehen. Die Bundesgeschäftsführerin des Verbandes binationaler Familien und Partnerschaften ist mit einem Mann aus dem Iran verheiratet und hat einen Ratgeber mitverfasst, in dem sie die Betroffenen über Familienrecht, Ausländerrecht und ähnliche Fragen informiert.

Wir haben die Expertin gefragt, wie sich binationale Familien in unserem Szenario nach ihrer Einschätzung verhalten würden. »So unterschiedlich, wie die Menschen sind, so unterschiedlich würden die Entscheidungen ausfallen«, antwortet Hiltrud Stöcker-Zafari. »Es gäbe Familien, die gemeinsam weggehen würden, welche, die gemeinsam bleiben würden, und welche, die zerrissen würden. Es ist sehr davon abhängig, wie lange sich der Partner oder die Partnerin in Deutschland aufhält, wie stark er oder sie im Land beispielsweise über den Arbeitsmarkt verfestigt ist, und natürlich auch aus welchem Herkunftsland der eingewanderte Partner oder die Partnerin kommt. Was soll ich im Iran? Was soll meine Kollegin im Sudan? Mit Familie reist man nicht um die Welt. Die Kinder haben hier, wo sie leben, ihre sozialen Bezüge. Je älter sie werden, um so stärker beginnen sie ihr eigenes Leben zu leben, sie lassen sich nicht einfach mitnehmen.«

Ob Familien Deutschland verlassen würden, hängt nach Einschätzung der Verbands-Geschäftsführerin auch schlicht von der Frage ab, wohin sie gehen können. »Natürlich bietet sich erst einmal das Herkunftsland des Partners beziehungsweise der Partnerin an«, sagt sie. »Denn dorthin gibt es in aller Regel familiäre Bezüge. Fällt dieser Ort weg, aus welchen Gründen auch immer, dann sind weitere Voraussetzungen für ein drittes Land zu prüfen: Welche Sprache sprechen die Familien, welche Ausbildung und welchen Beruf haben sie, denn die Familie muss ja ernährt werden.«

Das hätte Konsequenzen nicht nur für die Menschen, die wegziehen, sondern auch für Deutschland und seine verbleibenden Bewohner. Stöcker-Zafari formuliert: »Wer polyglott unterwegs ist, gut ausgebildet ist und genügend Geld hat, kann wahrscheinlich überall hingehen. Zugespitzt könnte man sagen: Vor allem die finanzschwachen und weniger gut ausgebildeten Familien würden in Deutschland bleiben.« Mit anderen Worten: Die Republik würde verarmen, denn ihre wohlhabenderen Bewohner würden sich aus dem Staub machen. Und das dürfte im Übrigen nicht nur für Ausländer gelten.

Andere aber würden zusehen, wie sie bleiben können, auch wenn sie Ausländer sind, ganz gleich, wie legal das möglich wäre. »Viele Menschen sind aus repressiven Systemen nach Deutschland gekommen«, berichtet Stöcker-Zafari. »Sollen sie zurück, also vom Regen in die Traufe gehen? Das tut niemand.« Außerdem hätten Menschen, die schon früher unter einem repressiven Regime gelebt haben, »oftmals Verhaltensweisen zum Überleben entwickelt und sind eher in der Lage, sich auch unter einem repressiven Regime in Deutschland zurechtzufinden – eventuell auch mit Diskriminierungen und am Rande der Legalität zu leben«.

Nun könnte man annehmen, dass viele Ausländer sich um eine schnelle Einbürgerung bemühen würden, um in ihrem gewohnten Umfeld in Deutschland bleiben zu können. Immerhin besitzt eine deutliche Mehrheit von ihnen ein Recht dazu, weil sie schon mindestens acht Jahre lang in der Bundesrepublik leben. Ende 2007 traf das auf rund 4,6 Millionen Ausländer zu, mehr als zwei Drittel.[60] Wenn sie ihren Sprachtest bestehen, könnten sie Deutsche werden. Würde es also eine Welle von Einbürgerungen geben, weil Menschen ihre Ausweisung verhindern wollen – so wie es etwa der Grünen-Politiker Daniel Cohn-Bendit vermutet (siehe das Interview mit Cohn-Bendit in diesem Buch)?

»Sicher würde es Menschen geben, die diesen Weg wählen würden«, antwortet Stöcker-Zafari. »Aber das ist sehr hypothetisch. Viele Menschen würden die Einbürgerung in einem derart repressiven Staat gerade vermeiden, weil sie sich mit diesem Land nicht identifizieren könnten. Einbürgerung hat immer auch etwas mit Identifikation zu tun.« Die Chancenreichen, gut Ausgebildeten, Wohlhabenden würden nach ihrer Einschätzung weggehen – und nur die hierbleiben, die nicht anders können. »Wenn die Menschen keine andere Perspektive haben, würden sie möglicherweise trotzdem den Weg der Einbürgerung gehen«, vermutet Stöcker-Zafari.

Manche Menschen würden aber auch von den politischen Umständen auseinandergerissen werden, zerstritten und verkrachten sich über den richtigen Weg. Bei Partnern, die aus verschiedenen Kulturen und Ländern kommen, reicht Weltpolitik schon heute bis ins Wohnzimmer hinein. »Unser Verband kennt das aus den Zeiten des Golfkriegs«, berichtet die Bundesgeschäftsführerin. »Damals gab es starke Spannungen in vielen binationalen Partnerschaften, vor allem mit deutschen und arabischen Partnern.« Noch schlimmer wäre es, wenn die Familien die Entscheidung treffen müssten, ob sie in ein anderes Land gehen oder in Deutschland in die Illegalität untertauchen. Eine deutsche Politik des »Ausländer raus«– sie würde Ehen zerstören, Familien kaputt machen und Freunde einander entfremden.

Deutschland ohne Döner

Der Döner-Pizza-Grill hat leider zu. In Osterode, in Schleusingen und Zeitz geht nichts mehr, wenn der Kunde ruft: »Einmal Spezial mit Knoblauch und Scharf.« Und in Unna auch nicht. Kein Ayran-Joghurtdrink mehr zu den Pommes, keine Pizza Tonno mit Energy Drink zum Mitnehmen, keine Lahmacun für 3,50 Euro und erst recht keine Kuttelsuppe mehr, die die türkischen Bauarbeiter sich mittags hier geholt haben.

Die Inder – oder waren es Pakistaner? –, die den Laden quasi rund um die Uhr betrieben, sind nicht mehr da. Der Fernseher mit dem buntesten Kanal der Welt, in dem verführerische Frauen in farbigen Gewändern um einen Schönling mit öligen Haaren herumtanzten, ist jetzt schwarz. Mit den Betreibern fehlen all die Lieblingsgerichte der Deutschen, die die Ausländer in die Bundesrepublik gebracht haben. Zehntausende von Pizzerien, Dönerbuden und Hamburger-Bratereien bleiben geschlossen.

Im Jahr 1995 wurde *Der letzte Döner* serviert. So hieß die provokante Komödie der Berliner Autorin Gaby Sikorski, die in Berlin-Kreuzberg von der Theatergruppe »Kulis« auf die Bühne gebracht wurde. Das Stück handelt zwar nicht von Deutschland ohne Ausländer – aber von Deutschland ohne Döner. Dabei ist das eine fast so unvorstellbar wie das andere, denn der Döner ist ein Deutscher geworden.

Die Handlung des Stücks ist schnell beschrieben: »Der Döner wird wegen seines Suchtcharakters gesetzlich verboten. Die von der Dönersucht gezeichneten Menschen treffen sich am Berliner Alexanderplatz – und die Bundesregierung versucht, mithilfe einer Geheimagentin den lukrativen Schwarzmarkt zu kontrollieren und abzukassieren, nachdem sie eingesehen hat, dass gegen die Dönersucht kein Kraut gewachsen ist.«[61]

Eine ziemlich abgedrehte Story. Die jedoch eine klare Botschaft enthält: Der Döner Kebab ist längst zu einem Grundnahrungsmittel der Deutschen geworden, der geradezu süchtig machen kann. Umfragen zufolge ist er neben den eingewanderten Italienern Pizza und Pasta die deutsche Lieblingsspeise Nummer drei. Mehr als die Hälfte der Männer greift zum gefüllten Fladenbrot, wenn es mal schnell gehen muss. Die weiblichen Kunden lassen sich ein bisschen seltener das türkische Fleischgericht vom Spieß schaben, hat die Marktforschung herausgefunden.

Wer hätte sich vor 60 Jahren träumen lassen, dass sich die Deutschen kulinarisch so entschieden wegbewegen würden von Kartoffeln und Braten? Gut, sie hatten auch das Kaugummi begeistert aufgenommen, das die amerikanischen Soldaten in der Nachkriegszeit nach Deutschland brachten. Aber gleich die ganze Küche umkrempeln? Altbundespräsident Johannes Rau brachte es in seiner Berliner Rede 2000 im Jahr auf den Punkt: »Ganz nebenbei: Wir essen heute auch anders. Die Einwanderer haben ihre Rezepte mitgebracht, ihre Spezialitäten, ihre Gewürze und ihre Getränke. Pizza und Döner sind aus unseren Straßen nicht mehr wegzudenken. Olivenöl und Fladenbrot gehört für viele inzwischen zum täglichen Essen.«[62] Eine solche Innovation wäre nicht möglich gewesen in einem Deutschland ohne Ausländer.

Dabei ist das kulinarische Angebot, das die Ausländer nach Deutschland gebracht haben, auch ein veritabler Wirtschaftsfaktor geworden. Bleiben wir beim Beispiel Döner: Sagenhafte 122.000 Tonnen Dönerfleisch werden jährlich in Deutschland verspeist. Das genügt rechnerisch, um den gesamten Fleischbedarf von mehr als 1,2 Millionen Menschen zu decken – denn der Durchschnittsverbrauch liegt in Deutschland zwischen 90 und 100 Kilogramm Fleisch im Jahr (2010 waren es 93 Kilo pro Kopf[63]). Es gibt rund 15.000 Dönerbuden; 60.000 Menschen arbeiten in der Döner-Industrie, die jährlich 3,5 Milliarden Euro erwirtschaftet, informiert die Branche auf der Döner-Messe in Berlin. Ohne Döner-Industrie würde also auch ein ordentliches Stück aus dem Bruttosozialprodukt herausgeschnitten.

Ob Spitzenrestaurant oder Imbissbude – niemand kennt die gesamte Bandbreite des Angebots so gut wie der Deutsche Hotel- und Gaststättenverband (DEHOGA). »Wohl kaum eine andere Branche ist so international wie die Gastronomie«, so Hauptgeschäftsführerin Ingrid Hartges. »Die Vielfalt der Betriebstypen, Konzepte und kulinarischen Angebote ist einzigartig. Dass dies so ist, haben wir vor allem den Mitarbeitern aus allen Nationen der Welt sowie den ausländischen Kollegen zu verdanken.«

Hartges hat in der Kornbrennerei und im Spirituosenhandel ihrer Eltern viele Facetten der Gastronomie kennengelernt, bevor sie Jura studierte und vor mehr als 20 Jahren zum Fachverband kam. In all diesen Jahren hat sie auch beobachtet, wie wichtig die Ausländer für die deutschen Lokale aller Kategorien sind. Wobei der Verband sich weniger darum kümmert, woher jemand stammt, als darum, was er anbietet. So kann die DEHOGA den Anteil der ausländischen Betriebsinhaber nur schätzen – auf 25 Prozent. In Städten liege er tendenziell höher. Gesichert ist dagegen die Zahl der Unternehmer, die eine »ausländische Küche« betreiben: Das sind knapp 7500 DEHOGA-Mitglieder und damit 11,7 Prozent.

Das Bundesamt für Migration und Flüchtlinge verfügt über noch umfassendere Zahlen. Es stellt fest, dass das Gastgewerbe »der Wirtschaftszweig mit dem höchsten Ausländeranteil« sei. Mit knapp 169.000 Beschäftigten stellten sie mehr als 21 Prozent der Beschäftigten in Gaststätten und Hotels. Dabei fällt auf, dass fast 60 Prozent der Ausländer im Gastgewerbe Männer sind – während vor allem deutsche Frauen in dieser Branche arbeiten und der Männeranteil der Deutschen unter 40 Prozent liegt.

Es sind vor allem Italiener, die in Deutschland in Restaurants, Gaststätten und Kneipen kochen, servieren oder putzen. Gut 23.000 italienische Beschäftigte weist die deutsche Gastronomie auf. Sie und die gut 10.000 Griechen machen das Gros der Ausländer aus der Europäischen Union aus. Aber auch Asiaten sind stark vertreten – 40.000 sind es insgesamt, die meisten von ihnen stammen aus Vietnam, China und Thailand.[64]

»Ob als Koch oder im Service, ob Eigentümer oder Angestellter – so vielfältig wie das Gastgewerbe selbst, so vielfältig sind auch die Beschäftigungsmöglichkeiten für ausländische Gastro-Profis«, erläutert Ingrid Hartges. Nach Angaben der Bundesagentur für Arbeit wiesen die klassischen Restaurantbetriebe jedoch einen höheren Anteil ausländischer Arbeitskräfte auf (31,2 Prozent) als beispielsweise Caterer und Kantinen. Mit anderen Worten: Jeder fünfte Beschäftigte in der Gastronomie, und sogar jeder dritte Mitarbeiter in klassischen Restaurants besitzt einen ausländischen Pass – und würde fehlen, wenn die Ausländer gehen müssten. Zahlreiche Restaurants müssten dann schließen.

Der deutsche Döner hat seine erfolgreiche Reise durch die Republik einst von Berlin aus angetreten. Er passe zu dem »Arbeitsland«, sagt der pensionierte Dönerbuden-Betreiber Kadir Nurman: In der Türkei wurde das Fleisch auf den Teller geschabt – aber die Deutschen wollten den schnellen Imbiss auf die Hand mitnehmen.

Ob Nurman mit seinem Stand in der Nähe vom Bahnhof Zoo wirklich die ersten Döner an die Deutschen brachte oder doch der 20 Jahre jüngere Mehmet Aygün in Kreuzberg die ersten verkaufte, wird sich vermutlich nie klären lassen. Sicher ist aber: Es war ein Türke, der die kulinarische Neuigkeit nach Deutschland brachte. Bei der weltweit ersten Döner-Messe im Herbst 2011 in Berlin wurde Nurman als Pionier geehrt.

Nurman berichtet, dass der Riesenerfolg der kulinarischen Integration anfangs nicht absehbar gewesen sei. »Es kamen viele Menschen vorbei und guckten zunächst, was ist das – der Döner«, erinnert er sich. »Die Türken und Araber kannten das Gericht natürlich und griffen zu. Später haben es die Deutschen auch gegessen und es hat ihnen gut geschmeckt. Nach zwei Jahren haben viele Türken bei mir gearbeitet und gelernt. Später haben sie dann selbst Dönerläden aufgemacht. Und so hat er sich verbreitet.«

Mit Soße und mit Scharf, das gab's übrigens bei dem Berliner Türken nicht. Im Interview erklärte er: »Damals haben wir nicht viele Gewürze benutzt. Später haben andere dazu getan, was immer sie gefunden haben. Aber bei uns war das nicht so, der Original-Döner ist nur mit ein bisschen Zwiebeln und grünem Salat.«[65]

Nichts hat den Deutschen die ungewohnten Ausländer so schmackhaft gemacht wie die Gerichte, die sie mitbrachten. Vor dem Döner kam die Pizza in die junge Bundesrepublik. Das war 1952, also noch drei Jahre vor dem ersten »Anwerbeabkommen«, das Deutschland schloss, um das Wirtschaftswunder mithilfe italienischer Arbeiter fortzusetzen.

Am 24. März 1952 eröffneten Nicolino di Camillo und seine Frau in Würzburg die Pizzeria »Capri«.[66] Der Geschmack war den Deutschen so fremd wie die Spaghetti, die ebenfalls mit den ersten Italienern nach Deutschland kamen, und italienisch essen zu gehen war anfangs ziemlich teuer. Ursprünglich hatte di Camillo auch gar nicht die Deutschen als Kunden im Auge, sondern die US-amerikanischen Soldaten in den Würzburger Kasernen. »Die GIs waren begeistert und drängten mich, ein italienisches Lokal zu eröffnen«, erzählte Nicolino, genannt Nick, 60 Jahre später.

Nebenbei erfand der italienische Pizzabäcker angeblich auch noch die legendäre Pappverpackung, ohne die heute keine Pizzeria mehr auskommt – in den Größen 26 und 28 Zentimeter Durchmesser. Doch ob das stimmt, darf bezweifelt werden, nachdem in Neapel und seit Ende des 19. Jahrhunderts auch in den USA schon Pizza gebacken und vermutlich auch abgeholt worden ist.

Heute sind die italienischen Klassiker die Lieblingsgerichte der Deutschen. Wobei es deutliche Unterschiede zwischen den Geschlechtern gibt. Die Männer entscheiden sich am häufigsten für die Pizza, sie liegt bei ihnen mit über 40 Prozent vorn. Für Frauen ist Pasta die Nummer eins – mit einem Anteil von mehr als 50 Prozent.[67] In anderen Umfragen sieht das Bild ähnlich aus – jedenfalls stehen Spaghetti Bolognese und Co. in der Regel an der Spitze und auch die Pizza belegt immer einen der vorderen Plätze.

Noch vor der Pizza hatten allerdings China-Restaurants kulinarisch die Republik erobert. Von Hamburg aus traten sie ihren Siegeszug an, gab es doch in der Hafenstadt schon 1950 fünf chinesische Lokale. Zehn Jahre später waren es bereits mindestens 30.[68]

Dabei achtete Nachkriegsdeutschland noch penibel darauf, nicht zu viele Ausländer für die Gastronomie ins Land zu lassen. »Die bundesdeutsche Ausländerpolitik sah lediglich die Anwesenheit europäischer Arbeitskräfte vor, was häufig euphemistisch als ›Europäer-Grundsatz‹ umschrieben wird, in Wirklichkeit jedoch einen Ausschluss nicht europäischer Migranten bedeutete«, berichtet der Historiker Lars Amenda über die 60er-Jahre, der das Verhältnis Hamburgs zu China erforscht hat. Damals sei die Politik der Hansestadt gegen die restriktiven Regelungen vorgegangen, damit in den angesehenen China-Restaurants auch Köche aus dem Reich der Mitte korrekt chinesisch abschmecken konnten.[69]

Wenn die Pizza von Würzburg aus ihren Siegeszug durch Deutschland antrat, der Döner von Berlin und die China-Restaurants von Hamburg aus das ganze Land an neue Geschmäcker gewöhnte, dann startete der Inbegriff des globalen Fastfood von München aus so richtig in Deutschland durch. Am 4. Dezember 1971 eröffnete die US-amerikanische Hamburger-Braterei McDonald's ihre erste deutsche Filiale in der bayerischen Metropole, Stadtteil Obergiesing. 62.000 Beschäftigte sorgen heute für einen Jahresumsatz von rund drei Milliarden Euro. Von den fast 1400 Filialen in der Republik macht der Laden am Münchner Stachus den meisten Umsatz.

Ohne Ausländer würden die Impulse für neue Speisen wegfallen. Die gastronomischen Betriebe hätten ohne Ausländer weniger Kunden. Und es würden viele Arbeitskräfte fehlen. Zum Beispiel in den Hamburger-Imbissen, auch wenn Gewerkschafter seit Jahren über »Hungerlöhne« und »skrupellose Arbeitsbedingungen« klagten.[70] *Der Spiegel* konstatierte Ende der 90er-Jahre: »Deutsche sind für die McJobs schwer zu gewinnen. Ausländer stellen mehr als die Hälfte der McDonald's-Beschäftigten; in manchen Regionen, etwa im Rhein-Main-Gebiet, beträgt derAusländeranteil rund 80 Prozent.« Wer also sollte die Fleischklopse braten, wenn die Ausländer nicht mehr da sind?

Doch es sind keineswegs nur Schnellimbisse, die Ausfälle zu beklagen hätten. In Düsseldorf würde das Zwei-Sterne-Lokal »Das Schiffchen« im Stadtteil Kaiserwerth seinen kulinarischen Kopf verlieren: Jean-Claude Bourgueil betreibt den Gourmettempel im Backsteinhaus seit 1977. Die Michelin-Tester, die das »Schachbrett von bretonischen Jakobsmuscheln« goutieren, werden sich fragen, wie dieses Lokal ohne den Franzosen aussehen wird. Ironie der Geschichte: Ausgerechnet jener Mann wäre nicht mehr da, der nach Jahrzehnten in Düsseldorf den Kochbuch-Klassiker *Typisch Deutsch* herausgegeben hat.

Den Kölnern, denen sonst keine Häme gegen die Düsseldorfer fremd ist, ginge es auch nicht besser, denn auch ihrem Sternerestaurant »Le Moissonnier« käme der Küchenchef abhanden. Der Franzose Eric Menchon serviert dort »konfiertes Zicklein auf Eukalyptus-Consommé mit grünem Pfeffer« oder »Filet vom Milch-Lamm auf geräucherter Crème Fraiche und Perlzwiebeln« – jedenfalls so lange, wie er es servieren darf. Ohne Ausländer würde den vornehmen Essern auch sein Angebot abhandenkommen.

Man könnte noch viel mehr grandiose Küchenchefs nennen. Den Franzosen Jean-Marie Dumaine, der in seinem rheinland-pfälzischen Restaurant Vieux Sinzig mit selbst gesammelten Wildpflanzen und regionalen Produkten kocht. Oder Konstantin Karabatziakis, der als Chef der Brenngold Gruppe im Düsseldorfer Medienhafen noble Lokale betreibt.

Fragt man Ingrid Hartges vom Hotel- und Gaststättenverband nach ausländischen Spitzenköchen in Deutschland, denkt sie an diese beiden. Und an zwei, die ausländische Wurzeln und ausländische Küche verbinden, aber zugleich deutsche Staatsbürger sind: Juan Amador, den Sohn spanischer Gastarbeiter, der die Molekularküche nach Deutschland gebracht hat, und Adnan Oral, den deutschen Staatsbürger türkischer Herkunft, der es in Berlin-Charlottenburg vom Tellerwäscher und Dönerverkäufer zum Promi-Koch mit italienischer Spitzenküche gebracht hat. Für manche würde es daher auch Überraschungen geben, wenn die Ausländer aus Deutschland verschwinden müssten – denn dank der Migranten mit deutschen Pass bliebe manches, das auf den ersten Blick ausländisch erscheint.

Auch ein kulinarischer Einwanderer wird bleiben, der zum Inbegriff des deutschen Essens geworden ist: die Kartoffel. In früheren Jahrhunderten war das Knollengewächs in Europa vollkommen unbekannt; die spanischen Eroberer brachten sie erst im 16. Jahrhundert aus Südamerika mit. Mittlerweile aber sind die Erdäpfel so deutsch geworden wie kein anderes Gemüse. Im Umgangston der Migranten stehen sie längst als Synonym für die Deutschen. »Wieso führst du dich auf wie eine Kartoffel?«, fragt der türkische Vater seinen Sohn in den Geschichten des jungen Duisburger Deutschtürken Mehmet Akyazi.[71]

»Gastronomie ohne Ausländer? Ohne den Italiener an der Ecke, ohne die spanische Tapas-Bar oder den griechischen Imbiss?«, fragt DEHOGA-Vertreterin Hartges ungläubig. »Es ist doch gerade die richtige Mischung der Zutaten, die das Gericht erst schmackhaft macht.« Kochen sei seit jeher eine Kombination aus Techniken, aus Produkten und Aromen verschiedener Kulturen. Und dass die Gäste Abwechslung lieben, könne auch niemanden überraschen. Die Branche habe daher »kein Problem mit Ausländern, sondern ohne sie!«.

Bundesliga ohne Ausländer

Allianz-Arena, München, 17.10 Uhr. Noch acht Minuten Spielzeit im Spitzenspiel der Bundesliga, Bayern München gegen Werder Bremen. Die Münchner steuern auf den höchsten Sieg in ihrer 50-jährigen Bundesliga-Geschichte zu. 9:0 führen sie gegen eine überforderte Rumpfmannschaft aus dem Norden und es kommen noch acht harte Minuten auf die Gäste-Elf zu, die sich redlich bemüht, eine zweistellige Niederlage zu vermeiden. Doch der Erfolg der Bayern besitzt einen schalen Beigeschmack. Keinem Bundesliga-Verein ist es gelungen, so viele Ausländer einbürgern zu lassen wie den Münchnern. Frank Ribéry und Arjen Robben als Deutsche, das hätte sich früher keiner vorstellen können. Die grün-weißen Fans lassen ihrem Unmut freien Lauf: »Schieber«-Rufe hallen aus dem Gästeblock. Das Stadion war eigentlich ausverkauft. Aber 5000 Plätze sind leer geblieben, denn die weggegangenen ausländischen Karteninhaber haben weithin sichtbare Lücken gerissen.

An eine solche Mannschaft der Gäste von der Weser kann sich keiner erinnern und nur die eingefleischten Fans erkennen mehrere der Spieler wieder: Kicker aus der Dritten Liga, die sonst bei Werders Reserve gegen den Ball treten, sind eingesprungen. Nichts passt zusammen in dieser Mannschaft. Der Trainer hat schon vor dem Spiel gemurrt: »Das sind unzumutbare Bedingungen. Diese Bundesliga-Saison ist eindeutig irregulär.«

Im Amateurfußball sieht es nicht anders aus. Fast ein Drittel der Vereine hat sich vorläufig vom Spielbetrieb abgemeldet, mangels Masse. Beim Verbandstag soll jetzt darüber beraten werden, die Mannschaftsgrößen im Amateurfußball auf acht Spieler herunterzusetzen. Mehrere Kreisfußballwarte haben bereits Widerstand angekündigt. »Das wäre nicht mehr unser Sport«, ließ sich einer vernehmen. Die Funktionäre setzen vielmehr auf Fusionen der Vereine über die Ortsgrenzen hinaus. Wenn jeder dritte Fußballverein sich einem Nachbarn anschlösse, wären die verbleibenden Clubs in der Lage, genug Kicker aufzubieten, so ihr Argument. Dies setze aber eine umfangreiche Reform des Spielbetriebs voraus.

Im Vereinsheim stehen die verbliebenen Spieler beim dritten oder vierten Bier zusammen. Ihre Begegnung ist abgesagt worden, der Gegner ist nicht gekommen. Im Fernsehen läuft das Aktuelle Sportstudio. Mönchengladbach gegen Stuttgart. Den Gladbachern »Fohlen« fehlt neben der halben Mannschaft auch ihr Trainer, ein Schweizer, für den ein Jugend-Trainer eingesprungen ist. Die Stuttgarter haben zwar ihren Trainer auf der Bank, aber ihr Kader ist noch deutlicher zusammengeschrumpft als der der Borussen. So sind die Schwaben auf dem Platz vollkommen chancenlos.

Danach sieht sich im Studiogespräch ein Manager aus der Bayern-Führungsriege trotz des historischen 10:0-Erfolgs seiner Elf in die Defensive gedrängt. Ob denn diese Deutschen wirklich Deutsche seien, fragt der Moderator. »Im Herzen sind unsere Spieler alle Bayern«, behauptet der Fußball-Manager. »Schließlich müssen wir auch sehen, wie wir die deutschen Interessen in der Champions League verteidigen. Das sollten alle deutschen Fans anerkennen.«

Die deutschen Zuschauer würden ihre Bundesliga ohne Ausländer nicht wiedererkennen. Es wäre eine Liga ohne Ribéry und Robben, Lewandowski und Guerrero, ohne Ya Konan, Pizarro und Novakovič, Huntelaar und Raùl, um nur einige Stars der Saison 2011/12 zu nennen. Eine Bundesliga ohne Ausländer – das wäre ganz offenkundig eine Liga von weit schwächerer Qualität, mit geringen Chancen auf europäischer Ebene, mit weniger Glamour und entsprechend weniger Zuschauern. »Keine Frage, Fußball ohne Ausländer in Deutschland ist nur schwerlich vorstellbar«, sagt einer, der es genau wissen muss: Dr. Theo Zwanziger. Der ehemalige Präsident des Deutschen Fußball-Bundes (DFB), der auch nach seinem Rückzug von diesem Amt Mitglied im Exekutivkomitee des Weltfußballverbandes FIFA ist, hat für dieses Buch analysiert, was das wirklich bedeuten würde: der deutsche Fußball ohne Ausländer.

Sage und schreibe 228 Bundesligaspieler müssten aus den Kadern der ersten Liga gestrichen werden, geht aus der Statistik der Deutschen Fußball Liga (DFL) hervor. Der Anteil der Ausländer unter den 18 Clubs lag damit in der Saison 2011/12 bei 43 Prozent. Mit anderen Worten: Gerade mal 57 Prozent der Spieler wären ohne die Ausländer noch übrig. Auch in der 2. Liga gäbe es einen radikalen Umbruch, wenn auch etwas weniger heftig als in der obersten Spielklasse. 130 Ausländer sind dort spielberechtigt. 28 Prozent der Kicker wären weg, wenn die Ausländer Deutschland verlassen müssten. Die Vereine und das ganze Fußball-Umfeld würden einen gewaltigen Umbruch durchmachen. Die Ausländerzahlen in der Bundesliga werden seit der Spielzeit 1995/96 erhoben. Damals betrug der Ausländeranteil in der Bundesliga 19 Prozent und in der 2. Liga 17 Prozent. »Sie sehen also, dass der Ausländeranteil in den Profiligen sich deutlich gesteigert hat«, so Theo Zwanziger. »Der Fußball in Deutschland ist internationaler geworden.«

Zwanziger kennt sich in dem Bereich aus wie kein Zweiter. Er ist ein Fußball-Funktionär, der stets über die Stadiongrenzen hinaus gedacht und damit frischen Wind in den DFB gebracht hat. So saß der Jurist aus dem Westerwald für die CDU im rheinland-pfälzischen Landtag, arbeitete als Regierungspräsident in Koblenz und als Verwaltungsrichter, ehe er 2004 an die Spitze des DFB rückte. Fast acht Jahre lang amtierte Zwanziger als Präsident des weltgrößten Sportverbandes, der sechs Millionen Mitglieder hat. Anfang März 2012 gab er den Posten mit 66 Jahren ab. Zwanziger ist aber nicht bloß Verbandsfunktionär, sondern auch jemand, der sich Gedanken über den Zusammenhalt der Gesellschaft macht und entsprechende Initiativen unterstützt – wofür er mit zahlreichen Ehrungen bedacht wurde. 2010 gründete er eine Stiftung, die seinen Namen trägt und sich »die Förderung des Sports, insbesondere des Mädchenfußballs, sowie der Kunst und Kultur, Bildung und Erziehung und der Völkerverständigung im Zusammenhang mit dem Sport« auf die Fahnen geschrieben hat. Das zeigt: Der frühere DFB-Präsident hat nicht nur den Spitzensport im Kopf, sondern gerade auch den Breitensport.

Das Szenario einer Bundesliga ohne Ausländer kommentiert Zwanziger mit Unbehagen: »Zunächst einmal verpflichten Fußballvereine ja Spieler, die den gesuchten Anforderungen entsprechen und sie sportlich weiterbringen. In einer Welt, die immer weiter zusammenwächst, spielt die Nationalität da zunächst eine eher untergeordnete Rolle. Dennoch sind ausländische Spieler natürlich eine unglaubliche Bereicherung für den Fußball in Deutschland. Jeder Einzelne bringt ein Stück andere Kultur in den Sport.«

Welche Auswirkungen es für die Amateurvereine und ihre Ligen hätte, würden ihnen plötzlich die ausländischen Spieler, Trainer und Schiedsrichter fehlen, vermag er trotzdem nicht exakt zu sagen. »Da keine Statistik über die Staatsangehörigkeit der einzelnen Mitglieder vorliegt, kann diese Frage nicht genau beantwortet werden«, antwortet Zwanziger. »Klar ist aber, dass sicherlich viele Vereine Probleme hätten, den Spielbetrieb aufrechtzuerhalten. Überall in Deutschland gibt es ausländische Fußballvereine, die dann plötzlich komplett von der Bildfläche verschwunden wären.«

Für die Nationalmannschaft sieht der Mann, der die Fußballweltmeisterschaft 2006 in Deutschland ausrichtete, perspektivisch schwerwiegende Nachteile, wenn der Nachwuchs aus den ausländischen Familien verloren gehen würde: »Die Nationalmannschaft ist stets ein Spiegelbild unserer Gesellschaft in Deutschland.« Wie die Zahl der Deutschen mit Migrationshintergrund in der Bundesrepublik zugenommen habe, so sei auch die Zahl von Spielern mit Migrationshintergrund in der Nationalmannschaft und in den Junioren-Nationalmannschaften gestiegen.

Zwanziger ist begeistert von der Generation Özil, Klose, Khedira und Podolski. »Fußball ist mehr denn je multikulti und das finde ich gut so«, kommentiert er. »Der deutsche Fußball und auch die Nationalmannschaften des DFB profitieren erheblich davon.«

Bernd Hölzenbein kann sich noch an ganz andere Zeiten erinnern, an Zeiten fast ohne Ausländer. Er hat schon erreicht, was Özil, Klose und Co. noch schaffen wollen: den WM-Titel zu holen. Wir treffen den Fußball-Weltmeister von 1974 an seinem Schreibtisch in der Frankfurter Commerzbank-Arena. Durch das Fenster hinter seinem Rücken blickt man auf den grünen Rasen, der mithilfe künstlichen Sonnenlichts noch grüner gemacht wird. Doch Hölzenbein, der heute als Chef-Scout bei Eintracht Frankfurt arbeitet, hat keine Augen dafür. Er klickt sich auf dem Bildschirm durch die Mannschaftsfotos der 60er-, der 70er-Jahre, als er selbst als Aktiver auf dem Platz stand. Doch der einstige Stürmerstar findet so gut wie keine Ausländer. Es gab sie damals einfach nicht in der Bundesliga, auch nicht bei den Frankfurtern. Einzelne wie die Österreicher Willi Huberts oder Thomas Parits spielten in den rot-schwarzen Trikots der Eintracht. Ein Spieler wie der Türke Enver Konca, der von 1971 bis 1973 mit Hölzenbein auf dem Rasen stand, war ein echter Exot auf dem Platz. Lange her. Heute ist das nicht mehr vorstellbar. Die Star-Ensembles von Bayern München, Borussia Dortmund oder Schalke 04 leben eben auch von der Klasse ihrer ausländischen Spieler. Den anderen Mannschaften ginge es nicht besser. Keine käme ungeschoren davon.

Der Wegfall der besten Spieler wäre ein herber Schlag. Doch damit wäre es noch nicht getan. Experten wie Bernd Hölzenbein sind davon überzeugt, dass auch das Niveau der deutschen Bundesligaspieler nach unten gezogen würde. »Diese Weltstars, die nach Deutschland gekommen sind, haben uns sehr viel gegeben«, sagt er. »Wenn du jeden Tag mit dem Superstar zusammenspielst als junger deutscher Spieler, dann guckst du dir auch schon was ab.« Das gelte zum Beispiel beim FC Bayern: »Thomas Müller hat sich sicher was abgeschaut bei den Spielern um ihn herum.« Heute zählt der Offensivspieler zu den Säulen der deutschen Nationalmannschaft.

Wenn Ausländer nicht im Land bleiben könnten, würden auch die Impulse ausbleiben, die von den Migrantenfamilien im deutschen Fußball ausgegangen sind – darin ist sich Hölzenbein mit Zwanziger einig. »Was wäre, wenn wir keinen Özil hätten, keinen Klose?«, fragt der Frankfurter. »Die Einwanderer, die Özils, die haben sich durchgesetzt, die hatten mehr Biss, die wollten aus ihren zum Teil ärmlichen Verhältnissen raus, die waren hungrig, die waren nicht so verwöhnt wie die jungen Deutschen.« In der Perspektive würde der deutsche Fußball daher noch stärker verarmen, wenn solche Familien nicht kommen und nicht bleiben dürften.

Die Ausländer, sie haben den deutschen Fußball bereichert, haben ihm neue Qualitäten beschert. »Als ich Manager war, haben wir Anthony Yeboah geholt und Jay-Jay Okocha«, erinnert sich Hölzenbein an die einstigen Nationalstürmer aus Ghana und Nigeria, die bei der Eintracht in den 90er-Jahren zu Bundesliga-Stars reiften. »Die zwei haben den Fußball verändert. Die Technik von Okocha, diese Spielfreude, die hatte kein deutscher Spieler. Das war etwas völlig Neues. Die Dynamik und die körperliche Stärke von Yeboah, das war auch etwas Außergewöhnliches. Der Fußball hat sich durch diese Qualität verändert.«

Der einstige Spieler, Manager und heutige Talent-Scout befürchtet auch einen Einbruch der Zuschauerzahlen, würden die Ausländer fehlen: »Die Zuschauer wollen ein Event sehen.« Heute kämen viel mehr Frauen und Jugendliche ins Stadion als früher. Ihnen ginge es nicht um den puren Sport. »Es geht um die Show.« Zu ersetzen wären die ausländischen Ballkünstler dabei nicht, denn »so viele Stars gibt's halt nicht«. Nur eines würde sich kaum ändern, meint Hölzenbein: die Rangfolge in der Bundesliga. »Die Bayern wären immer noch die Nummer eins. Auf jeden Fall.« Für den Frankfurter sind dabei die Fähigkeiten von Uli Hoeneß, seinem einstigen Mitspieler aus der Weltmeistermannschaft von 1974, entscheidend. Mit Hoeneß und seinem Management würde sich der Rekordmeister der Bundesliga trotzdem durchsetzen, zeigt sich der Experte überzeugt. Wer weiß, welche Kniffe Hoeneß und seinen Bundesligakollegen einfallen würden, um die Qualität halbwegs zu halten. Es gibt schließlich Vorbilder.

Ende der 90er-Jahre wollten deutsche Sportfunktionäre und Politiker wie der damalige Außenminister Klaus Kinkel (FDP) die tiefe Krise der Nationalmannschaft nicht tatenlos mitansehen. Also entschieden sie sich, im Schnellverfahren einen Südafrikaner zum Deutschen zu machen, damit er die Nationalelf mit seinen Toren zum Erfolg schieße. Sean Dundee hieß der junge Mann vom Karlsruher SC, der 1997 recht unvermittelt die deutsche Staatsbürgerschaft erhielt. Doch der Hoffnungsträger war sportlich mit der ihm zugedachten Rolle überfordert: Er schoss für seinen Verein weniger Tore als zuvor, wurde von Bundestrainer Berti Vogts nur für die Ersatzbank nominiert und stand letztlich nie für die deutsche A-Mannschaft auf dem Platz. Nicht viel besser erging es seinem Sturmkollegen Paolo Rink aus Brasilien, der ebenfalls in dieser Zeit eingebürgert wurde. Rink brachte es immerhin auf einige Einsätze im deutschen Trikot, traf aber nicht ein einziges Mal das Tor.

Vielleicht würde es also auch in unserem Szenario dem einen oder anderen cleveren Fußball-Manager gelingen, einen wichtigen Sportler durch Tricks vor der Ausweisung zu bewahren. »Wenn du einen Spieler halten willst, musst du auch abenteuerliche Konstruktionen machen«, betont Bernd Hölzenbein aus eigener Erfahrung. »Ich kann mir nicht vorstellen, dass man sagt: Wir machen das nur noch mit der Jugendarbeit. Den langen Atem hat doch keiner.« Wie dann? »Da würde mir schon was einfallen«, meint Schlitzohr Hölzenbein. Zum Beispiel durch eine eilige Einbürgerung. »Wir haben Spieler aus Polen gehabt, die hatten eine Oma oder eine Tante aus Deutschland, die haben wir dann zu Deutschen gemacht. Es ging ja damals schon darum, dass du nur eine bestimmte Anzahl von Ausländern haben durftest.«

Das war nicht immer so. Fußball ist schließlich keine deutsche Erfindung; die Heimat des Sports, wie wir ihn heute kennen, ist England. In deutschen Landen wurde überall dort gespielt, wo sich sogenannte »Engländer-Kolonien« bildeten – in Kurorten wie Baden-Baden, Cannstatt bei Stuttgart oder Wiesbaden, in Residenzstädten wie Hannover, Braunschweig, Dresden oder in Handelsstädten mit englischen Firmenniederlassungen wie Hamburg, Berlin und Frankfurt am Main. Ohne Ausländer wäre der Fußball nicht gekommen – den Engländern sei Dank.[72] Erst als der Sport populär wurde, eine große gesellschaftliche und wirtschaftliche Bedeutung erlangte und 1963 die Bundesliga gegründet worden war, regelten die Verantwortlichen mit einiger Strenge den Einsatz von Ausländern in der Liga. In der Bundesliga durften erst nur zwei, später drei Ausländer für einen Verein auf dem Platz stehen. Das Argument: Man wolle dem deutschen Fußballer-Nachwuchs eine Chance geben.

Mit der Annäherung der europäischen Länder fielen die Begrenzungen für Spieler aus den EU-Staaten. Allerdings musste erst ein Fußballer vor Gericht durchsetzen, dass die freie Wahl des Arbeitsplatzes auch für Fußball-Profis gilt: Jean-Marc Bosman, ein Belgier, erkämpfte dieses Recht im Dezember 1995 vor dem Europäischen Gerichtshof. Fünf Jahre später wurden in der Bundesliga auch die Begrenzungen für Spieler aus Afrika, Asien und anderen Ländern außerhalb der EU gelockert. Dabei hatten die Funktionäre realisiert, dass sich die Welt verändert hatte – und viele Ausländer eigentlich in Deutschland groß geworden waren. Für sie, die sogenannten »Fußballdeutschen«, galt die Ausländerregelung nicht. Seit der Bundesliga-Saison 2006/07 bestehen gar keine Ausländersperren mehr im deutschen Profi-Fußball, allerdings eine sogenannte »Local-Player-Regelung«. Danach muss bei jedem Profiverein eine bestimmte Anzahl von in Deutschland ausgebildeten Fußballern unter Vertrag stehen – ursprünglich mindestens vier, inzwischen wenigstens acht Kicker. Das bedeutet allerdings keine Garantie für einen Platz auf dem Spielfeld.

Einmal hätte sogar eine Bundesligamannschaft einen kompletten Ausfall verkraften müssen, wenn Ausländer nicht spielberechtigt gewesen wären. Nicht nur für unser Szenario war es ein geschichtsträchtiger Tag: Am 6. April 2001 spielte Gastgeber Energie Cottbus in der Bundesligapartie gegen den VfL Wolfsburg. Ein mittelmäßiges Freitagabend-Spiel mit dem Endstand 0:0 vor 15.000 Zuschauern unter Flutlicht im Stadion der Freundschaft. Und doch eine bemerkenswerte Begegnung. Denn aus dieser Cottbusser Elf hätte kein einziger auf dem Rasen antreten können, wenn alle Ausländer hätten Deutschland verlassen müssen.

Im Tor stand der Bosnier Tomislav Piplica. Vorne bemühten sich der Brasilianer Franklin und der Kroate Antun Labak vergeblich um Treffer. Und dazwischen ließen acht weitere Ausländer den Ball laufen: die Bosnier Bruno Akrapović und Faruk Hujdurović, die Ungarn János Mátyus und Vasile Miriuţă, der Pole Andrzej Kobylański, der Rumäne Laurenţiu Reghecampf, der Albaner Rudi Vata sowie Moussa Latoundji aus Benin. Gegen Ende des Spiels wechselte Trainer Ede Geyer noch einen Polen, einen Schweden und einen Rumänen ein. Es war das erste und bisher einzige Mal in 50 Jahren Bundesliga, dass in einer Mannschaft kein Deutscher zum Einsatz kam. Ersatz-Torwart Thomas Köhler erinnerte sich später: »Wir waren natürlich eine Zweckgemeinschaft. Aber es hat gepasst. Schließlich konnten wir drei Jahre die erste Liga halten.« Alle Ausländer hätten Deutsch gelernt – und sich sogar in den Verträgen dazu verpflichtet, zweimal pro Woche zum Sprachkurs zu gehen. Am Ende reichte es für die internationale Cottbus-Truppe auch 2001 zum Klassenerhalt.

Im Fußball, so scheint es, hat sich Deutschland mit seinen Ausländern angefreundet, mehr als in vielen anderen Gesellschaftsbereichen. Diesen Eindruck vermittelt jedenfalls der Türke Erdal Keser, der in den 80er-Jahren für Borussia Dortmund stürmte und heute für den türkischen Fußballverband europaweit auf Talentsuche geht. »Bei Auswärtsspielen hat noch das ganze Stadion ›Ausländer raus‹ gerufen«, erzählt er aus seiner aktiven Zeit. »Das war ganz normal, niemand hat sich daran gestört.« Heute allerdings sei es anders, konstatiert Keser zufrieden. »Hass und Rassismus sind in den deutschen Stadien nicht mehr zu erkennen.« Der Deutsche Fußball-Bund habe dazu viel beigetragen. Zweifellos auch ein Verdienst von Theo Zwanziger.

Deutschland ohne Kultur

Schon fünf Monate vor dem Sommer war das riesige Open-Air-Festival Rock am Ring ausverkauft. Und jetzt das: Die Bühne ist leer. Die Stars haben abgesagt. Metallica, Linkin Park, Billy Talent – alles Ausländer. Und viele der anderen 25 Bands ebenfalls.

Die ganze Konzertsaison ist ein Desaster. Superstars aus den USA und England, die schon seit Wochen plakatiert wurden – sie machen neuerdings einen großen Bogen um Deutschland. Katerstimmung auch bei den Bayreuther Festspielen. Stardirigenten aus Lettland, Österreich und Italien, die fest eingeplant waren, haben abgesagt. Ein Großteil der Inszenierungen muss ausfallen.

Kultur ist von jeher der Austausch mit dem Fremden gewesen, die Neugier auf das Andere, Unerwartete. Ohne Ausländer im Land würde die deutsche Kulturszene verarmen und Ausländer auf Welttournee würden es sich sehr genau überlegen, ob sie ausgerechnet die Bundesrepublik mit Auftritten beehren. Betroffen wären alle Sparten – die Popmusik wie die klassische Musik, die Oper wie das Theater, der Film und das Ballett, die Literatur und die bildende Kunst. Gerade in einer Gesellschaft, die anfällig ist für vereinfachende Ideologien, kann Kultur sinnstiftend wirken und die auseinanderdriftenden Teile zusammenhalten. Wenn sie es denn soll. Wo kritische, aufmüpfige Künstler nicht gefragt sind, wo ausländische Künstler ganz verschwinden müssen, da verblasst Kultur zum nationalen Kitsch. Eine Kulturszene in den engen Grenzen des Deutschen wird unproduktiv, unwichtig, verliert ihre gesellschaftliche Funktion.

Neben dem inhaltlichen Bedeutungsverlust ist es aber auch schlicht der Verlust an herausragenden Künstlern, der Deutschland verarmen ließe. In allen Bereichen von Kunst und Kultur prägen nicht nur deutsche Staatsbürger die Szene der Bundesrepublik, sondern auch etliche Ausländer. Viele von ihnen begreifen sich als Weltbürger. Bundestagsvizepräsident Wolfgang Thierse, der sich als Kulturpolitiker einen Namen gemacht hat, bringt es auf den Punkt. »Es wäre ein schwerer Verlust für die gesamte Kulturlandschaft, insbesondere aber für die Theater und Orchester, wo wir von großartigen Talenten aus dem Ausland profitieren«, kommentiert der Politiker das Szenario »Deutschland ohne Ausländer«.

Wichtige Opernhäuser, bedeutende Orchester stünden ohne ihre Köpfe da. Deutschland ohne Ausländer – das wäre ein Land ohne den Intendanten der Bayerischen Staatsoper, Klaus Bachler, ohne den Generalmusikdirektor des Bayerischen Staatsorchesters, Kent Nagano (ab 2013 Kirill Petrenko), ohne den Chefdirigenten an der Dresdner Staatsoper, Fabio Luisi, ohne Donald Runnicles am Dirigentenpult der Berliner Staatsoper, ohne Daniel Barenboim an der Oper Unter den Linden, ohne Simone Young als Generalmusikdirektorin an der Hamburger Staatsoper – um einige wichtige aktuelle Namen zu nennen. Insgesamt 2700 Musiker und Dirigenten ohne deutschen Pass arbeiten hierzulande, das sind 14,8 Prozent der Beschäftigten in diesem Bereich – und diese Zahl umfasst lediglich die Festangestellten.

In anderen Gattungen von Kunst und Kultur sieht es kaum anders aus. Das beschränkt sich keineswegs auf die klassische Hochkultur. Für diese Feststellung genügt ein Blick in das Programm von Europas größtem Zirkus, dem in München ansässigen Circus Krone. Dort sehen die Zuschauer neben einigen wenigen Nummern von Deutschen Trapezkünstler aus den USA, Argentinien und Brasilien, Löwen- und Nashornbändiger aus Großbritannien, französischen Clowns und Elefantendompteuren, russische Jongleure, chinesische Bungeespringer, einen kolumbianischen Artisten und eine eidgenössische Seelöwen-Nummer. In dieser Vielfalt zeigt nicht nur der Circus Krone: Kultur kennt keine Grenzen.

Bisher ist nirgends veröffentlicht worden, wie viele ausländische Künstler in Deutschland tätig sind – und in unserem Szenario das

Land verlassen müssten. Die wichtigen Kulturstatistiken, etwa von Deutschem Bühnenverein, Museumsverband und Deutschem Bibliothekenverband, schlüsseln ihre Zahlen nicht nach Staatsangehörigkeit auf. Bernd Wagner, der wissenschaftliche Leiter des Instituts für Kulturpolitik und stellvertretende Geschäftsführer der Kulturpolitischen Gesellschaft, hat für dieses Buch Daten ermittelt. Die oben genannte Zahl der Musiker stammt ebenso wie die folgenden Zahlen aus seinen Berechnungen, denen er Angaben der Bundesagentur für Arbeit, des Statistischen Bundesamtes, der Künstlersozialkasse und des Hamburgischen Weltwirtschaftsinstituts zugrunde gelegt hat.

Wir treffen den promovierten Erziehungs- und Sozialwissenschaftler Wagner inmitten seiner Bibliothek, in der kein Titel zur Kulturpolitik und zur Integrationsdebatte der vergangenen zwei Jahrzehnte zu fehlen scheint. Er selbst hat einiges dazu beigetragen – als Publizist, der beispielsweise alljährlich das *Jahrbuch für Kulturpolitik* herausgibt. Zugleich berät er die Politik in Bund, Ländern und Kommunen in kulturpolitischen Fragen.

Es sei heute fast unmöglich, im Kunst- und Kulturbereich zu definieren, was »ausländisch« und was »Ausländer« seien, sagt Wagner. Zu sehr lebe Kultur von Grenzüberschreitungen. Das treffe auf das Personal wie auf Programm und Inhalte zu. In den Statistiken, die häufig keine Nationalitäten auswiesen, spiegele sich das wider. Dennoch kann der Kulturforscher Zahlen nennen. Genau 14.566 Ausländer üben einen sozialversicherungspflichtigen Job in einem künstlerischen Beruf in Deutschland aus. Das sind 8,5 Prozent der gut 170.000 Menschen, die in diesen Bereichen feste Stellen haben. Besonders hoch liegt der Ausländeranteil bei Schauspielern und anderen darstellenden Künstlern – die 4527 Menschen ohne deutschen Pass stellen 21,8 Prozent von ihnen. Auch unter Artisten und künstlerischen Hilfsberufen befinden sich viele Ausländer: 2142 Personen von ihnen sind gemeldet, auch das mehr als jeder Fünfte. Daneben arbeiten 1156 Archivare und Bibliothekare, 2302 bildende Künstler und 318 Fotografen ohne deutschen Pass in der Bundesrepublik. Ohne sie wäre die Kulturlandschaft massiv geschwächt.

Dabei zeigen die Zahlen nur einen kleinen Ausschnitt der ausländischen Kulturschaffenden in Deutschland. Wagner kommt auf eine Zahl von mehr als 700.000 In- und Ausländern, die oft als freie Künstler oder Selbstständige mit Kunst und Kultur ihr Geld verdienen. Die 170.000 Festangestellten, die sich statistisch als Deutsche oder Ausländer zuordnen lassen, repräsentieren nur einen kleinen Teil von ihnen.

Um abzuschätzen, welchen Aderlass der Abzug aller ausländischen Beschäftigten für den Kunst- und Kulturbereich wirklich bedeuten würde, müsse man die Zahlen entsprechend hochrechnen, so Wagner. Dabei könne man erfahrungsgemäß davon ausgehen, dass gerade viele ausländische Kulturakteure zu den geringfügig Beschäftigten, den Freiberuflern und Selbstständigen zählten. Mit anderen Worten: Der Ausländeranteil unter den 700.000 Menschen in der gesamten Branche dürfte nach Wagners Einschätzung über jene 8,5 Prozent hinausgehen, die für sozialversicherungspflichtig beschäftigte Kulturschaffende gilt. Nimmt man 10 Prozent an, handelte es sich um rund 70.000 Schauspieler und Musiker, Literaten und Artisten, Maler und Bühnenbildner, die in einem Deutschland ohne Ausländer fehlen würden. Besonders unter den Schauspielern stünden viele nicht mehr für Produktionen zur Verfügung. Hier gehe es um eine bedeutend höhere Zahl als nur diejenigen, die mit Jobs in Deutschland statistisch erfasst seien, führt Wagner aus. Das liege daran, dass eine zunehmende Zahl des künstlerischen Bühnenpersonals nur noch über Stückverträge engagiert und nicht mehr fest an die Theater gebunden werde. »Das trifft besonders auch auf viele Film- und Fernsehdarsteller, Regisseure und Dramaturgen zu.«

Weit weniger lebendig würde auch die Rock- und Popszene. Hier sei der Anteil ausländischer Künstler und solcher mit Migrationsgeschichte besonders hoch, erläutert der Kulturexperte und nennt ein Beispiel: die Popakademie Mannheim, deren Absolventen »mehrheitlich nicht deutschstämmiger Herkunft« seien. Ähnliches sei bei Castingshows wie *Deutschland sucht den Superstar*, *Voice of Germany* oder *Unser Star für Baku* zu beobachten. »Popmusik und Popkultur und ihre Akteure sind heute mehr denn je international, transkulturell und nicht nach einem Pass gleich welcher Art zu unterscheiden«, stellt er fest.

Die Zahlen geben nur einen vagen Eindruck, in welchem Maße das künstlerische Schaffen in Deutschland durch ein solches Ausbluten betroffen wäre. Im Zeitalter der kulturellen Globalisierung seien Grenzen zwischen Innen und Außen, Deutschem und Nichtdeutschem im Kunst- und Kulturbereich überhaupt nicht mehr zu definieren, sagt Wagner. »Das betrifft selbst so scheinbar typische deutsche Genres wie den Heimatfilm, wenn beispielsweise der bekannte deutsch-türkische Schauspieler Erol Sander den Alpenklinikdoktor spielt, der der Großstadt entflieht und die Idylle der Bergwelt sucht.«

Migranten und zeitweilig in Deutschland lebende ausländische Künstler spielen in Deutschland eine prägende Rolle für Popmusik und Comedy, im Privatfernsehen und in der Filmbranche. Bernd Wagner nennt Beispiele: »Xavier Naidoo, Bro'Sis und No Angels, Fatih Akın, Kaya Yanar, Erdoğan Atalay und Erol Sander sind nur einige besonders prominente Künstler mit migrantischen Wurzeln. Sie stehen für eine wachsende Zahl von Kolleginnen und Kollegen, die im audiovisuellen populären Kultursektor Fuß gefasst haben.« Die öffentlich-rechtlichen Sender ziehen mit Unterhaltungssendungen, besonders den Krimis, langsam nach – so streitet neben dem langjährigen Münchner *Tatort*-Kommissar Miroslav Nemec seit 2008 auch Mehmet Kurtuluş als Hamburger *Tatort*-Ermittler um Recht und Ordnung. Erol Sander ermittelt zu besten Sendezeiten als Kommissar in Istanbul.

Die wachsende Bedeutung der Migranten in allen Bereichen zeigt, dass mit einem Exodus der Ausländer auch ein Potenzial für die Zukunft verloren ginge. Selbst wenn viele von den Genannten, weil sie die deutsche Staatsbürgerschaft besitzen, nicht von einer Ausweisung betroffen wären – auf neue Xavier Naidoos, Kaya Yanars und Erol Sanders müsste Deutschland künftig verzichten.

Und wer nimmt nun all diese kulturellen Angebote wahr? Verlören die Konzerte, Theater, Galerien auch einen wichtigen Teil ihres Publikums, wenn die Ausländer weg wären? Darauf gibt es keine eindeutige Antwort, aber Anhaltspunkte. Würden Touristen weiter Deutschlands bedeutende Museen und Festivals besuchen? Um diese Frage wird es noch ausführlich im Kapitel »Deutschland ohne Tourismus« gehen.

Forscher haben ermittelt, wie häufig Migranten Kultureinrichtungen besuchen. Zu beachten ist bei diesen Zahlen, dass mehr als die Hälfte der Menschen mit Migrationshintergrund die deutsche Staatsangehörigkeit besitzt. Die Chefin des Zentrums für Kulturforschung, Susanne Keuchel, und der Mainzer Soziologe Benjamin Weil verweisen auf eine Umfrage bei Leitungen öffentlich getragener Kultureinrichtungen. Diese kommt zu dem Ergebnis, dass der Anteil von Besuchern mit Migrationshintergrund bei den Museen mit 15 Prozent am höchsten liegt, gefolgt von den Bibliotheken mit 11 Prozent und den Theatern und Konzerten mit jeweils 7 Prozent.

Bernd Wagner gibt jedoch zu bedenken, dass diese Studie nicht repräsentativ sei. Nach seiner Einschätzung zählen gerade Stadt- und Stadtteilbibliotheken zu den Kulturorten, die am stärksten von Menschen mit Migrationshintergrund genutzt würden, insbesondere von Kindern und Jugendlichen. Viele Stadtbibliotheken böten Deutschkurse an, Lese- und Vorlesenachmittage für Kinder und Eltern in ihrer Herkunftssprache, Bibliothekseinführungen für Migranten, Lesungen mit Autoren aus Herkunftsländern von Migranten und Diskussionsveranstaltungen zu Themen der Einwanderungsgesellschaft, zählt Wagner auf. »Würden diese Besucher wegfallen, hätten die Bibliotheken einen erheblichen Rückgang an Nutzern zu verzeichnen.«

Ein Exodus der Migranten beträfe auch die freien Kulturveranstalter: Durchschnittlich 13 Prozent Migranten besuchen dort Konzerte, Comedy und Theater oder gehen zu Lesungen. Doch weniger diese Zahlen als ein kulturpolitischer Umbruch in Zeiten einer rechtspopulistischen Regierung würde die kreativen Institutionen gefährden. »Ein Wegfall der interkulturellen und internationalen Programmschwerpunkte und eine Konzentration auf deutsche

Themen würde die meisten soziokulturellen Zentren im Kern ihres Selbstverständnisses treffen und vielfach zur Einstellung ihrer Arbeit führen«, ist Wagner überzeugt. Das treffe selbstverständlich auch auf Stadtteilkulturfeste zu, auf internationale und interkulturelle Musikfestivals, Open-Air-Konzerte und die vielen Spektakel wie die »Parade der Kulturen« in Frankfurt.

Wagner unterstreicht die lange Tradition kultureller Kontakte. »Die bildenden Künste entstanden in einem regen internationalen Austausch«, erzählt er. »Deutsche Künstler von Dürer bis zu den Nazarenern haben lange Zeit in Italien verbracht. Zahlreiche Künstler sind zur Blütezeit der niederländischen Malerei in die Niederlande gefahren. Die wichtigsten Baumeister von Schlössern und kulturellen Gebäuden wie Opernhäusern und Theatern stammten aus den unterschiedlichsten Ländern, waren international vernetzt und bauten dort, wohin sie berufen wurden. Tiepolo wirkte lange in Würzburg, wo er die wunderbaren Deckenmalereien schuf, Canaletto machte Dresden zum Elbflorenz, wie es im 17. und 18. Jahrhundert entstanden ist.« Die Ausländer auszuweisen – das wäre, als hätten frühere deutsche Herrscher einem Tiepolo oder einem Canaletto die Tür gewiesen.

Auch die Geschichte der Musik verlief international. »Händel war ein Deutscher, obwohl er lange Zeit in England lebte, komponierte und musizierte. Die Kapellmeister an den deutschen Höfen im 17. und 18. Jahrhundert stammten vornehmlich aus Italien. Lange Zeit waren zahlreiche französische Musikkünstler, Komponisten wie Musiker, an deutschen Höfen beheimatet«, berichtet Wagner. »Es gab bereits damals einen regelrechten Wettstreit um international renommierte Künstler, die meist nicht nur für eine Saison kamen, sondern häufig als Hofkomponisten oder feste Ensemblemitglieder eine längere Lebenszeit an den jeweiligen ausländischen Höfen verbrachten.«

Das professionelle Theater ist – wie der Fußball – ein Import aus England. Von dort kamen Schauspieltruppen, die im 16. und 17. Jahrhundert in ihrem Heimatland zeitweise einem Auftrittsverbot unterlagen und daher auf den Kontinent und hier speziell nach Deutschland zogen. »Sie spielten hier teilweise in englischer Sprache, versetzt mit deutschen Versatzstücken, aber vor allem viele Burlesken und Stegreifstücke, die ohne viel Sprache funktionierten. Daraus bildete sich die Grundstruktur des ersten professionellen Theaters auf deutschem Boden, während das deutsche Theater zu dieser Zeit vor allem aus geistlichen Spielen und Schultheater von Laien bestand«, berichtet Wagner. »Die italienische Commedia dell'arte mit ihren Truppen prägte einige Jahres später ebenso das Bühnengeschehen in Deutschland wie die französischen Gruppen, die an den Höfen oder in den Städten auftraten«, fügt er hinzu. »Durch Vermischung mit deutschen Schauspielern, die sie herangezogen hatten, entstanden dann die ersten festen Kompanien, die das Privileg bekamen, regelmäßig für eine festgelegte Zeit an Höfen und in Städten zu spielen.«

So unverbrüchlich gehört das Internationale zur Kultur, dass selbst in der Zeit des Nationalsozialismus, als Fremdenfeindlichkeit zur Staatsdoktrin geworden war, ausländische Kultur gepflegt wurde. Hier habe es zwar eine »versuchte Korrektur«, aber entgegen der allgemeinen Vorstellung »keinen radikalen Bruch« gegeben, weiß Wagner. »Das nationale Element spielte de facto eine geringere Rolle als gemeinhin angenommen wird, was besonders im Bereich der Unterhaltungskultur deutlich ist. Bis 1940 standen beispielsweise in den größeren Städten regelmäßig Hollywood-Filme auf dem Programm und – trotz der Einwände der völkischen Kultur- und Rassepropagandisten – sendeten die Rundfunkanstalten auch US-amerikanische Swing- und Jazz-Musik.«

Die Spielpläne heutiger Bühnen spiegeln deutlich die Tradition des Austauschs über Ländergrenzen wider. Die Werkstatistik des Deutschen Bühnenvereins zeigt, wie dünn das Programm wäre, wenn alle »Ausländer« von den Spielplänen verbannt würden: Dann hätten von den Top 10 in der Schauspielspielzeit 2009/2010 nur sechs Stücke deutscher Klassiker aufgeführt werden können. Vier wären herausgeflogen, drei Werke von Briten und das einer französischen Autorin. Goethes *Faust* stand an der Spitze der Besucherzahlen, gefolgt von Shakespeares *Romeo und Julia* und Schillers *Don Carlos.* Dann folgten *Die 39 Stufen* von Barlow nach Buchan/Hitchcock, Lessings *Nathan der Weise* und Shakespeares *Hamlet* sowie Stücke von Yasemin Reza und dreimal Schiller.

Noch krasser zeigten sich die Auswirkungen an den Opernhäusern. Dort schafft es nur Humperdincks *Hänsel und Gretel* (Platz 3) unter die ersten zehn – denn die Komponisten der beliebtesten Opern heißen Mozart, Bizet, Verdi, Puccini und Rossini: drei Italiener, ein Franzose und ein Salzburger.

Religionen ohne Ausländer

»Deutschland deportiert wieder Juden«, titelt die internationale Presse. Das Ausland ist ohnehin entsetzt über die Ausweisung der Ausländer. Aber bei keiner Gruppe ist die Erschütterung auf der Welt so groß wie bei den Juden, die erst vor wenigen Jahren als »Kontingentflüchtlinge« nach Deutschland gezogen sind und jetzt nach Russland oder in die Ukraine zurückgehen sollen. In München und Frankfurt demonstrieren Betroffene mit Unterstützern. Die Bilder gehen um die Welt. »Wir dachten, Deutschland habe sich geändert. Wir haben uns bitter getäuscht. Deutschland ist kein Land, in dem Juden jemals wieder sicher leben können«, sagt ein Sprecher der Jüdischen Gemeinde. Bundesweit gibt es Solidaritätsaktionen entsetzter Deutscher. Bei einer Großveranstaltung in Berlin schließen sich Zehntausende Muslime und Christen mit den Juden zusammen, um ein Ende der Abschiebungspolitik zu fordern. Doch viele Juden sind schon fluchtartig weggegangen – und keineswegs nur die Ausländer. Auch Zehntausende Deutsche suchen Zuflucht in der Ferne.

Für die jüdischen Gemeinden hätte die Ausweisung der Ausländer verheerende Auswirkungen. Nicht nur, weil eine Vielzahl von jüdischen Migranten in den vergangenen Jahren aus Russland, der Ukraine und anderen Staaten Osteuropas nach Deutschland gekommen ist und keine deutsche Staatsbürgerschaft besitzt. Sondern vor allem, weil das Trauma der Ausgrenzung und Verfolgung einer ganzen Bevölkerungsgruppe, das die Juden mehrfach in ihrer Geschichte erlitten haben, wieder aufkeimen würde. Auch bei den deutschen Juden.

Verglichen mit beispielsweise den Muslimen oder den Christen, die in Deutschland leben, geht es bei ihnen um viel kleinere Zahlen – aber schon diese Aussage verweist auf den dramatischen historischen Hintergrund. Denn die Vertreibung und Vernichtung der Juden in Nazi-Deutschland ist der wichtigste Grund dafür, dass relativ wenige Juden in der Bundesrepublik leben. Schätzungen gehen von gut 200.000 Juden in Deutschland aus, von denen etwa 105.000 den Gemeinden unter dem Dach des Zentralrats der Juden angehören. Nur die wenigsten von ihnen sind schon in Nachkriegsdeutschland hier gewesen. Ein Großteil zählt zu den jüdischen »Kontingentflüchtlingen« aus Ländern der früheren Sowjetunion, die von 1991 bis 2005 nach Deutschland kamen.

Viele der osteuropäischen Emigranten aus Russland oder der Ukraine haben sich in den vergangenen Jahren einbürgern lassen. Andere sind Ausländer geblieben – was in unserem Szenario entsprechende Konsequenzen hätte. Doch niemand weiß genau, wie viele der Juden in Deutschland keine deutsche Staatsangehörigkeit besitzen. Es dürfte ungefähr die Hälfte sein, also 100.000 Menschen, schätzt ein Forscher, der sich intensiv mit dieser Bevölkerungsgruppe beschäftigt hat und selbst ein jüdischer Einwanderer aus der Ukraine ist. Dmitrij Belkin ist wissenschaftlicher Mitarbeiter des Fritz Bauer Instituts in Frankfurt am Main und hat als Kurator des dortigen Jüdischen Museums vor einigen Jahren eine Ausstellung über die jüdischen Emigranten aus Osteuropa verantwortet. Sie trug einen Titel, der auch über unserem Buch stehen könnte: »Ausgerechnet Deutschland«.

Es wäre ein Schock für die Juden, wenn die Ausländer aus der Bundesrepublik vertrieben würden. Die erneute Deportation von Juden aus Deutschland würde, unabhängig davon, ob sie 100.000 Menschen beträfe oder weniger, die Erinnerung an die Schrecken des nationalsozialistischen Deutschland wachrufen. Sehr wahrscheinlich, dass viele fluchtartig das Land verlassen würden.

In einem Deutschland ohne Ausländer wären die Synagogen gespenstisch leer, aber auch viele Moscheen. Nicht anders verhielte es sich in den christlichen Gotteshäusern – jedenfalls in den orthodoxen und katholischen. Viele Kirchen wären sonntags nicht mehr von polnischen oder kroatischen Gottesdienstbesuchern gefüllt, manche müssten geschlossen werden. Ein Deutschland ohne Ausländer wäre ein Land mit deutlich geschwächten Religionsgemeinschaften – auch der katholischen Kirche.

Wolfgang Thierse ist ein engagierter Katholik. Der Berliner SPD-Politiker, sieben Jahre lang Bundestagspräsident und heute Bundestagsvizepräsident, gehört seit vielen Jahren dem Zentralkomitee der deutschen Katholiken an, der bedeutendsten Vertretung der katholischen Laien.

Wie es den Religionsgemeinschaften in Deutschland ohne Ausländer ginge? Schlecht, sagt Thierse uns – und warnt vor Auswirkungen auf die ganze Gesellschaft. »Die religiöse Vielfalt würde freilich sinken und mit ihr vielleicht auch die Notwendigkeit und die Bereitschaft zu religiöser Toleranz – das wäre gefährlich.« Was der erfahrene Politiker und gelernte Kulturwissenschaftler damit meint, erläutert er uns am Beispiel seiner Kirche: »Als weltweite Glaubensgemeinschaft und ältester Global Player der Welt stellt die katholische Kirche seit ihren Anfängen ein Miteinander von Menschen unterschiedlicher Nationen und Kulturen dar. Dies vor Ort, also in der eigenen Gemeinde, erfahren und leben zu können, das hängt von der Anwesenheit von ›Fremden‹ ab: Deshalb: Gerade katholische Christen brauchen sie!« Die »Fremden« möchte Thierse dabei in Anführungszeichen gesetzt sehen – um zu signalisieren, dass gerade im Glauben alle dazugehören und »Fremde« eben nur gesellschaftlich definiert werden.

Für die katholische Kirche wäre ein Wegzug aller Ausländer schon rein quantitativ ein herber Schlag: Im Heimatland von Papst Benedikt XVI. würden ihr rund 1,8 Millionen der insgesamt etwa 25 Millionen Mitglieder verloren gehen. Und ohne Italiener, Kroaten, Polen und andere ausländische Katholiken würde die Kirche damit auch eine ordentliche Summe an Kirchensteuer verlieren.

4,8 Milliarden Euro hat die katholische Kirche im Jahr 2010 von den Gläubigen an Kirchensteuer erhalten. »Die Kirchensteuer ist die wichtigste Einnahmequelle – sie deckt den weitaus größten Teil des Haushalts«, konstatiert die Deutsche Bischofskonferenz. Vorsichtig kalkuliert, würde der Wegfall von gut 7 Prozent der Mitglieder zu einem Einbruch der Kircheneinkünfte um mehr als 300 Millionen Euro im Jahr führen.

Im Gegenzug könnte die Kirche auch bestimmte Leistungen einstellen – etwa die Arbeit der ausländischen Missionen in Deutschland. Dort bieten rund 540 ausländische Seelsorger den gläubigen Migranten Gottesdienste und andere Leistungen. Der Nachteil: Auch Migranten, die in Deutschland bleiben würden, Migranten mit deutschem Pass, die sich bisher im Gottesdienst in polnischer oder portugiesischer Sprache aufgenommen gefühlt haben, würden dieses Angebot verlieren.

Verschwinden würden auch ausländische Priester, die in deutschen Pfarrgemeinden ihren Dienst versehen und oft dringend gebraucht werden. Insbesondere Niederländer, Polen und Kroaten sind in dieser Funktion tätig. Ohne sie gerieten diese Gemeinden in Schwierigkeiten.

Einer, der die religiöse Kultur in Deutschland bestens kennt, ist der Theologe und Soziologe Jürgen Micksch. Er war 13 Jahre lang Ausländerreferent der evangelischen Kirche in Deutschland und wurde vor fast 20 Jahren zum Interkulturellen Beauftragten der Evangelischen Kirche in Hessen und Nassau berufen. Seit 1994 ist Micksch außerdem Vorsitzender des Interkulturellen Rates in Deutschland, für den er die Internationalen Wochen gegen Rassismus ins Leben rief.

Micksch weist auf die gesamteuropäische Bedeutung der etwa 500.000 katholischen Christen aus Italien, 400.000 aus Polen, 200.000 aus Kroatien und jeweils 100.000 aus Spanien sowie Portugal hin: »Sie sind ein lebendiger Ausdruck des Zusammenlebens in Europa, denn genau so selbstverständlich leben und arbeiten auch Deutsche in diesen Ländern«. Ein fremdenfeindliches Deutschland müsste Konsequenzen befürchten, ist er überzeugt: »Eine Ausweisung dieser Ausländer könnte zu Diskriminierungen von Deutschen im Ausland führen und die europaweite Zusammenarbeit beenden, durch die wir seit über 65 Jahre eine bisher nie da gewesene Zeit des Friedens hatten.«

Weniger Probleme als die katholische hätte die evangelische Kirche zu verkraften. Nur etwa eine Viertelmillion Ausländer in Deutschland bekennen sich zu ihr – ein kleiner Prozentsatz der insgesamt rund 25 Millionen Protestanten in der Bundesrepublik. Und dennoch sähe Micksch auch seine eigene Kirche in einer schwierigen Lage: »Evangelische Ausländer kommen vor allem aus skandinavischen Ländern, aus den USA und Afrika«, sagt er. »Ihre Musik, die lebendige Liturgie und das intensive Gemeindeleben würden nicht mehr stattfinden. Ebenso der Austausch mit diesen Kulturen und Traditionen, der für ein kreatives Land in einer globalen Welt unverzichtbar ist.«

Dramatisch wäre die Situation für die orthodoxen Kirchen. Sie würden weitgehend aus Deutschland verschwinden, denn zum überwiegenden Teil sind ihre Mitglieder Ausländer. Die etwa 1,3 Millionen orthodoxen Christen kommen vor allem aus Griechenland, Rumänien, Serbien, aber auch aus Ägypten, Syrien oder Indien. »Ihre Kirchen und Klöster würden nach der Ausweisung dieser Menschen leer stehen«, so Micksch.

Betroffen wären auch Religionen mit weniger Gläubigen in Deutschland. Die etwa 200.000 Buddhisten sind meist aus Vietnam und Thailand zugewandert, die 100.000 Hindus stammen überwiegend aus Sri Lanka und Indien, die Bahais aus Pakistan und die Sikhs aus Indien. Aber nicht nur diese Ausländer würden gehen, ist Micksch überzeugt. Deutsche, die sich diesen religiösen Traditionen widmen wollen, würden ihnen folgen, überzeugte Hindus oder Buddhisten beispielsweise.

Einen harten Einschnitt stellte der Wegzug jedoch insbesondere für die muslimischen Gemeinden dar. Da sie keine Mitgliedslisten führen, kennt niemand die exakte Zahl der Muslime in Deutschland. Klar ist aber: Keine Religionsgruppe in Deutschland würde so viele Menschen verlieren wie sie. Am gründlichsten hat eine Studie des Bundesamtes für Migration und Flüchtlinge im Auftrag der Deutschen Islamkonferenz die Größenordnung erhoben. Danach leben zwischen 3,8 und 4,3 Millionen Muslime in Deutschland. Die Bevölkerungsgruppe der Muslime ist somit größer als nach bisherigen Schätzungen angenommen, die sich zwischen 3,1 und 3,4 Millionen Menschen bewegten.[73]

Zwischen 2,1 und 2,3 Millionen Muslime mit einer ausländischen Staatsangehörigkeit leben in Deutschland. Allein aus der Türkei kommen rund 1,5 Millionen, fast zwei Drittel von ihnen. Die zweitgrößte Gruppe stellen gut 350.000 Menschen aus südosteuropäischen Ländern wie Bosnien, dem Kosovo oder Albanien. Die verbleibenden etwa 350.000 ausländischen Muslime stammen aus Ländern in Afrika oder Asien, beispielsweise aus dem Iran, Irak oder Marokko, so die Angaben des Bundesamtes.[74]

Aber auch das gehört zu den Erkenntnissen der Behörde: Fast die Hälfte der Muslime in der Bundesrepublik besitzt die deutsche Staatsangehörigkeit, nämlich bis zu zwei Millionen Menschen. So dürfte sich eine rechtspopulistische Regierung das nicht vorgestellt haben. Vielfach wenden sich die Rechten mit ihrem »Ausländer raus«-Geschrei eigentlich gegen den Islam in Deutschland. Die generelle Ablehnung von Muslimen, schreiben die Sozialforscher um Wilhelm Heitmeyer, werde »von einem Viertel bis zu einem Drittel der Bevölkerung geteilt«.[75] Heitmeyer folgert: »In der religiösen Sphäre ist das friedliche und vom Ideal der Gleichwertigkeit geprägte Zusammenleben der Menschen unterschiedlichen Glaubens immer noch latent gefährdet. Immer weniger Menschen wollen in Gebieten mit vielen Moslems leben.«[76]

Diese Situation würde sich voraussichtlich noch verschärfen, wenn eine ausländerfeindliche Regierung den Ton angäbe. Doch trotz des erzwungenen Exodus: Eine Vielzahl von islamischen Gläubigen befände sich nach wie vor in Deutschland und etliche Moscheen wären weiter in Betrieb. Davon geht jedenfalls die an der Universität Paderborn lehrende Theologin Hamideh Mohagheghi aus.

Die muslimische Iranerin, 1954 in Teheran geboren, lebt seit Jahrzehnten in Deutschland und engagiert sich stark für den Dialog zwischen den Religionen. Sie hat im Vorbereitungsteam von Katholiken- und Kirchentagen mitgearbeitet, ist Vorstandsvorsitzende der

Muslimischen Akademie in Deutschland und Mitgründerin eines Netzwerks für muslimische Frauen.

Ein Deutschland, das die Ausländer wegschickt, würde zunächst ihr eigenes Leben vollkommen aus der Bahn werfen. »An erster Stelle würde es mich persönlich emotional stark betreffen, weil meine Kinder die deutsche Staatsbürgerschaft haben und ich nicht«, sagt die Theologin. Eine Trennung von ihren Kindern? Das kann sie sich auf keinen Fall vorstellen, ebenso wie Konsequenzen jenseits des Familiären. »Nach 34 Jahren Leben in Deutschland habe ich liebe Freunde und Menschen, die ich mag und mit denen gerne lebe und arbeite. Für mich wäre es eine untragbare Situation, dieses Leben nicht mehr haben zu dürfen.«

Und trotzdem: Islamische Gemeinden würde es auch ohne Ausländer in Deutschland geben, ist sich Hamideh Mohagheghi sicher. »Eine Moschee kann auch von einzelnen Menschen für das Verrichten des Gebetes genutzt werden«, erläutert sie. »Die Muslime geben sehr ungern Gebetsorte und Moscheen auf und werden sich dafür einsetzen, dass sie weiter bestehen, auch wenn sie nicht von vielen Menschen genutzt werden.«

In ihrer Analyse macht die Iranerin aus Deutschland einen Unterschied aus zwischen gläubigen Muslimen, die sich eng mit der »großen Gemeinschaft« der Muslime verbunden fühlen, und jenen, die »als ›normale‹ Bürger« ohne enge Bindung an ihre Religion leben. Vor allem die erste Gruppe würde sich »einsam fühlen«, wenn so viele Glaubensbrüder und -schwestern fehlen würden, ist die Theologin überzeugt.

Von den deutschen Muslimen würden die meisten bleiben, meint Mohagheghi. »Wenn sie nicht müssen, würde ich auf 20 Prozent schätzen, die gehen würden. Die Mehrheit sieht Deutschland als Ort, an dem sie leben wollen oder müssen, weil die Familie hier ist und weil hier der Ort ist, wo man arbeitet und den Lebensunterhalt verdient.«

Klar sei aber auch, dass sich manche darin bestätigt fühlen würden, dass es in Deutschland rechtsextremistische Tendenzen gebe, fügt sie hinzu. Nicht ganz zu Unrecht, wie auch Jürgen Micksch betont. »Muslimfeindlichkeit ist momentan die am meisten verbreitete Form von Rassismus. Sie findet sich bis in die Mitte der Gesellschaft.« Der Vorsitzende des Interkulturellen Rates sieht den Erfolg des muslimfeindlichen Buches von Thilo Sarrazin (*Deutschland schafft sich ab*) ebenso als Beleg dafür wie antimuslimische Blogs mit gewaltbereiten Aussagen im Internet und »Hetze gegen Muslime« von rechtsextremen Parteien.

»Es gibt auch heute gewaltbereite Rassisten.« Ihr Motto laute »Ausländer raus«, aber gemeint sei damit oft nicht die Staatsbürgerschaft. »Sie denken dabei vor allem an Juden, Roma, Schwarze und Muslime«, erklärt Micksch und fügt hinzu: »Dieser Rassismus ist eine Gefahr für Deutschland und Europa.«

Kriminalität ohne Ausländer

Hört und liest man nicht immer so viel über Ausländerkriminalität? Von gewalttätigen Jugendbanden, Räubergruppen, Drogendealern und Ehrenmördern? Zumindest wer die *Bild-Zeitung* liest, muss glauben, dass Ausländer eine Bedrohung für die innere Sicherheit darstellen und dass es in Deutschland sicherer wäre, wenn es hierzulande keine Ausländer gäbe. »Das verschweigt uns die Statistik«, titelt das Boulevardblatt etwa im Juni 2009. Verspricht die »Wahrheit über die Ausländer-Kriminalität« und präsentiert »die ungeschminkten Fakten hinter der Begriffs-Kosmetik«: Mehr als jeder fünfte von der Polizei ermittelte Täter (22 Prozent) besitze »nicht die deutsche Staatsangehörigkeit«. Die Quote der »nichtdeutschen Tatverdächtigen« betrage 19,4 Prozent, meldet *Bild* und setzt ein Ausrufezeichen dahinter. Dann listet das Blatt die »Ausländer-Kriminalität nach Deliktgruppen« auf und kommentiert: »Alarmierende Zahlen, wenn man bedenkt, dass der Ausländeranteil an der Gesamtbevölkerung nur 8,8 Prozent beträgt!« Welche Nationalitäten angeblich besonders gefährlich seien, wird den Lesern der Boulevardzeitung auch gleich erklärt: Türken, Polen, Serben Italiener, Russen, Griechen und Rumänen. »Vor allem jugendliche Intensivtäter stammen immer öfter aus Ausländerfamilien«, behauptet *Bild* fettgedruckt. In Berlin sei zum Beispiel nur jeder fünfte »Nachwuchs-Verbrecher« Deutscher.

Ein Artikel in Deutschlands auflagenstärkster Zeitung, gespickt mit Zahlen und Verweisen auf Statistiken – aber stimmt das Bild vom kriminellen Ausländer wirklich mit den wissenschaftlichen Erhebungen überein? Wir wollten das genauer wissen und haben Professor Dieter Rössner vom Institut für Kriminalwissenschaften an der Philipps-Universität Marburg dazu befragt. Seine Antwort: Die nackten Zahlen zur Kriminalität der Ausländer – definiert als

Nichtdeutsche – suggerieren tatsächlich eine eindeutige Beantwortung der Frage, ob es sich ohne Ausländer in Deutschland besser, das heißt vor allem sicherer lebte: Von den in der Polizeilichen Kriminalstatistik (PKS) 2010 ausgewiesenen rund 2,15 Millionen Tatverdächtigen insgesamt war fast eine halbe Million Nichtdeutsche. Die kurze Schlussfolgerung aus dieser Statistik könnte in Stammtisch-Logik lauten: Ohne Ausländer, deren Bevölkerungsanteil etwa 9 Prozent beträgt, ginge die Kriminalität in Deutschland schlagartig um ein knappes Viertel zurück. Stimmt es also doch, was viele denken? Dass Ausländer unsere Sicherheit gefährden? Alles potenzielle Gewalttäter, Terroristen gar?

Wer das wirklich glaubt, sollte auch die reale Existenz des Weihnachtsmannes wieder in sein Weltbild mit aufnehmen und könnte auch getrost die Erde wieder als große Scheibe denken mit dem Sternenhimmel als Käseglocke. Die genaue statistische Analyse zeige nämlich ein ganz anderes Bild, erklärt uns Kriminalwissenschaftler Rössner: Etwa 20 Prozent der von Ausländern begangenen Straftaten bedrohten niemanden. Es sind sogenannte ausländerspezifische opferlose Straftaten ohne Bedrohungspotenzial wie zum Beispiel Verstöße gegen formale Anforderungen des Ausländerrechts, deren Abzug zu einem Kriminalitätsanteil von nur noch 18 Prozent führt.

Berücksichtigt man weiter, dass besonders viele Männer, Jüngere und sozial benachteiligte Großstädter unter den in Deutschland lebenden Ausländern sind und diese Gruppen durchschnittlich generell höher belastet sind im Vergleich zur durchschnittlichen deutschen Wohnbevölkerung, wird der relative Anteil nochmals um mindestens die Hälfte reduziert, sodass – bezogen auf die Bevölkerungszusammensetzung der Nichtdeutschen nur noch 9 Prozent Kriminalitätsanteil auszumachen sind, erklärt Rössner. »Diese Quote entspricht dann schlicht dem Bevölkerungsanteil und gibt keinen Hinweis auf eine spezifische Kriminalitätsgefahr durch die in Deutschland lebende nichtdeutsche Bevölkerung.« Nun sei aber weiter zu berücksichtigen, so der Wissenschaftler, dass die Polizeiliche Kriminalstatistik bei der Erfassung von Straftaten durch

Nichtdeutsche keinen Unterschied zwischen der nichtdeutschen Wohnbevölkerung und kriminellen Touristen, Grenzpendlern, Durchreisenden, Stationierten und Illegalen macht. Aus diesem erheblichen Verzerrungsgrund enthalte die Statistik seit einigen Jahren keine Einschätzung zur »Ausländerkriminalität« mehr. »In jedem Fall ist diese ›importierte‹ Ausländerkriminalität den hier lebenden Nichtdeutschen genauso fremd wie den Deutschen und kann ihnen nicht angelastet werden«, erklärt Rössner. Als nicht zu übersehender Belastungsfaktor der nichtdeutschen Kriminalität gelte, dass der Anteil von nichtdeutschen Straftätern im Strafvollzug mit entsprechend schweren und wiederholten Delikten bei über 20 Prozent liege. Es gäbe also eine Reihe schwerer Jungs, die Deutschland verlassen müssten, wenn keine Ausländer mehr hier leben würden.

Nachdem wir nun etwas genauer wissen, was bei der Kriminalität in Deutschland wegfallen könnte ohne Ausländer, lassen sich die unerwarteten – meist nicht positiven – Konsequenzen abschätzen und auf einige zentrale Thesen bringen: Als erstes müssten wir laut Kriminalwissenschaftler Rössner die Illusion einer besseren deutschen Gesellschaft mit deutlich weniger Kriminalität und weniger Kriminalitätsopfern aufgeben, die nach Umfragen viele Deutsche mit einer ausländerfreien Gesellschaft verbinden. »Wir müssten schnell erkennen, dass die Kriminalitätsbelastung der Mitbürger bezogen auf die kriminalitätsrelevanten Persönlichkeitsmerkmale sich wenig von der der vergleichbaren Fremden unterscheidet«, so Rössner. »Kriminalität ist ubiquitär und hat wenig mit der Nationalität der Menschen zu tun.«

Der Experte weist auf einen weiteren wichtigen Punkt hin: Der Wegfall aller in Deutschland lebenden Nichtdeutschen würde sich selbstverständlich nicht nur bei den Tätern bemerkbar machen, sondern auch bei den potenziellen Opfern. Der Ausländerkriminalität entspricht ein ebenfalls recht hoher Anteil an ausländischen Opfern. Wenn ein ausländisches Opfer fehlt, könnte es in austauschbaren Fällen einen Deutschen Treffen; besonders deutlich zeichnet sich diese Gefahr bei der Vorurteilskriminalität ab, die von entsprechend eingestellten Tätern auf andere Außenseiter mit bestimmten ihnen missliebigen Eigenschaften gelenkt werden könnte, wie zum Beispiel auf Obdachlose und Behinderte. Rössner meint: Wenn Polizei und Justiz genauso gut aufgestellt und ausgestattet wären wie heute, würden sie vor allem das Dunkelfeld aufhellen – auf eine erfasste Straftat kommen im Schnitt zwei bis fünf, die bisher nicht entdeckt wurden. Zumindest statistisch gesehen würde sich kaum ein Unterschied im Bild der erfassten Kriminalität durch die PKS ergeben. Sie bildet nämlich vor allem die Arbeitsweise und Kapazität der Strafverfolgungsorgane ab.

Mit der Ausweisung der in Deutschland lebenden Ausländer wäre das eigentliche Problem nichtdeutscher Kriminalität, die Deutsche und hier wohnende Ausländer in gleicher Weise trifft, überhaupt nicht gelöst: nämlich das Problem der gefährlichen »Importkriminalität« meist illegal einreisender oder sich vorübergehend aufhaltender nichtdeutscher »Kriminalitätstouristen«, die Serientaten in organisierter Form begehen. Meist von außen organisiert, werden extremistische oder religiös fundamentalistische Konflikte auf deutsches Terrain exportiert und mit terroristischen Methoden und schweren Straftaten ausgetragen. Abgelehnte und dann untergetauchte Asylbewerber versuchen, sich mit Straftaten durchzuschlagen. »Diese internationalen Bedrohungen haben nichts mit einer nationalen Ausländerpolitik zu tun und können nur international bewältigt werden«, so Rössner.

Am Ende bleibt also die wissenschaftliche Erkenntnis: Die Ausweisung von Ausländern aus der Wohnbevölkerung in Deutschland würde das Kriminalitätsproblem in Deutschland nicht lösen. »Das geht nur – mit oder ohne Ausländer – über die schwierige Beeinflussung der allgemeinen Ursachen der Kriminalität in der defizitiären Sozialisation von Kindern und Jugendlichen, der besseren Chance in Ausbildung und Wohnsituation, der Hilfe für Gefährdete und Maßnahmen der Resozialisierung möglichst am Anfang von kriminellen Entwicklungen«, gibt der Experte zu bedenken. Eine solche Kriminalprävention müsse auf bessere Entwicklungsbedingungen für Menschen zielen: Deutsche wie Ausländer. »Eine kriminalitätsfreie Gesellschaft gibt es in der Realität nicht«, erklärt Rössner. »Sie ist und bleibt Utopie.« Der Kriminalwissenschaftler steht mit dieser Analyse nicht allein. Ganz ähnlich beurteilt etwa die Bundeszentrale für politische Bildung das Thema. Die Behauptung, Ausländer seien um ein Vielfaches krimineller als Deutsche, gehöre zum Repertoire rechtsradikaler Propaganda, schreibt sie. Aber auch einige konservative Politiker, die damit die Forderung nach geschlossenen Grenzen untermauern, benutzten das Zerrbild. Solchen simplen Behauptungen stehe aber eine vielfältigere Wirklichkeit gegenüber. Grundtatsache sei, dass integrierte Ausländer in Deutschland – und sie bilden die überwältigende Mehrheit – nicht öfter mit dem Gesetz in Konflikt kämen als Deutsche, so die Bundeszentrale. Jugendkriminalität sei, bei Ausländern wie bei Deutschen, nicht zuletzt eine Folge der Bildungsmisere.

Wohnen ohne Ausländer

An dem Tag, an dem die Ausländer verschwinden, verliert Berlin 472.000 Menschen. Allein aus Kreuzberg geht jeder dritte Einwohner weg – rund 46.000 Personen. Neukölln wird um rund 70.000 Menschen ärmer, der Bezirk Mitte mit seinen Unterbezirken Tiergarten und Wedding um rund 90.000 Einwohner. Diese Bezirke werden schnell zu Geisterstädten herunterkommen – mit massenhaft leer stehenden Wohnungen, geschlossenen Geschäften, verlassenen Straßenzügen. Mitten in Deutschlands Hauptstadt prägen plötzlich geschlossene Läden und ungenutzte Mietshäuser das Bild.

Um zu begreifen, was in unseren Städten, Wohnvierteln und Nachbarschaften passieren würde, wenn sieben Millionen Ausländer plötzlich weg wären, müssen wir uns zunächst einige Gedanken über die soziale Funktion unserer Städte machen. Was passiert dort zwischen den Menschen? Wie verändern die Städte unsere Sichtweise auf andere? Wie verändert sich die Stadt selbst? Die Stadt ist seit jeher Schauplatz des Zusammenlebens und der Integration verschiedenster Menschen. Hier begegnen sich die gesellschaftlichen Gruppen, Kulturen und Ethnien. Soziologen bezeichnen die Stadt deshalb als auch »Integrationsmaschine«.

Die urbane Lebensweise gelte in der Theorie häufig als Voraussetzung für eine Koexistenz von Fremden im Alltag der Stadt, erläutert der bekannte Soziologe Walter Siebel, der an der Universität Oldenburg forscht. Die Stadt könne definiert werden als ein Ort, an dem Fremde leben. Und der Fremde wiederum sei der Prototyp des Stadtbewohners. Im öffentlichen Raum der Stadt begegnet jeder dem anderen als ein Fremder, erklärt Siebel. Deshalb muss der Städter eine Lebensweise entwickeln, die das Zusammenleben von Fremden auf engem Raum möglich macht. Bereits Anfang des 20. Jahrhunderts habe der Soziologe Georg Simmel diese Lebenseinstellung mit den Begriffen Reserviertheit, Blasiertheit und Gleichgültigkeit umschrieben: Mit Distanz wappne sich der Städter gegen die beunruhigenden Erfahrungen von Fremdheit. Doch diese Lebensweise könne sich nur eine Minderheit in unserer Gesellschaft leisten. Denn um sich diese Gleichgültigkeit gegenüber anderen erlauben zu können, dürfe der Städter nicht auf andere in irgendeiner Weise angewiesen sein, meint Siebel und fügt hinzu: »Simmels gleichgültiger und damit tendenziell toleranter Großstadtcharakter basiert auf der Annahme ökonomischer Unabhängigkeit. Das aber trifft auf die wenigsten zu, die gegenwärtig in deutschen Städten leben.«[77]

Unter Soziologen gebe es noch eine andere Sichtweise der Stadt, erläutert Siebel: die Stadt als Mosaik kleiner Lebenswelten. In diesem Modell besteht die Leistung der Stadtstruktur darin, bei aufrechterhaltener kultureller Differenz ein Nebeneinanderherleben in der Stadt zu ermöglichen. Die Menschen leben in quasi dörflichen Gemeinschaften, die räumlich voneinander getrennt sind. Segregation, das heißt die Konzentration der verschiedenen Gruppen der Stadtbevölkerung in verschiedenen Räumen der Stadt, entschärft die möglichen Konflikte, indem soziale und kulturelle Distanzen in räumliche Distanzen übersetzt werden. Dieses Modell wurde in den 1920er-Jahren von Wissenschaftlern der sogenannten Chicagoer Schule der Soziologie in empirischen Untersuchungen der Einwanderungsstadt Chicago entwickelt. Dabei stellte sich heraus, dass sich die verschiedenen Gruppen der Stadtbevölkerung nicht gleichmäßig über das Stadtgebiet verteilen, sondern sich in besonderen Quartieren aufteilen: Little Italy, Little Germany, China Town etc. Die kleinen Welten wirken als ein Puffer zwischen dem eingewanderten Individuum und der Aufnahmegesellschaft. Sie bilden ein Biotop in der Fremde, wo der Einwanderer vertraute Gebräuche und Menschen findet, wo seine Sprache verstanden wird. Indem diese kleinen Welten räumliche Distanz zueinander halten, grenzen sie die Konflikte zwischen verschiedenen Gruppen ein. Die Chicagoer Soziologen haben deshalb am Fall ihrer Stadt ein Grundmuster der Integration entwickelt, das sich in allen Einwanderungsgesellschaften finde: Integration durch Segregation. In Deutschland gilt Segregation eher als Integrationshindernis. Wo wohnen Ausländer hier? Und zu welchen Bedingungen?

Nach allen Indikatoren der Wohnqualität wohnen Ausländer im Jahr 2012 schlechter als Deutsche. Sie leben beengter, in älteren und schlechter ausgestatteten Wohnungen, für die sie mehr zahlen müssen als Deutsche, an schlechteren Standorten und mit weniger Sicherheit vor Kündigung. Allerdings hat sich die Ausstattung ihrer Wohnungen weitgehend an die der Deutschen angeglichen. Ebenfalls gestiegen ist die Quote der Ausländer, die im Eigentum wohnen: von 6 Prozent 1995 auf 15,5 Prozent 2002. Aber diese Ausländer bilden Eigentum vorwiegend in den weniger attraktiven Segmenten des Wohnungsmarkts.

Menschen mit Migrationsgeschichte wurden oft als Problemgruppe und weniger als Zielgruppe der Wohnungswirtschaft gesehen. Dabei ist der Wandel der Bewohnerstruktur in Deutschland bis 2012 unübersehbar: Die Deutschen werden insgesamt weniger und älter. Bei insgesamt abnehmenden Einwohnerzahlen steigt bis 2012 der Anteil der Menschen mit Zuwanderungsgeschichte. Denn die Zugewanderten sind durchschnittlich jünger und in ihren Familien kommen deutlich mehr Kinder zur Welt. In Nordrhein-Westfalen leben etwa schon heute rund 4 Millionen Bürger, die deutsche Staatsbürger mit ausländischer Herkunft sind oder die ein Elternteil mit ausländischer Herkunft haben, die als Spätaussiedler nach Deutschland gekommen sind oder die eine ausländische Staatsbürgerschaft besitzen. Fast ein Viertel (23 Prozent) der Menschen zwischen Aachen und Bielefeld weist eine Zuwanderungsgeschichte auf.

Wie Zugewanderte und Einheimische in Deutschland wohnen, das wird vom Deutschen Institut für Wirtschaftsforschung regelmäßig untersucht. Dabei wurde zum Beispiel festgestellt: Von 1988 bis 2002 ist der Anteil der Einheimischen, die in Wohneigentum leben, von 49,3 Prozent auf 53,6 Prozent gestiegen. Im selben Zeitraum hat sich die Eigentumsquote bei den Ausländern aus der Europäischen Union und den westlichen Industrieländern von 23,6 Prozent auf 46,9 Prozent verdoppelt und bei den Menschen aus der Türkei und dem ehemaligen Jugoslawien sogar von 7,4 Prozent auf 22,9 Prozent verdreifacht. Der Abstand beim Wohneigentum ist also deutlich geringer geworden. Gleichzeitig hat sich allerdings die Wohnfläche pro Kopf bei der alteingesessenen Bevölkerung stärker erhöht – von 39,2 auf 46,3 Quadratmeter – als bei den türkischen und jugoslawischen Familien. Hier liegt die Wohnfläche pro Kopf mit 24,4 im Jahr 2002 nach wie vor sehr deutlich unter der Versorgung der deutschen Haushalte. So ist es auch nicht überraschend, dass in Westdeutschland lediglich für 5 Prozent der alteingesessenen Bevölkerung »beengte Wohnverhältnisse« zu verzeichnen sind, während 50 Prozent der türkischen und aus dem ehemaligen Jugoslawien stammenden Familien mit solchen auskommen müssen.

Eine weitere Kennziffer ist die Höhe der Mieten: Die Brutto-Kaltmiete der alteingesessenen Haushalte in Westdeutschland machte im Jahr 2002 25,6 Prozent des durchschnittlichen Haushaltseinkommens aus. Die Brutto-Kaltmiete von türkischen Haushalten lag mit 26,2 Prozent des Haushaltseinkommens nur unwesentlich darüber. Im Jahre 1988 hatte hingegen der Mietanteil am Haushaltsnettoeinkommen in den türkischen Familien noch deutlich unter dem der alteingesessenen Haushalte gelegen. Das Fazit aus diesen Zahlen ist klar: Der Zuwachs bei der Schaffung von Wohneigentum spricht für den Willen der Zugewanderten, auf Dauer hier zu bleiben und sich hier zu integrieren. Die durchschnittliche Wohnfläche pro Person steigt zwar, aber offensichtlich wird diese Entwicklung von der finanziellen Belastung der Haushalte gebremst.

Wie also sähen die Wohnverhältnisse in Deutschland aus, wenn die Ausländer von einem Tag auf den anderen fehlten? Wie würde dies die Immobilienwirtschaft verändern? Wie viele Miet- und Eigentumswohnungen stünden leer? Was bedeutete dies für den Immobilienmarkt, für Preisentwicklungen und Bauprojekte? Wie würden sich bestimmte Stadtviertel oder kommunale Zentren verändern?

Ein Experte, der diese Fragen abschätzen kann, ist Rudolf Ridinger, Vorstandssprecher des Verbandes der Südwestdeutschen Wohnungswirtschaft (VdW südwest). Ridinger beschäftigt sich seit vielen Jahren mit dem Thema Integration, mit Nachbarschaftsfragen und kennt den Immobilienmarkt genau. Er hat für dieses Buch die Auswirkungen unseres Szenarios analysiert – hier seine Expertise:

Die unmittelbare Wirkung nach dem Verschwinden der Ausländer wäre ein drastischer Rückgang der Wohnungsnachfrage, erklärt Ridinger. Um die Größenordnung des Ausfalls abschätzen zu können, sei der Anteil der Ausländerhaushalte an den gesamten privaten Haushalten relevant. Dabei sei zu berücksichtigen, dass diese Haushalte im Schnitt größer als die durchschnittlichen deutschen Haushalte seien. Zudem lebten viele Ausländer in gemischten Haushalten zusammen mit Deutschen. Deshalb geht der Experte von einem Rückgang der Wohnungsnachfrage um rund 3 Millionen aus. Dies entspreche bei einer Gesamtanzahl von rund 40 Millionen Haushalten in Deutschland einem Anteil von 7,5 Prozent.

Ausländische Haushalte seien überwiegend in Verdichtungsräumen in Westdeutschland vertreten, erläutert Ridinger. Dort lägen die Anteile durchschnittlich weit über der 10-Prozent-Marke. Auch innerhalb der Verdichtungsregionen fänden wiederum regionale Konzentrationen in Stadtquartieren statt, was die Auswirkungen des Nachfragerückgangs für diese Quartiere verstärken würde. Bei den Wohnungsmarktsegmenten sei ein besonderer Rückgang bei den Mietwohnungen zu erwarten, da der Anteil der Ausländerhaushalte an den Mieterhaushalten überproportional hoch sei.

Aufgrund der demografischen Entwicklung in Deutschland werde für die nächsten Jahrzehnte ein erheblicher Bevölkerungsrückgang und ab 2025 auch ein Rückgang der Haushaltszahlen prognostiziert, erklärt Ridinger. »Damit würde ein Wegfall der Ausländerhaushalte den ohnehin prognostizierten Rückgang der Wohnungsnachfrage verstärken und damit auch einige Entwicklungen beschleunigen.« Der Wegfall der ausländischen Haushalte würde sich in einem entsprechenden Wohnungsleerstand niederschlagen, meint der Immobilienexperte. »Dieser würde sich allerdings abhängig von der Verfassung der regionalen Märkte in einigen Regionen in einem strukturellen Leerstand und in anderen Regionen eher in einem vorübergehenden Leerstand niederschlagen.« Für die Immobilieneigentümer in den Regionen mit strukturellen Leerständen, vor allem ländlichen Regionen, würde dies unmittelbar zu einem Preisverfall der Immobilien führen. Zudem müssten bei Mietobjekten deren laufende Kosten – ohne entsprechende Einnahmen – vom Eigentümer getragen werden. Dies gehe zu Lasten der Investitionsfähigkeit der Investoren, analysiert der Experte das Szenario. Auch die Refinanzierungsbedingungen würden sich in diesem Zusammenhang für die Investoren verschlechtern. Banken vergäben weniger Kredite oder zu deutlich verschlechterten Konditionen, da viele Beleihungsobjekte im Hinblick auf ihre Werthaltigkeit abgeschrieben werden müssten.

»Damit entstünde ein Teufelskreislauf, der sich auch noch beschleunigen würde«, sagt Ridinger. Für nicht-rentierliche Bestände böten sich zudem keine Verwendungsalternativen. Die Tendenz der regionalen Unterschiede zwischen einerseits höheren Qualitätsstandards für eine einkommensstärkere Bevölkerung und niedrigen Standards für einkommensschwächere Haushalte würde dadurch noch verschärft. Die damit verbundene soziale Abkapselung von Bevölkerungsgruppen (Segregation) nähme zu. Weniger gravierend erscheinen dem Experten zumindest auf den ersten Blick die Auswirkungen in den Ballungsräumen: »Da in diesen Regionen ein Nachfrageüberhang besteht, ist nur in Ausnahmefällen ein struktureller Leerstand zu erwarten.« Allerdings seien auch Mieterwechsel für die Vermieter mit Kosten verbunden. Es kostet Geld, neue Mieter zu finden, und nicht selten muss auch renoviert und investiert werden, um die Wohnungsbestände dauerhaft vermietungsfähig zu halten. »Die Konsequenz wäre, dass auch hier die Investoren eine differenzierte Investitionspolitik in ihren Beständen fahren müssen«, so Ridinger. »Dies hätte einen ähnlichen, wenn auch sicher nicht gleich starken Effekt der stärkeren Differenzierung der Qualitätsstandards.«

Im Allgemeinen würden die Mieten sinken, allerdings sehr ungleich verteilt, meint der Verbandschef. »In den Wohnungsbeständen mit erheblichen Modernisierungsinvestitionen wären gleichwohl Mietsteigerungen zu erwarten.« Zudem stelle sich die Frage, woher die neuen Mieter in den Verdichtungsregionen stammen. Dabei sei die Wahrscheinlichkeit sehr groß, dass ein erheblicher Teil dieser Mieter aus dem regionalen Umfeld der großen Städte komme. Dies würde auch einem seit Jahren zu beobachtenden Trend des wieder stärkeren Zuzugs in die Städte (Landflucht) entsprechen. Durch die neuen Mieter in den Ballungsräumen würde damit die Nachfrage im Umland fehlen. »Deshalb sind noch stärkere Segregationseffekte im Verhältnis zwischen Zentren und Stadtumland zu erwarten«, so der Experte.

Ridingers Fazit: »Der Wegfall der Ausländerhaushalte hätte auf die Wohnungsmärkte einschneidende Folgen, die nicht zuletzt durch den für Deutschland ohnehin prognostizierten Bevölkerungsrückgang verstärkt würden.« In allen Regionen sei – wenn auch in unterschiedlichem Ausmaß und regionaler Abgrenzung – mit einer Zunahme der sogenannten sozialen Segregation zu rechnen. »Das Ergebnis erscheint insofern paradox, als der hohen Konzentration von Ausländern in einigen Städten eine zentrale Ursache für kleinräumige soziale Spannungen zugesprochen wird«, so der Experte. »Der Wegfall der ausländischen Haushalte würde das Problem allerdings nicht lösen, sondern im Hinblick auf eine einkommensorientierte soziale Segregation sogar noch verstärken.« Sprich: Wohlhabende Viertel auf der einen Seite, arme Quartiere auf der anderen.

Gar nicht einfach ist es aus Sicht des Fachmanns, die Auswirkungen auf die Immobilienpreise und die Mieten vorherzusehen. Vor allem bei älteren Mietbeständen seien die Spielräume für Senkungen der Mieten ohnehin gering, da diese Objekte sonst in die wirtschaftliche Verlustzone gerieten. Beim Immobilieneigentum sei vor allem in ländlichen Regionen zu erwarten, dass sich Immobilien auch bei erheblicher »Preiselastizität« nicht mehr veräußern ließen. Dies könne in einigen Regionen bereits heute beobachtet werden.

In Deutschland, so die Überzeugung von Rudolf Ridinger, würden die sozialen Spannungen größer, die Abschottung verschiedener Gruppen von Deutschen gegeneinander stärker. Die Überalterung und die durch Leerstände verursachte Ödnis auf dem Land nähmen drastisch zu. Die Städte würden in ihrer produktiven Entwicklung als Innovationsmotoren und Integrationsmaschinen um Jahrzehnte zurückgeworfen. Die durch Differenzierung der Gesellschaft auftretenden Entfremdungsprozesse zwischen gesellschaftlichen Gruppen blieben bestehen, und vielleicht würden Sie sogar mit steigender Aggressivität zwischen verschiedenen sozialen Gruppen der deutschen Bevölkerung ausgetragen.

Hochschulen ohne Ausländer

Viele Menschen erinnern sich später gern an ihre Studienzeit. Oft hängt das mit dem sozialen Ort zusammen, den die Universitäten bilden. Mit den Kontakten, Freundschaften und Liebesbeziehungen, die dort entstehen. Mit den Beziehungen zwischen Menschen, die auf dem Campus meist fernab ihrer Heimat zusammenkommen. Sie stammen aus unterschiedlichen Familien und Landesteilen. Junge Bayern treffen im Studentenwohnheim auf Norddeutsche. Oder auf gleichaltrige Studenten aus anderen Staaten und Kontinenten. Im universitären Raum lernen sie sich kennen, beeinflussen einander, verändern sich. Es gibt Städte, in denen die Universität einer Insel gleicht, einer vom Stadtleben eher abgeschotteten wissenschaftlichen Parallelwelt mit Hörsälen, Mensen, Campusgelände. Es gibt aber auch kleinere Städte, die von dem universitären Leben weitgehend dominiert werden. Städte wie Tübingen etwa oder Marburg an der Lahn.

Marburg beispielsweise hat nur rund 80.000 Einwohner, einen alten Stadtkern mit vielen Fachwerkhäusern, engen Gassen und mittelalterlichem Kopfsteinpflaster. Im Gegensatz zu größeren Hochschulstädten dreht sich hier fast das gesamte öffentliche Leben um die Universität mit ihren knapp 20.000 Studierenden und 4000 Beschäftigten. Rund 12 Prozent der Studenten kommen aus dem Ausland in das Lahnstädtchen. Für sie ist die überschaubare Stadt mit ihren alten Gemäuern, ihrem nachts stets beleuchteten Schloss, dem malerischen Fluss mit bunten Tretbooten und ihren vielen Studentenkneipen, Waschsalons und Bücherläden das Bild von Deutschland, das sie wieder mit hinaus in die Welt nehmen. Seit der Gründung der Universität vor 500 Jahren bildet das Studentenleben einen festen Bestandteil der Stadt. Heute kann man in den Bibliotheken auch viele ausländische Gaststudenten über Werken von Nietzsche oder Kommentaren zum deutschen Verfassungsrecht brüten und an sonnigen Wochenenden mit Lesestoff am Ufer der Lahn sitzen sehen.

Was geschähe, wenn diese Gruppe weg wäre? Was würde passieren, wenn an den deutschen Universitäten plötzlich alle Ausländer fehlten? Und zwar nicht nur Studenten, sondern auch Professoren, wissenschaftliche Mitarbeiter und Gastdozenten? Was würde dies für die Hochschullandschaft bedeuten? Was für die Wissenschaft in Deutschland, was international? Wie würde sich der Alltag an bestimmten Universitäten verändern?

Ein paar Fakten helfen bei der Beantwortung dieser Fragen: Jedes Jahr beginnen rund 60.000 ausländische Studierende, Doktoranden oder Postgraduierte ein Studium in Deutschland, wie der Deutsche Akademische Austauschdienst (DAAD) gezählt hat. Hinzu kommen Tausende Austauschstudenten, die für kurze Zeit eine Hochschule in Deutschland besuchen. Der Anteil der ausländischen Studierenden an der Gesamtzahl der Studenten in Deutschland liegt bei mehr als 10 Prozent; die meisten von ihnen kommen aus China, Polen, Russland und Frankreich. Viele von ihnen entscheiden sich für die TU Berlin sowie für die Universitäten in Frankfurt am Main und Köln. Die Lieblingsfächer der ausländischen Studenten in Deutschland sind Wirtschaftswissenschaften, Germanistik, Elektrotechnik, Informatik und Musik.

Wären alle Ausländer an deutschen Universitäten plötzlich weg, könnten in den international beliebten Hochschulen in Köln, Berlin und Frankfurt manche Fachbereiche ihren Betrieb nahezu einstellen. Doch auch das verbleibende universitäre Leben würde stark unter dem Mangel leiden: Universitäten sind Orte des geistigen Austauschs – sie leben wissenschaftlich und wirtschaftlich auch von ihrer internationalen Zusammensetzung. »Die Faszination der Universität und ihre Wirkungskraft werden auch in Zukunft maßgeblich davon abhängen, ob es ihr gelingt, die besten Köpfe für sich zu gewinnen und auf Dauer an sich zu binden«, weiß der Deutsche Hochschulverband.

Schon jetzt konkurrieren deutsche Hochschulen weltweit um die besten Köpfe. Ob die dringend gebrauchten hoch qualifizierten ausländischen Wissenschaftler kommen, hängt von den Bedingungen ab, können sie sich ihren Arbeitsplatz doch weltweit aussuchen. Deshalb geht es den Umworbenen bei der Bewertung deutscher Universitäten um den Grad der Unabhängigkeit und der Freiheit, selbstständig in Forschung und Lehre tätig zu sein, um die Qualität der Arbeitsbedingungen, die persönliche Honorierung und die berufliche Sicherheit. Nimmt man diese Kriterien als Maßstab, so habe sich die Wettbewerbsfähigkeit der Universitäten in Deutschland in den letzten Jahren eher verschlechtert als verbessert, stellt der Hochschulverband fest. Die anhaltende Diskussion um die Abwanderung der besten Köpfe ins Ausland (»Brain-Drain«) sowie die vermehrten Anstrengungen, Spitzenwissenschaftler zur Rückkehr nach Deutschland zu bewegen, belegen diesen Trend ebenso wie die geplante Förderung von Eliteuniversitäten. »Nachwuchswissenschaftler sind die personifizierte Zukunft von Wissenschaft und Universität«, so der Verband. Die Qualifikation des wissenschaftlichen Nachwuchses werde wesentlich mitbestimmen, ob und in welchem Umfang Deutschland im weltweiten Vergleich zu den künftigen Wettbewerbsgewinnern gehören werde – oder eben zu den Wettbewerbsverlierern. Deswegen sei der wissenschaftliche Nachwuchs unter wissenschaftlichen und wirtschaftlichen Aspekten »das Saatgut der Republik«, so der Verband.

Doch jedes Jahr verlassen Tausende Nachwuchswissenschaftler Deutschland, um ihre wissenschaftliche Karriere im Ausland voranzutreiben. Egal ob dieser Vorgang ein besorgniserregender »Brain-Drain« oder Teil einer wünschenswerten »Brain-Circulation« ist: Fest steht für den Hochschulverband, dass viele ausländische Hochschulen und Hochschulsysteme schon aufgrund ihrer besseren Finanzausstattung attraktivere Karrierechancen böten und Deutschland zu viele Spitzen-Nachwuchswissenschaftler auf Dauer verliere. Ähnliches gelte für die außeruniversitäre Konkurrenz. Aufgrund hervorragender Verdienst- und Karrieremöglichkeiten in Industrie und Wirtschaft fehle der Universität in vielen Fächern der dringend benötigte hoch qualifizierte wissenschaftliche Nachwuchs. Deutschland sei als Wissenschaftsstandort schon jetzt in Gefahr, zunehmend an Bedeutung zu verlieren, warnt der Verband.

Ein Verschwinden der Ausländer würde diesen Negativ-Prozess dramatisch verstärken: Bei den Studierenden würde sich durch die Ausweisung der Ausländer die Zahl um 11,5 Prozent reduzieren – in konkreten Zahlen etwa 245.000 Studierende weniger. Auch beim wissenschaftlichen und künstlerischen Personal, das an Hochschulen arbeitet, wäre der Verlust deutlich: 9,4 Prozent dieses Personals besitzen eine ausländische Staatsangehörigkeit – es wären also auf einen Schlag rund 26.000 Personen weniger dort tätig. Ausländische Professoren sind in Deutschland eher die Ausnahme als die Regel: Laut *Deutscher Universitätszeitung* haben gerade einmal 6 Prozent von ihnen einen ausländischen Pass. Dennoch würde der Verlust dieser Professoren in der Hochschullandschaft schwer ins Gewicht fallen, weil der internationale Austausch, der Anschluss an die wissenschaftliche Welt verloren ginge. Deutschland ist, wie oben beschrieben, sowieso schon im Rückstand. Mit der Ausweisung der Ausländer verlöre das Land sein international relevantes wissenschaftliches Kapital.

Viele der »internationalen« Professoren kommen aus dem deutschsprachigen Ausland: 22 Prozent stammen aus Österreich, 15 Prozent aus der Schweiz. Es folgen die USA mit 9, Großbritannien und die Niederlande mit je 7 Prozent. Deutlich über dem Schnitt liegen die Kunst- und Musikhochschulen. Sie beschäftigen zu 18,7 Prozent Professoren aus dem Ausland, bei den größeren Universitäten sind es 7,4 Prozent, bei den Technischen Universitäten (TU) 6,6 Prozent und an den Fachhochschulen haben 2 Prozent der Professoren einen ausländischen Pass.

Wenn auf einen Schlag die Ausländer an Deutschlands Hochschulen fehlen würden, würde das Leben dort auf vielfältige Weise verarmen, sagt Matthias Jaroch, Sprecher des Deutschen Hochschulverbandes. Jaroch, Jahrgang 1967, studierte Geschichte, Politik und Germanistik in Bonn. Er wurde in Geschichte promoviert und war bis 2001 als wissenschaftlicher Mitarbeiter beim Editionsprojekt »Akten zur Auswärtigen Politik der Bundesrepublik Deutschland« beschäftigt. Jaroch kennt auch die Welt der Politik: Von 2001 bis 2006 arbeitete er als persönlicher Referent und Büroleiter des Neusser CDU-Bundestagsabgeordneten und heutigen CDU-Generalsekretärs Hermann Gröhe. Jaroch erläutert: »In manchen Seminaren und Hörsälen mag es weniger eng zugehen, doch das zehnprozentige Minus der Studenten würde durch den gleichzeitigen Verlust an Professoren und wissenschaftlichen Mitarbeitern nicht kompensiert. Die allermeisten Veranstaltungen blieben überfüllt. Der Forschungsertrag würde sinken, wissenschaftliche Projekte kämen zum Erliegen und könnten nicht fortgeführt werden. Anstrengungen, die Sichtbarkeit deutscher Forschung durch Programme wie die Exzellenzinitiative zu erhöhen, würden verpuffen. Deutsche Universitäten würden international massiv an Reputation verlieren. Aus der Scientific Community würde sich eine einst große Wissenschaftsnation verabschieden. Der Fachkräftemangel auf dem deutschen Arbeitsmarkt würde sich exponentiell vergrößern. Bald wären die Universitäten auch abgeschnitten von jeglichem internationalen Austausch.«

Jede zweite Hochschule nehme heute an internationalen Marketingprogrammen teil, jede dritte toure im Ausland, jede fünfte unterhalte eigene Auslandsbüros, und an Topstandorten wie in München oder Aachen werde oft auf Englisch gelehrt, gerade in den Naturwissenschaften, führt Jaroch weiter aus. Die Forschung lebt vom Austausch der Ideen. Doch mit dem Verschwinden der Ausländer verlören die Hochschulen auch alle ausländischen Doktoranden. Vor dem Szenario des Weggangs hatten die deutschen Universitäten immer mehr Doktoranden aus dem Ausland angezogen. Innerhalb von zehn Jahren hatte sich die Zahl der Ausländer, die in Deutschland promovieren, verdoppelt: 2009 waren fast 18.000 als Doktoranden eingeschrieben, im Jahr 2000 waren es noch unter 10.000. Im Jahr 2012 kam damit jeder fünfte Doktorand aus dem Ausland. Besonders attraktiv sind nach diesen neuen Zahlen des Hochschulverbands aktuell die Universität Heidelberg sowie die Freie Universität und die Humboldt-Universität in Berlin, die auf Platz zwei und drei der Liste der begehrtesten Hochschulen folgen. Für eine Promotion an deutschen Universitäten interessierten sich besonders Doktoranden aus China und Indien, aber auch aus Russland und Polen. Seit 2005 beendeten jedes Jahr rund 3500 ausländische Wissenschaftler erfolgreich ihre Promotionsvorhaben. Um die gut ausgebildeten Ausländer zu halten, wurden die Gesetze erst vor Kurzem so geändert, dass Studierende nach dem Abschluss leichter bleiben können – früher verloren Hochschulabsolventen nach dem Studium ihr Aufenthaltsrecht.

Die allgegenwärtige geistige Enge nach einer Ausweisung der Ausländer würde einen Exodus unter den besten Köpfen befördern, so Jaroch. »Auch wenn die meisten Professoren einen deutschen Pass haben, sind sie im Laufe ihrer wissenschaftlichen Karriere international mobil gewesen, haben phasenweise im Ausland geforscht oder gelehrt. Wissenschaft lebt vom persönlichen wie vom grenzüberschreitenden Austausch und dem Blick über den eigenen Tellerrand. Ein Land, das sich von der Außenwelt abschottet, wird gerade auch in der Wissenschaft veröden. Für die Studierenden wäre ein solcher Bildungsstandort, der sich nur noch um sich selbst dreht, vollends unattraktiv. Das Leben auf dem Campus benötigt Vielfalt, die ein Deutschland ohne Ausländer ab dem ersten Tag nicht mehr bieten kann.« Wie das Studentenleben dann noch aussähe, fragt sich Jaroch und kann sich nur vorstellen, dass es an den Universitäten »langweilig und fad« wäre mit ausschließlich deutschen Studenten.

Kehren wir noch einmal nach Marburg zurück, der Stadt der Studenten. Schauen wir sie uns einmal ohne ausländische Studenten an. Mehrere Professoren, Mitarbeiter und etwa 2000 Studenten würden fehlen. Etliche Wohnheimzimmer blieben eventuell unbelegt. Partys würden langweiliger. Doch eine Universitätsstadt bliebe Marburg auch bei einem Fehlen der Studenten aus anderen Ländern. Nicht die Quantität würde den Verlust ausmachen. Sondern die Qualität. Denn mit den ausländischen Studierenden und Wissenschaftlern verlöre Marburg alles, was eine Universitätsstadt ausmacht. Internationaler Austausch, Weltoffenheit und kulturelle Vielfalt würden abgelöst durch ein Szenario der Weltabgewandheit, von dem zahlreiche rechtslastige Burschenschaften in dem Städtchen an der Lahn schon lange träumen: einer rein deutschen Universität. Mit deutschen Studenten, die in ihrer ganzen Sozialisation niemals mit einem Menschen aus einem anderen Land konfrontiert wären, die sich nie mit anderen Biografien und Gedanken auseinandersetzen müssten oder könnten. Die aber dennoch zur nächsten Elite des Landes heranwüchsen. Doch es wäre eine Elite, die auf dem Gebiet der Wissenschaft und der Ideen international in keiner Weise mithalten könnte.

»Das wäre die Atombombe für das Bildungssystem«

Interview mit Wassilios E. Fthenakis (Bildungsforscher)

Wenn er durch den Zoll geht, wird Wassilios Emmanuel Fthenakis immer noch kritisch beäugt. Erst bei der Passkontrolle staunen die deutschen Beamten dann: Da geht kein griechischer Wirtschaftsflüchtling über die Grenze, sondern ein international bekannter Wissenschaftler mit fünf Doktortiteln! Auch an der Hotelrezeption hören die Mitarbeiter spätestens beim Blick in den Pass auf, in gebrochenem Deutsch mit dem Gast zu reden, und beginnen, ihn etwas höflicher zu behandeln. Fthenakis ist ein deutscher Pädagoge, Anthropologe, Genetiker und Psychologe griechischer Abstammung. Fthenakis studierte in Griechenland Pädagogik, anschließend Anthropologie und Humangenetik, Molekulargenetik und Psychologie an der Ludwig-Maximilians-Universität München, wo er 1967 zum Dr. rer. nat. promoviert wurde, 1968 ein Diplom in Psychologie erwarb, 1969 zum Dr. phil. promoviert wurde und sich schließlich 1986 im Fach Sozialanthropologie habilitierte. Ab 1975 war er Direktor des Staatsinstituts für Frühpädagogik in München, von 1987 bis 2002 Professor für angewandte Entwicklungspsychologie und Familienforschung an der Universität Augsburg. Der Bildungsforscher lehrt seit 2002 als ordentlicher Professor für Entwicklungspsychologie und Anthropologie an der Freien Universität Bozen. Fthenakis ist Sachverständiger des Bundesverfassungsgerichts in Fragen des Kindschaftsrechts und des Rechts der elterlichen Sorge nach Trennung und Scheidung.

Herr Fthenakis, wenn alle Ausländer ausreisen müssten, was würde das für den Bereich Schule und Bildung bedeuten?

Zunächst einmal würde das einen kurzen ökonomischen Aufschwung verursachen: Es würden die Fluggesellschaften, die Bahnen, alle Transportgesellschaften davon profitieren. Der Exodus aus dem »gelobten« Land würde kurz auch mit angenehmen Effekten einhergehen. Was das Bildungssystem betrifft, würde aber etwas Verheerendes geschehen. Die jüngsten Daten besagen, dass 31 Prozent der Kinder in Deutschland mindestens einen Elternteil mit Migrationshintergrund haben. Insofern müsste man mit einer drastischen Schrumpfung des Systems rechnen – um fast ein Drittel.

Wie würde sich das auswirken?

Das würde sich regional unterschiedlich auswirken, weil auch die geografische Verteilung dieser Menschen unterschiedlich ist. Wir haben jetzt schon zwei Trends im Bildungssystem, die sich gegenseitig verstärken: die demografische Entwicklung und die regionale Verteilung. In Flächenländern wie etwa Niedersachsen, die sehr dünn besiedelt sind, zeigen sich durch den Geburtenrückgang die Probleme des Bildungssystems noch schärfer als in Städten wie München oder Hamburg. Eine Ausweisung der Ausländer würde die Struktur unseres Bildungssystems komplett zusammenbrechen lassen. Nach einem Auszug der Ausländer wäre das System strukturell kaum mehr zu organisieren. Das dreigliedrige Bildungssystem könnte zum Beispiel nicht mehr beibehalten werden.

Was bedeutet das konkret?

In vielen Schulen würden die Schüler fehlen. Und zwar in so großer Zahl, dass ganze Klassen oder ganze Schulen aufgelöst werden müssten. Lehrer müssten entlassen werden. Viele Standorte der Schulen könnten nicht beibehalten werden. Kommunale Probleme und Spannungen würden auftreten. Bürgermeister müssten sich rechtfertigen, warum die Schule nicht mehr in ihrem Ort bleiben kann, sondern in weiter entfernten Orten. Transportwege müssten neu definiert werden. Alles, was um das Bildungssystem herum organisiert ist, würde beginnen zu wackeln. Das wäre so etwas wie ein Erdbeben für diesen Bereich. Die gesamte Schulstruktur müsste neu definiert werden. Familien würden die weiten Wege zur Schule nur schwer mit ihrem Berufsleben in Einklang bringen. Es wäre ein Trümmerhaufen, der ganz neu sortiert werden müsste.

Was würde das langfristig bedeuten?

Noch schlimmer wären die qualitativen Veränderungen, die daraus resultieren würden. Die Menschen mit Migrationshintergrund sind die Hefe im Teig der Gesellschaft. Sie streben nach oben. Sie sind stärker an Bildung interessiert als der Durchschnitt. Sie begreifen Bildung als Mittel zum sozialen Aufstieg. Viele Eltern mit Migrationshintergrund investieren außerordentlich viel in die Bildung ihrer Kinder. Weil sie von dem Gedanken getragen werden: »Meine Kinder sollen es in dieser Gesellschaft besser haben als ich selbst.« Viele investieren das letzte Hemd, um die Bildung und den Aufstieg der Kinder zu fördern.

Wie würde sich die deutsche Gesellschaft entwickeln, wenn diese Menschen fehlen würden?

Wenn eine Homogenisierung der Gesellschaft erfolgt, wenn das fremde Element nicht mehr dabei ist, dann muss sich das Bildungssystem auf die Werte besinnen, die den Nationalstaat bislang getragen haben. Das ist die Stärkung der Muttersprache und der ethnischen Identität. Beides allein ist in einem modern organisierten Bildungssystem in der heutigen Zeit pures Gift. Wenn man die Kinder eines Landes, das vom Export lebt, nur auf die deutsche Muttersprache und auf ihre ethnische Identität fixiert in einer Zeit, in der die Globalisierung von Kommunikation, Wirtschaft, der internationalen Begegnung von Menschen voranschreitet, dann wirft man diese deutschen Kinder in das 19. Jahrhundert zurück. Sie hätten keine Chance, interkulturelle Kompetenz zu entwickeln, und sie wären benachteiligt und chancenlos in der modernen Welt. Deutschland würde mit den Ausländern einen Reichtum verlieren, einen der größten Reichtümer, die das Land derzeit hat: die interkulturelle und bilinguale Vielfalt. Es ist schon jetzt schwer nachvollziehbar, warum dieses Land von diesem Reichtum nicht systematisch Gebrauch macht. Warum es diesen Reichtum ignoriert, ihn eliminiert hat und immer noch Modelle der Bildung in Kraft setzt, die gegen diesen Reichtum gerichtet sind. Ein knappes Viertel der Familien in der Bundesrepublik sind binationale Familien. Wenn man alle Ausländer ausweisen würde, würden diese Familien auseinandergerissen – und zwar in einem Land, in dem die politisch konservativen Kräfte immer für den Schutz der Familie eintreten. Eine solche Politik würde auch in den totalen Widerspruch zu den eigenen Werten geraten. Damit wäre die Familienstruktur in Deutschland zerstört – das wäre ein Atombombenabwurf auf die Familien in Deutschland!

Auch mit ökonomischen Folgekosten?

Der ökonomische Schaden wäre horrend. Die deutsche Wirtschaft könnte ihre Zukunft nicht auf zerstörten Familien aufbauen.

Könnten Sie zum Schluss noch kurz erzählen, wie es Ihnen mit griechischem Namen in Deutschland so erging und ergeht?

Ich bin als Kriegskind auf Kreta aufgewachsen. Ich habe den Zweiten Weltkrieg voll erlebt. Ich bin zum Studium nach Deutschland gekommen und habe dieses Land sehr schätzen gelernt. Deshalb kann ich mir nicht vorstellen, dass solche Szenarien wie in diesem Buch jemals ernsthaft in Erwägung gezogen würden. Aber es ist immer hilfreich, solche Szenarien fiktional zu entwerfen, um das Ausmaß dessen, was geschehen würde, konkret zu beschreiben. Und um den enormen Beitrag deutlich zu machen, den Ausländer zum Wohle dieses Landes geleistet haben und weiter leisten.

Dennoch wünschen sich viele Deutsche weniger Ausländer – manche wollen sie sogar umbringen.

Es erschreckt jeden von uns, dass es Elemente gibt, die immer noch so denken und handeln. Ich bin seit fast 50 Jahren in diesem Land. Eine starke Abneigung gegenüber Ausländern habe ich immer mal wieder entdeckt. Das ist ein starker Ethnozentrismus. Als ich 1963 zum ersten Mal nach München kam, galt ich als Exot. Das war eine positive Diskriminierung, die ich hingenommen habe, weil es etwas Schmeichelhaftes hatte. Dann kamen die Migranten, als erste Gruppe die Italiener. Man schimpfte über sie, nannte sie »Spaghettis«, »Makkaronis«. Dann konzentrierte man sich auf die Türken. Sie waren die Zielscheibe der Fremdenfeindlichkeit, der Xenophobie. Dann rückten die Asylanten, die Russlanddeutschen in den Fokus. Bis hin zu Sarrazin, der nichts anderes zum Ausdruck bringt als einen tief verwurzelten Mechanismus der Angst vor den Fremden und eine damit einhergehende Feindlichkeit. Was ich dem Bildungssystem vorwerfe, ist, dass man sich mit diesen fest verankerten Mechanismen nicht befasst hat. Alle diese Dinge haben in der Regel eine ungeklärte, schwache Identität als Ursache. Wenn das Bildungssystem sich dieses Problem nicht vornimmt, werden wir bald den nächsten schrecklichen Anlass erleben, uns damit zu beschäftigen.

Haben Sie wirklich nur Gutes erfahren in Deutschland?

Ich war kürzlich in Braunschweig in einem gut geführten Hotel. Ich kam um 11 Uhr und der junge Mann an der Rezeption fragte mich, ob mein Name griechisch sei. Dann legte er los. In einer Art und Weise, die ich selten erlebt habe: »Sie faulen Leute! Wir zahlen Ihnen die Schulden!« und so weiter. Er hat mich direkt angegriffen. Ich musste ihn zurechtweisen und ihm sagen, dass ich seit 48 Jahren in der Bundesrepublik Steuern bezahle – von denen möglicherweise jetzt auch die Griechen profitieren. Oder wenn ich durch die Kontrollen am Flughafen gehe – das muss ich fast jeden dritten Tag. Aufgrund meines Aussehens fangen die Beamten oft an, mit mir ein gebrochenes Deutsch zu sprechen. Meine Antwort darauf ist: Sprechen Sie bitte die Sprache, die Sie am besten beherrschen, dann können wir uns gleich verständigen. Die sind dann immer völlig perplex. Aber es stimmt: Ausländisches Aussehen reicht oft schon aus, dass man sehr merkwürdig behandelt wird. Ich drehe die Situation dann um und nehme meine Gesprächspartner humorvoll auf den Arm – aber das traut sich sicher nicht jeder.

III. Die anderen Inländer

Neue Deutsche

Fatma war noch da. Sie ging wie jeden Morgen an den Kiosk, um sich eine türkische und eine deutsche Tageszeitung zu holen. Früher kam es eher selten vor, dass sich die Presse in beiden Ländern für dasselbe Thema interessierte, aber jetzt war es so. Seitenweise druckten alle Zeitungen und Magazine Fotos von Abschieden, von den Staus an den Grenzen, vom Verschwinden der Ausländer und seinen Folgen. Auf den Straßen war es leer, und viele ihrer Freunde sah Fatma nicht mehr. An der Ecke, wo die Straßenbahn fuhr, stand Harinder in seiner Bude und bediente, als sei nichts gewesen. Der Mann aus Madras ließ sich Gefühle selten anmerken. Im Hintergrund lief der Hindi-Kanal im Fernsehen. Da immerhin gab es Liebes-Soaps und keine Berichte aus Deutschland.

Bernd und Mark tranken am Kiosk ihr Morgen-Bier. »Mensch, sind ja doch noch Ausländer da«, riefen sie der schwarzhaarigen Fatma zu. »Ich bin keine Ausländerin«, entgegnete die Studentin ärgerlich. »Ich bin Deutsche wie ihr. Nur dass ich nicht so früh trinke.« Die beiden arbeitslosen Dachdecker winkten ab. »Deutsche? So siehst du aber nicht aus!«

Die Überraschung wird groß sein in Deutschland, wenn die Ausländer gegangen sind. Denn viele, die man für Ausländer gehalten haben mag, sind gar keine. Die Verhältnisse sind längst komplizierter geworden. Gerade die Verfechter von »Ausländer raus«-Parolen würden in einem Deutschland ohne Ausländer damit konfrontiert, dass auch die Deutschen multikulturell und multireligiös geworden sind. Die Berliner Sozialwissenschaftlerin Naika Foroutan hat für diesen Teil der Bevölkerung den Begriff »neue Deutsche« geprägt. Und schon vor 15 Jahren sagte der heutige Grünen-Vorsitzende Cem Özdemir über sich schlicht: »Ich bin Inländer« – und schrieb ein Buch mit diesem Titel. Von Migranten mit deutschem

Pass wie Foroutan und Özdemir, von »neuen Deutschen« und »Inländern«, gibt es deutlich mehr, als es Ausländer gibt.

In Augsburg zum Beispiel würden in unserem Szenario 47.000 Ausländer auswandern, aber 56.000 Inländer mit Migrationshintergrund blieben zu einem großen Teil. Oder in Essen, wo 59.000 Ausländer verschwunden wären, aber 64.000 Migranten mit deutscher Staatsbürgerschaft zusammen mit den 330.000 Deutschen ohne Migrationsgeschichte nun die Zukunft in die Hand nehmen würden.[78] Dieses Zahlenverhältnis gilt für ganz Deutschland. Gut sieben Millionen Ausländerinnen und Ausländer hätten das Land verlassen und damit 8,8 Prozent der Bevölkerung. Doch eine große Zahl von Migranten wie Fatma und Harinder wäre geblieben: 8,6 Millionen neue Deutsche gibt es.[79] Wie viele von ihnen bleiben würden, ist schwer zu sagen. Wahrscheinlich ist allerdings, dass neben den Ausländern auch Millionen neuer Deutscher mit ihren Angehörigen die Bundesrepublik verlassen würden. Davon geht einer aus, der Deutsche, Deutsch-Türken und Türken gleichermaßen gut kennt: Bülent Arslan.

Der Unternehmensberater, 1975 in der Türkei geboren, kam schon als Kleinkind mit seiner Familie nach Deutschland. Später studierte er Volkswirtschaft in Duisburg, machte sein Diplom, nahm die deutsche Staatsbürgerschaft an und gründete in Düsseldorf das imap-Institut, das sich als Beratungsunternehmen mit »interkultureller Management- und Politikberatung« befasst. Ungewöhnlich für seine Generation von »neuen Deutschen« ist, dass Arslan sich politisch in Deutschland engagierte – und zwar bei der CDU. Bis heute ist er Vorsitzender des bereits 1997 gegründeten Deutsch-Türkischen Forums der CDU Nordrhein-Westfalen.

Bei der Vorstellung eines Deutschland ohne Ausländer verweist Arslan auf die weiter reichenden Folgen: »In einem solchen Szenario gäbe es sehr viele deutsche Migranten, die mit ihren Familienangehörigen mitgehen würden. Vor allem aus familiären Gründen. Aber auch aus atmosphärischen Gründen.« Das sei ja auch nichts Neues. »Die Zahl der jungen Leute, die nach Istanbul gehen, ist in den vergangenen Jahren gestiegen«, berichtet der Politiker. »Es gibt überraschend viele, die mit dem Gedanken spielen. Ich habe zwei enge Freunde aus Studienzeiten, die für große Unternehmen in Istanbul arbeiten. Einer erzählte mir von seiner ersten Reaktion: Es ist so schön, hier hast du nichts mit Integration zu tun.«

Die politische Lage; die in diesem Buch beschrieben wird, hätte auch für Bülent Arslan und seine Familie einschneidende Auswirkungen. »Wir sind eine große Familie in Deutschland, sowohl meine Familie als auch die Familie meiner Frau«, erzählt der Unternehmensberater. »Ich schätze, 50 Prozent bis zwei Drittel haben die deutsche Staatsbürgerschaft. Das geht zum Teil quer durch die Familien. Ich habe Schwägerinnen, die eingebürgert sind, und Schwägerinnen, die nicht eingebürgert sind. Das würde auf jeden Fall Familien auseinanderreißen.«

Doch wer geht, wer bleibt von den »neuen Deutschen«? Niemand kann das genau sagen. Ihre Entscheidung würde die Bundesrepublik jedenfalls verändern. Denn die mehr als acht Millionen Migranten mit deutschem Pass machen mehr als 10 Prozent der deutschen Bevölkerung aus.

Wobei »Migranten« ein großes Wort ist. Viele von den Betroffenen haben, anders als Arslan, nie woanders gelebt als in Deutschland. Die Mehrheit, 10,6 Millionen Menschen, ist zwar eingereist – etwa um in Stuttgart zu arbeiten, zu Verwandten nach Berlin zu ziehen oder um in Frankfurt Rettung zu finden vor der Verfolgung in der alten Heimat. Aber 5,4 Millionen der »Menschen mit Migrationshintergrund« sind in Deutschland geboren. Selbst unter den Ausländerinnen und Ausländern in Deutschland befinden sich 1,6 Millionen Menschen, die keine eigene Migrationserfahrung haben, also nie in einem anderen Land als der Bundesrepublik gelebt haben.[80]

Wenn die eingewanderten Deutschen und ihre Kinder und Kindeskinder blieben, dann würde sich das Verschwinden der Ausländer in den Kinderkrippen und Kindergärten, Grundschulen und Horten gar nicht so drastisch bemerkbar machen, wie man erwarten könnte.[81] Knapp 400.000 Kinder bis zehn Jahre, die keinen deutschen Pass hatten, wären zwar weggegangen – ein herber Verlust. Aber: 1,9 Millionen Migranten-Jungen und -Mädchen bis zehn Jahren, das heißt knapp fünfmal so viele, besitzen die deutsche Staatsbürgerschaft, oft neben einer weiteren. Der Anfang 2005 in Kraft getretenen Reform des Staatsbürgerschaftsrechts sei Dank.[82] Zusammen mit den 4,5 Millionen Jungen und Mädchen, die nicht aus Migrantenfamilien stammen, wären also noch 94 Prozent der Kinder da, wenn alle bleiben würden.[83] Jeder 17. Platz in der Krippe bliebe leer – jedenfalls im Schnitt in Deutschland.

Doch diese optimistische Variante erweist sich bei näherem Hinsehen als Milchmädchenrechnung. Denn die meisten Migrantenkinder haben ein oder zwei ausländische Elternteile. Ziemlich wahrscheinlich also, dass die ganzen Familie weggehen würden. Im krassesten Fall, wenn alle Kinder mit einem Migrationshintergrund das Land verlassen würden, wären allein von den bis zu Zehnjährigen 2,3 Millionen fort.[84] Dann bliebe nicht jeder 17. Krippenplatz leer, sondern jeder dritte – deutschlandweit. In den Städten, wo viele Ausländer wohnen, sieht die Rechnung ohnehin ganz anders aus. Selbst wenn nur diejenigen Kinder ohne deutschen Pass die Bundesrepuplik verließen, würde in München jedes sechste Kind im Vorschulalter fehlen, in Frankfurt sogar jedes fünfte Kind.[85]

An den weiterführenden Schulen gäbe es ebenfalls drastische Konsequenzen: 800.000 Jugendliche zwischen zehn und 20 Jahren besitzen keine deutschen Papiere.[86] Im Schnitt bliebe damit jeder zehnte Platz eines Schülers leer. Wenn auch noch die 1,4 Millionen Youngsters mit Migrationshintergrund aus dieser Altersgruppe das Land verließen, wären das gut 27 Prozent Schüler weniger.

Von den Migranten im Erwachsenenalter besitzen die meisten nach wie vor eine ausländische Staatsbürgerschaft, sodass infolge einer Ausweisung eine große Zahl von Arbeitskräften fehlen würde. Fast 1,5 Millionen Frauen und Männer zwischen 25 und 35 Jahren wären hiervon betroffen, ebenso viele Menschen zwischen 35 und 45 Jahren und mehr als eine Million Ausländer, die zwischen 55 und 65 Jahre alt sind.[87]

Unter den Erwachsenen im besten Alter sind aber auch viele Migranten mit deutschem Pass, die zum Teil bleiben dürften. Jeweils gut eine Million Menschen zwischen 25 und 35 sowie zwischen 35 und 45 Jahren. Und immerhin 680.000 Männer und Frauen zwischen 45 und 55 Jahren. Mit anderen Worten: Zwei Drittel der Migranten, die mitten im Berufsleben gestanden haben, hätten die Bundesrepublik verlassen – aber ein Drittel sind »neue Deutsche«, von denen ein Teil auch an diesem Morgen in Deutschland zur Arbeit gegangen wäre.

Die Rentner unter den Migranten verbringen ihren Ruhestand zum größten Teil weiter in der Bundesrepublik. 600.000 der über 65-Jährigen würden zu den weggegangenen Ausländern zählen. Aber 850.000 der älteren Zuwanderer besitzen einen deutschen Pass und könnten weiterhin hier leben.[88]

Als der erste Schock über das Verschwinden der Ausländer verklungen war, stellten die Menschen in Deutschland überrascht fest, dass noch viele Männer, Frauen und Kinder im Land waren, die als Ausländer gegolten hatten – aber gar keine waren. In Deutschland waren sie die »Türken« oder die »Russen« gewesen. Im Urlaub in der Türkei oder Russland hingegen nannten die Nachbarn sie »die Deutschen«. Und das waren sie auch – allerdings Deutsche mit einer zweiten Kultur, in der sie sich auch auskannten und wohlfühlten.

Naika Foroutan, die über die »neuen Deutschen« forscht, gehört selber zu ihnen. Die Sozialwissenschaftlerin von der Berliner Humboldt-Universität ist die Tochter eines iranischen Vaters und einer deutschen Mutter. Viele mögen die Frau mit den pechschwarzen Haaren für eine Ausländerin halten, aber sie ist in der deutschen Provinz geboren: in Boppard im Hunsrück. Als Kind lebte sie jahrelang im Iran, kehrte aber zur Gymnasialzeit nach Deutschland zurück. Sie studierte in Köln, promovierte in Göttingen und lehrt seit 2006 in Berlin. Foroutan hat sich selbst »immer als jemand verstanden, der aus Boppard kommt«. Doch ihre Umgebung sah das zusehends anders. Seit Ende der 80er-Jahre sei sie, die damals 18 Jahre alt war, immer häufiger nach ihrer Herkunft gefragt worden, erzählt sie. Bis es genervt habe.

Die Berlinerin aus Boppard hat festgestellt, dass sie mit ihren Erfahrungen nicht allein steht – und sich auch wissenschaftlich mit dem Phänomen befasst. Sie stellt fest: »Immer mehr Menschen nehmen mittlerweile für sich in Anspruch, deutsch zu sein, auch wenn sie ›anders‹ aussehen, ›fremd‹ klingende Namen oder eine andere Religionszugehörigkeit haben. Trotzdem gehören die Menschen mit Migrationshintergrund im öffentlichen Bewusstsein eines Großteils der Bevölkerung noch immer ›nicht richtig‹ dazu.«[89]

Das erleben vor allem jene Migranten, die fremd aussehen – wie zum Beispiel die in Darmstadt geborene Schauspielerin Minh-Khai Phan-Thi, deren Eltern aus Vietnam nach Deutschland gekommen waren. Halb spaßhaft, halb verärgert erzählt sie diese Anekdote: »Ich erlebe oft, dass Menschen besonders langsam und besonders deutlich Deutsch mit mir sprechen. Hin und wieder erlaube ich mir den Scherz, genauso betont langsam zu antworten. Das führt dann immer dazu, dass ich seltsam angeschaut werde, als sei ich nicht ganz richtig im Kopf. Aber wie soll ich meinen Mitmenschen sonst klarmachen, dass die Vorurteile, die sie mit sich herumtragen, nicht in jedem Fall zutreffend sind?«[90] Dabei gehören sie eigentlich dazu, wie alle Inländer. Der dunkelhäutige Berliner Rapper Harris sagt es selbstbewusst: »Wir sind nicht mehr die Türken, die Araber, die Afrikaner, die unsere Eltern vielleicht waren. Wir sind die neuen Deutschen.«[91]

Für Naika Foroutan steht fest, was eine Vertreibung der Ausländer aus Deutschland für sie und ihre Familie bedeuten würde. »Mein Vater müsste gehen, meine beste Freundin, mein Onkel«, sagt sie. »Ich würde hinterherziehen und nicht mehr hier sein wollen. Meine Kinder, die noch nie woanders waren, würden in der Folge ihre Heimat verlieren. Mein deutscher Mann müsste sich in einem anderen Kontext völlig neu orientieren. Auch wir würden Freunde verlassen, Sicherheit verlieren – aber die Sicherheit hätten wir dann sowieso nicht mehr. Man könnte nicht in einem Land leben, in dem man jedes Klopfen an der Tür als ein Abholsignal deuten würde.«

So würde eine fremdenfeindliche Politik Unsicherheit schüren und Familien zerreißen. Die Folgen? Die Berliner Sozialwissenschaftlerin erwartet »viel Ärger, Trauer und Unmut bei den Zurückgebliebenen, Protesthaltungen und Aktionen gegen Ausweisungen«. Aber auch dies: »Für Muslime würde der nagende Zweifel bleiben, ob sie wohl die nächsten sein könnten.« Das Misstrauen zwischen den dagebliebenen Migranten und den anderen Deutschen würde wachsen, davon ist Foroutan überzeugt. Der andere religiöse oder kulturelle Hintergrund der verbliebenen Migranten stünde im Vordergrund der Aufmerksamkeit; er wäre, wie die Wissenschaftlerin sagt, »wirkmächtiger« als der deutsche Pass.

Das ausgeblutete Deutschland hätte froh sein können über die verbliebenen Migranten. Doch in der aufgeheizten Stimmung, angesichts dramatischer Verwerfungen, wurden sie zu Sündenböcken. »Alle Ausländer raus«, plakatierte eine Partei vom rechten Rand. Das Wort »Alle« war fett gedruckt.

Die Forderung »Ausländer raus« geht von einer Vorstellung aus, die aus dem Nationalsozialismus bekannt ist: der Vorstellung von einer rein deutschen Gesellschaft, in der die Fremden als vermeintliche Störenfriede aussortiert werden. Doch diejenigen, die solche Forderungen erheben, fühlen sich auch dann noch befremdet und gestört, wenn diese Gruppe aussortiert ist. Denn die Homogenität der Deutschen, die sie sich erhofft haben mögen, ist eine Fiktion, »die weder das gegenwärtige noch das vergangene Deutschland widerspiegelt, welches immer heterogen war«.[92]

Wer eigentlich Deutscher ist und wer nicht, das ist eine Frage, die sich keineswegs so eindeutig beantworten lässt, wie Nationalisten denken. Schon die Revolutionäre von 1848 bissen sich die Zähne aus am Streit um eine »großdeutsche« oder eine »kleindeutsche« Lösung, also um die Frage, ob die Österreicher dazugehören oder nicht. Der Versuch, eine deutsche Nation zu bilden, blieb aber zunächst erfolglos, und die Revolution wurde von den Fürsten niedergeschlagen. Ganz modern jedoch klingt, was der Schriftsteller und liberale Paulskirchenabgeordnete Wilhelm Jordan seinerzeit zu Protokoll gab: »Jeder ist ein Deutscher, der auf dem deutschen Gebiet wohnt.«[93]

Doch selbst nach der Ausweisung aller Ausländer werden nicht alle diese Auffassung teilen. Vor allem, wenn es im Land kriselt – was nach dem Verschwinden von Millionen Menschen unvermeidlich ist –, werden neue Sündenböcke ausgedeutet, wie die Vorurteilsforschung ermittelt hat. Der Bielefelder Pädagogikprofessor Wilhelm Heitmeyer spricht von »Abwertungen schwacher Gruppen«.[94] Dazu zählt er nicht nur Ausländer und andere Migranten, sondern auch Obdachlose, Homosexuelle, Behinderte und Langzeitarbeitslose – sie alle laufen Gefahr, zu neuen Opfern zu werden, wenn das Land nach dem Auszug der Ausländer aus Deutschland in die Krise rutscht.

Ohne Papiere in Deutschland

Weinbauer Otto fürchtet um seine Existenz, denn die Trauben verfaulen am Stock. Seit Jahren setzt er bei der Ernte Saisonarbeitskräfte aus dem europäischen Ausland ein. Dieses Jahr hat ihm die Regierung die Beschäftigung von ausländischen Erntehelfern verboten und Arbeitslose als Arbeitskräfte versprochen, die aber nie gekommen sind. Otto ruft Vladimir an, der seit Jahren sein Ansprechpartner für die Saisonarbeiter auf seinem Hof ist. Der Winzer ist heilfroh, dass Vladimir mit einer kleinen Gruppe Leute illegal zum Arbeiten kommen will.

Yvonne hat Carlos während ihres Auslandsstudiums in Argentinien kennengelernt und nach Abschluss ihres Studiums geheiratet. Weil Yvonne eine feste Stelle als Gymnasiallehrerin bekommen hat und Carlos als Softwareprogrammierer überall arbeiten kann, wollen sie in Deutschland zusammenleben. Als der Umzug ansteht, bekommt Carlos zu seiner Überraschung nur ein kurzfristiges Besuchervisum. Die beiden beschließen, dass Carlos zunächst illegal bei seiner Frau bleibt.

Selbst Deutsche, die für die Ausweisung der Ausländer waren, erleben böse Überraschungen, wie zum Beispiel Gisela. Dass die Regierung Ausländer ausweisen sollte, hatte Gisela begrüßt, aber sie hatte dabei doch nicht an Maria gedacht. Seit ihr Mann krank ist, kam Maria unter der Woche jeden Tag. Maria würde jetzt nach Serbien zurückkehren, was sie zwar ohnehin geplant hatte, aber eigentlich erst später. Wie sollte Gisela nun die Pflege ihres Mannes bewältigen? Pflegedienste waren ausgebucht und an einen Heimplatz gar nicht zu denken. »Wenn wir niemanden finden, gehe ich für Papa auf eine Teilzeitstelle runter«, hatte ihre Tochter mit saurer Miene angekündigt. Als Maria beim Abschied von einer Bekannten erzählt, die ein Zimmer und eine Arbeit braucht, sagt Gisela sofort zu. Sie hat ein ungutes Gefühl dabei, glaubt aber nicht, dass jemand eine alte Frau bestraft, die sich um ihren Mann kümmert.

Bauarbeiter Gernot hat zu tun wie nie, seit die Regierung die Ausländer auszuweisen begonnen hat. Genau das hatte er sich erhofft, als er die jetzige Regierungspartei gewählt hat. Doch nun steht Gernot vor einem ganz anderen Problem: Der Umbau seines eigenen Hauses geht nicht voran. Nach einer Sechs-Tage-Woche in einem Knochenjob kann er unmöglich noch am Sonntag auf seiner eigenen Baustelle arbeiten. Keiner seiner Kollegen kann ihm aushelfen, denn sie alle befinden sich in der gleichen Situation. Als er von einem Kollegen erfährt, dass sein ausgewiesener Ex-Kollege Samuel aus Ghana Unterkunft und Arbeit sucht, bietet er ihm an, auf seiner Baustelle zu wohnen und zu arbeiten. Gernot mag Samuel zwar nicht leiden, seit der ihn als einen Rassisten beschimpft hat, aber wer sagt denn, dass er dem Ghanaer den versprochenen Lohn auch auszahlen wird?

Pfarrer Günter hat da schon ganz andere Probleme. Er ist verzweifelt – wie viele andere, die die Ausweisung der Ausländer nicht richtig finden. Doch der Geistliche bekommt das Problem direkt zu spüren. Er will und muss helfen, aber seine kleine Gemeinde kann die Anfragen nach Kirchenasyl, die allesamt berechtigt erscheinen, nicht mehr bewältigen. Außerdem ist die Suppenküche seiner Gemeinde in letzter Zeit so überfüllt, dass die Suppe nicht für alle Anstehenden reicht. Das liegt an den Nicht-Abschiebbaren, denen die Regierung alle Leistungen gestrichen hat und die sich nun hilfesuchend an die Kirchen wenden.

Schon heute verschwinden Hunderttausende Menschen ohne deutschen Pass von der offiziellen Bildfläche. Sie hatten nie eine Meldeadresse oder sind an ihrer bisherigen Meldeadresse nicht mehr auffindbar. Sie tauchen ab in die Illegalität – ohne Interessenvertretung, ohne gültige Pässe, ohne Sozialversicherung. Unsichtbare Arbeitskräfte, die es offiziell gar nicht gibt und die doch überall im Land arbeiten. In Gaststätten, auf Baustellen, als Putzhilfen, Pflegekräfte. Ihr illegaler Status zwingt sie dazu, stets auf der Hut zu sein. Angepasst zu leben. Nie aufzufallen. Immer einen Fahrschein dabeizuhaben. Nach Möglichkeit niemals krank zu werden. Und bei jeglichem Streit um Lohn oder Miete sofort nachzugeben, weil die Entdeckung der fehlenden Aufenthaltsgenehmigung das Ende bedeuten würde. Menschen, die ihre Kinder in keine Kita schicken und die sich davor fürchten, dass ein Schulbesuch ihrer Kinder zur Ausweisung der ganzen Familie führen kann.

Diese Gruppe der Illegalen würde mit der offiziellen Ausweisung der Ausländer stark anwachsen. Alle, die dennoch im Land bleiben wollten, zählten nun dazu. Alle Versteckten, Untergetauchten. Alle Ausländer, die ihre Angehörigen mit deutschem Pass nicht verlassen wollten, ihre Kinder, Eltern, Ehepartner. Mit einem Schlag besäße Deutschland eine große Bevölkerungsgruppe der Nicht-Existierenden. Mit nur einer Möglichkeit, sich zu ernähren: der Schwarzarbeit. Wenn alle Menschen ohne deutschen Pass Deutschland verließen, hätte dies dramatische Auswirkungen auf die Bevölkerungsgruppe der Illegalen.

Von wissenschaftlicher Seite aus hat sich in Deutschland kaum jemand intensiver mit der Gruppe der Illegalen befasst als Dita Vogel, die im »Netzwerk Migration in Europa« forscht. Die Expertin hat für dieses Buch die denkbaren Auswirkungen analysiert. Schon jetzt leben geschätzt zwischen 100.000 und 400.000 Menschen in Deutschland, die gar keinen Aufenthaltsstatus haben, erklärt Vogel. Sie werden als undokumentierte Zuwanderer, Papierlose, irreguläre Migranten oder Illegale bezeichnet. Wie viele es sind, weiß niemand genau, denn Ausländer ohne Aufenthaltsstatus verbergen sich vor der Polizei, um einer Strafe – es drohen bis zu einem Jahr Gefängnis – und einer Abschiebung zu entgehen. Auch die geschätzten Obergrenzen sind vergleichsweise klein – deutlich weniger als 1 Prozent der Bevölkerung. »Doch das würde sich drastisch ändern, wenn die Bundesregierung verbieten würde, dass sich Ausländer regulär in Deutschland niederlassen, weil immer mehr Deutsche eine Unterstützung von Illegalität als Ausweg aus einer misslichen Situation wählen würden«, meint Vogel. Die Zahl der Ausländer in der Illegalität würde sich drastisch vergrößern. Es gäbe massenhaft Menschen, die zwar dauerhaft in Deutschland lebten und arbeiteten, aber keine Bürgerrechte, keine Absicherung und keine Papiere hätten: Sie dürften weder wählen noch arbeiten, besäßen keine Krankenversicherung, dürften kein Auto anmelden und könnten legal keine Wohnung mieten. Die Zahl dieser Menschen läge bald bei mehreren Millionen. Angewiesen auf illegale Erwerbsstrukturen, ohne Teilhabe am öffentlichen Leben – ein Sprengsatz für jede Gesellschaft.

Nicht nur die Zahl der Menschen, die sich vor den Behörden verstecken, würde ansteigen. Zum Ende des Jahres 2010 lebten bereits rund 87.000 Geduldete und 31.000 sonstige Ausreisepflichtige in Deutschland. Das sind Menschen, die zwar ausreisen müssen, aber aus unterschiedlichen Gründen nicht zur Ausreise gezwungen werden können. Ihre Zahl würde sich auch in unserem Szenario vervielfachen. Die Regierung würde zwar die humanitären Gründe für eine Duldung abschaffen und die Unterstützung für Geduldete streichen, aber sie könnte die praktischen Abschiebehindernisse nicht einfach beseitigen. »Die Regierung kann zwar Leute ausweisen, kann aber keinen ausländischen Staat zwingen, Personen als eigene Staatsbürger anzuerkennen und aufzunehmen«, erklärt Sozialforscherin Vogel. So würde nach der Ausweisung vieler Ausländer aus Deutschland auch die Kooperationsbereitschaft ausländischer Staaten gegen null gehen. »Nur Diktaturen würden die deutsche Politik nutzen, um Regimegegner in ihre Fänge zu bekommen«, so Vogel. »Alle anderen Staaten würden nur noch freiwillige Rückkehrer aufnehmen.«

Die Zahl der freiwilligen Rückkehrer würde wohl steigen, die Zahl der Abschiebungen aber langfristig sinken. »Die meisten Papierlosen hätten keine Angst vor einer Abschiebung mehr«, sagt Vogel. »Wer ohne Papiere von der Polizei aufgegriffen würde, gäbe keine Staatsangehörigkeit an, sodass der deutsche Staat nicht wüsste, wohin er die Leute abschieben soll.« Die Abschiebegefängnisse in Deutschland wären dann zwar heillos überfüllt, um Leute zur »freiwilligen« Ausreise zu bewegen, aber sie reichten lange nicht aus, um alle Nicht-Abschiebbaren aufzunehmen, sodass die Leute im Land bleiben könnten – ohne Anspruch auf reguläre Arbeit und irgendwelche Leistungen. »Die Kriminalität würde ansteigen«, so Vogel. »Ohne Geld und Hoffnung auf einen Aufenthaltsstatus sähen einige keine andere Möglichkeit, als sich durch Diebstahl über Wasser zu halten.« Während unter der alten Politik die meisten Menschen ohne Status noch nicht einmal über eine rote Ampel gegangen seien, um nur ja nicht nach ihren Papieren gefragt zu werden, stiege dann die Zahl der irregulären Migranten, die ihren Lebensunterhalt durch Diebstahl sicherten.

Der Anstieg der Zahl der Nicht-Abschiebbaren wäre nicht die einzige Konsequenz der Ausweisungspolitik, die aus Reaktionen des Auslands resultieren würde. Für das Szenario dieses Buches hält die Expertin weltweite Proteste für wahrscheinlich: »Aus Deutschland ausgewiesene Ausländer würden sich weltweit über Facebook zusammenschließen, sie würden vielleicht eine Internet-Protestseite ins Leben rufen, um Gegenmaßnahmen zu organisieren«, sagt Vogel. Viele Staaten – allen voran die Türkei – würden auch keine neuen Aufenthaltsgenehmigungen mehr an Deutsche erteilen. Im Ausland lebende Deutsche würden sich über zunehmende Ressentiments und die Angst vor dem Verlust der Aufenthaltsgenehmigung beklagen. Die Zahl der illegal im Ausland lebenden Deutschen stiege deutlich an. Die aus dem Ausland abgeschobenen Deutschen könnten zwar wegen des allgemeinen Arbeitskräftemangels meist problemlos in den Arbeitsmarkt integriert werden, gesellten sich aber zu der wachsenden Protestbewegung gegen die restriktive Ausländerpolitik dazu. »Gerade der Anstieg der Illegalität und der Wandel in ihrem Charakter würde vielen Menschen vor Augen führen, dass reguläre Zuwanderungsmöglichkeiten in erster Linie den Interessen der deutschen Bevölkerung dienen«, sagt Vogel. Ein Interesse an Massen, die außerhalb der Rechtsordnung stehen, könne eigentlich kein vernünftiger Staat haben.

Zusammen mit den Forschern Norbert Cyrus vom Hamburger Institut für Sozialforschung und Katrin de Boer von der Universität Marburg hat Dita Vogel für das Berliner Bündnis gegen Menschenhandel (BBGM) untersucht, wie der illegale Aufenthalt von Menschen zur Zwangsarbeit werden kann.[95] Die Forscher haben Fallbeispiele zusammengetragen, die von Beratern der Ausgebeuteten geschildert wurden. Geschichten von Menschen, die in Deutschland lebten – jedoch zu Bedingungen, die nur wenige Menschen sich vorstellen können. Umstände, über die selten etwas in der Zeitung steht. Dennoch sind sie auch jetzt schon Realität in Deutschland –

im Schattenreich der Illegalität, in dem Zehntausende leben. Unbemerkt von der Mehrheitsgesellschaft putzen sie in Hotels, kochen in der Gastronomie, hüten Kinder, pflegen Alte und verrichten auf Baustellen die schwersten und unbeliebtesten Arbeiten. Einige Beispiele von Hunderttausenden, die in der Illegalität leben. Oder gar einer Million?

Wie viele Menschen sich genau illegal in Deutschland aufhalten, ist nicht so einfach zu messen. Sozialforscher unterscheiden in diesem Bereich zwischen verdeckt im Inland lebenden Menschen ohne Aufenthaltsstatus (»Klandestine«), scheinbar legal im Lande lebende Personen, deren regulärer Aufenthalt auf falschen Angaben oder Identitäten beruht (»Scheinlegale«), und den Behörden bekannte Menschen ohne Aufenthaltsstatus (»Registrierte Ausreisepflichtige«). Wie viele es im Ganzen sind, weiß der deutsche Staat nicht genau. »Irreguläre Migranten sind aus zwei Gründen statistisch schlecht erfasst und auch nur mit Schwierigkeiten zu erfassen«, erklärt Vogel: »Zum ersten sind mobile Bevölkerungsgruppen immer schlechter erfassbar als immobile Gruppen und zum zweiten ist die quantitative Erfassung von Gruppen, die durch Regelverstöße definiert sind, schwierig, weil deren Offenlegung für die Betroffenen mit Sanktionen verbunden ist.«

Vogel hat folgende Datenquellen daraufhin geprüft, inwiefern sich irreguläre Migranten identifizieren lassen: Die Eurostat-Daten zur Durchsetzung der Zuwanderungsgesetzgebung, die Polizeiliche Kriminalstatistik (PKS) mit Daten zu aufenthaltsrechtlichen Straftaten und dazu, mit welchem Status sich Tatverdächtige nach Einschätzung der Polizei im Land befinden, die Statistiken der Bundespolizei, das Ausländerzentralregister und die Asylstatistiken. Insgesamt ermittelte die Polizei im Jahr 2010 gegen mehr als 46.000 Personen, deren Status sie als illegal eingestuft hat. Bei 16 Prozent dieser Personen wurde wegen Jedermann-Straftaten ermittelt, während die übrigen nur wegen aufenthaltsrechtlicher Delikte in der Polizeistatistik auftauchen. Bei den aufenthaltsrechtlichen Delikten wurden irreguläre Migranten überwiegend im Zusammenhang mit illegaler Einreise und illegalem Aufenthalt genannt, während bei anderen aufenthaltsrechtlichen Straftaten wie etwa Schleusungdelikten und Asylvergehen überwiegend gegen legal Aufhältige ermittelt wurde.

Ausgehend von der Polizeistatistik und den anderen Datenquellen schätzt die Sozialforscherin, dass die tatsächliche unbekannte Zahl der »klandestinen irregulären Bevölkerung« irgendwo zwischen 100.000 und 400.000 liegt, ohne dass gesagt werden kann, ob sie sich näher an der Ober- oder an der Untergrenze befindet. Der Soziologe Jörg Alt untersuchte vor zehn Jahren Größenordnungen für einzelne Großstädte in Deutschland und kam 2004 auf eine Gesamtschätzung von über einer Million Illegalen in Deutschland. Seine Schätzungen beruhten im Wesentlichen auf Interviews mit Migranten und Experten in einzelnen Großstädten, die hochgerechnet wurden.

Die Diskrepanz zu den neuen Schätzungen von Vogel für 2010 ist zum einen auf methodische Unterschiede zurückzuführen, aber vor allem auf seitdem sinkende Zahlen der Illegalen in Deutschland. Die Zahl der Illegalen hierzulande ist in den vergangenen Jahren nach Einschätzung der Wissenschaftler real zurückgegangen – ein Grund dafür könnte die Freizügigkeit innerhalb der Europäischen Union sein. Einreisende Arbeitsmigranten aus Mittel- und Osteuropa stellten vor der EU-Osterweiterung wahrscheinlich die wichtigste Gruppe ohne Aufenthaltsstatus in Deutschland dar. Seit der EU-Osterweiterung ist ihre Bedeutung zurückgegangen, weil EU-Bürger in der Regel nicht mehr im aufenthaltsrechtlichen Sinne illegal werden, auch wenn sie ohne Arbeitserlaubnis in der Schattenwirtschaft arbeiten. In unserem Szenario würde die Gesamtzahl der Menschen ohne legalen Aufenthaltsstatus also wieder enorm ansteigen.

Wie viele Menschen ohne Papiere in Deutschland arbeiten, ist schwer messbar. In der Bundesrepublik ist die Finanzkontrolle Schwarzarbeit der Zollverwaltung (FKS) – eine dem Bundesministerium der Finanzen unterstehende Behörde mit rund 6500 Beschäftigten – dafür zuständig, Abgabenhinterziehung durch Schwarzarbeit, Leistungsmissbrauch, illegale Ausländerbeschäftigung und weitere arbeitsmarktbezogene Straftaten und Ordnungswidrigkeiten zu ermitteln. Im Jahr 2010 wurden etwa eine halbe Million Personen an Arbeitsstellen befragt und 1173 Ermittlungsverfahren nach Sonderauskunft des Finanzministeriums wegen aufenthaltsrechtlicher Straftaten durchgeführt, während im Jahr 2006 nach Angaben einer Studie des Bundesrechnungshofs noch mehr als 2034 Verfahren zum Abschluss kamen. Bezieht man die Zahl der abgeschlossenen Verfahren auf alle Personenüberprüfungen, so werden sehr niedrige Anteile aufenthaltsrechtlicher Straftaten von 0,5 Prozent (2006) bis 0,2 Prozent (2008 bis 2010) gemessen. »Dieses Verhältnis scheint auf eine geringe Bedeutung der Aufdeckung der Beschäftigung von klandestinen Migranten und Arbeitstouristen durch die Finanzkontrolle Schwarzarbeit zu verweisen«, meint Expertin Vogel. Insgesamt wurden im Jahr 2010 laut Zollverwaltung rund 116.000 Ermittlungsverfahren wegen Straftaten und 70.000 wegen Ordnungswidrigkeiten abgeschlossen – der weit überwiegende Teil sind also schwarzarbeitende Deutsche und regulär in Deutschland lebende Ausländer und ihre Arbeitgeber.

Wie setzt sich die Bevölkerungsgruppe der Illegalen in Deutschland zusammen? Sind es mehr Männer oder mehr Frauen, mehr Alte oder mehr Junge? Und aus welchen Ländern kommen diese Menschen hauptsächlich? Es ist schwer, Aussagen über eine Bevölkerungsgruppe zu treffen, die im Verborgenen lebt. Sozialforscherin Vogel schätzt, dass 35 Prozent der illegalen Bevölkerung Frauen sind. Man kann die Menschen ohne Papiere grob in drei große Gruppen einteilen: Die erste Gruppe bilden einreisende Arbeitsmigranten aus Mittel- und Osteuropa. Als zweite Gruppe werden Menschen aus Ländern mit historischen Migrationsbeziehungen zu Deutschland aufgeführt, die Anschluss an Familien und Bekannte in etablierten Minderheiten finden können, zum Beispiel Türken, Menschen aus den Nachfolgestaaten Jugoslawiens und Russen. Als dritte Gruppe werden Menschen aus Ländern zusammengefasst, die sich durch mangelnde ökonomische oder politische Sicherheit auszeichnen, wie China, Irak, Afghanistan, Indien oder auch afrikanische Länder.

Offenbar spielt auch die absolute Größe der Bevölkerung des Herkunftslandes eine Rolle, erklärt Vogel. China und Indien sind mit 1,3 und 1,2 Milliarden Menschen mit Abstand die bevölkerungsreichsten Länder der Welt. Männliche Inder sowie Chinesen beiderlei Geschlechts tauchen unter den ersten zehn Staatsangehörigkeiten für illegale Einreise und illegalen Aufenthalt auf, fallen aber kaum durch Kriminalität auf. Asien und Europa sind die Kontinente, aus denen die meisten Menschen kommen, die ohne gültige Papiere in Deutschland leben. Aus Afrika stammende Menschen ohne Status leben zwar ebenfalls in Deutschland, aber nicht in großer Zahl. Es gibt etwa genauso viele Menschen aus der Türkei wie aus Subsahara-Afrika, gegen die wegen aufenthaltsrechtlicher Straftaten ermittelt wird und denen der Status »illegal« zugeordnet ist.

Leben Erwachsene ohne Aufenthaltsrecht in Deutschland, so haben sie manchmal auch ihre Kinder bei sich. Die Kinder sind mit ihnen eingereist, wurden nachgeholt oder sind in Deutschland geboren, erklärt Vogel. In einer Studie aus dem Jahr 2010 haben Vogel und ihr Kollege Aßner die Zahl der Kinder ohne Status geschätzt, wobei nur eine weite Spanne angegeben werden konnte. Demnach gab es 2008 zwischen 1000 und 30.000 Kinder ohne Status in Deutschland.[96] Wie ihre Eltern besitzen auch sie kein Aufenthaltsrecht und halten sich somit illegal im Land auf.

Unabhängig jedoch von ihrem illegalen Status haben die Kinder ein Recht auf Bildung, wie es in der Europäischen Sozialcharta und der Europäischen Menschenrechtskonvention festgehalten ist. Das Thema des Schulzugangs von irregulären Kindern wird immer wieder problematisiert. Nach umfangreichen Diskussionen ist heute unumstritten, dass der deutsche Staat Sorge tragen muss, dass Kinder dieses Recht auch einlösen können. Der damalige Innenminister und heutige Finanzminister Wolfgang Schäuble fasste 2009 in einem Schreiben zusammen: »Kindern kann der Aufenthaltsrechtsverstoß ihrer Eltern nicht als eigenes Verschulden zugerechnet werden. Aus humanitärer Sicht und letztlich auch aus unserem eigenen gesellschaftlichen Interesse ist es deshalb zu befürworten, Kindern und

Jugendlichen bis zum 18. Lebensjahr unabhängig vom Aufenthaltsstatus den Zugang zu Bildung zu ermöglichen.«

Wenn aber die Gefahr besteht, dass Schulen die Ausländerbehörden informieren, melden Eltern ihre Kinder nicht an, weil sie befürchten, dass ihr illegaler Aufenthalt auf diesem Weg den Behörden bekannt werden könnte. Deshalb heißt es seit Kurzem im Aufenthaltsgesetz, dass Schulen und Bildungseinrichtungen von der Übermittlungspflicht ausgenommen sind. Wie dies in den Schulen und Kindergärten umgesetzt wird, ist noch offen, und ob Eltern dann ohne Scheu ihre Kinder anmelden, damit diese ihre Illegalität zumindest nicht mit mangelhafter Bildung bezahlen müssen, lässt sich derzeit nicht beantworten. Allerdings nehmen gerade deshalb viele Menschen ein Leben in der Illegalität in Kauf, weil sie durch ihre Arbeit ihren Kindern eine bessere Zukunft ermöglichen wollen – und dazu gehört Bildung. Würde es zu einer Ausweisung aller Ausländer aus Deutschland kommen, würden auch wieder viel mehr Kinder um ihr Recht auf Bildung betrogen.

»Das gäbe einen Bürgerkrieg«

Interview mit Daniel Cohn-Bendit (Politiker)

Wir treffen Daniel Cohn-Bendit in einem italienischen Café im Frankfurter Nordend. Ein Deutsch-Franzose, der mal für die deutschen, mal für die französischen Grünen im Europaparlament gesessen hat. Er war einst der erste Dezernent für multikulturelle Angelegenheiten in der gesamten Republik, in Frankfurt von 1989 bis 1997. In dieser Zeit schrieb er zusammen mit dem Publizisten Thomas Schmid ein wegweisendes Buch zum Zusammenleben in Vielfalt: *Heimat Babylon*. Seit 2002 steht der Vordenker seiner Partei und profilierte Realpolitiker an der Spitze der Grünen-Fraktion im Europäischen Parlament.

Kaum hat Cohn-Bendit Milchkaffee und Apfelkuchen bestellt, klingelt sein Mobiltelefon und der Politiker erklärt seinem Gesprächspartner auf Französisch seine Position zum Umgang mit der Griechenland-Schuldenkrise. Dann legt er auf und wendet er sich unserem Szenario zu.

Wie wäre es, wenn in einer tiefen Krise Deutschlands die Ausländer zu Sündenböcken erklärt würden. Wenn eine rechtspopulistische Regierung sagen würde: Alle die keinen deutschen Pass haben, müssen raus?

Dann würden die alle einen deutschen Pass nehmen.

Naja, viele könnten das, weil sie schon lange genug in Deutschland leben. Aber würden sie das tatsächlich tun, unter einem derart repressiven Regime?

Würden sie. Natürlich. Weil die Lebensbedingungen hier besser sind für sie, auch wenn sie schwieriger werden. 70 Prozent, 80 Prozent würden einen deutschen Pass nehmen. Die, die hier sind, sind Inländer – in ihrem Verhalten, auch in ihrem Verhältnis zu ihren Heimatländern. Aber es sind andere Inländer. Wie ich ein anderer Inländer bin.

Würden in einem solchen gesellschaftlichen Klima diejenigen, die es sich leisten könnten, ein solches Land verlassen?

Nein. Weil sie das hier auch lieb gewonnen haben. Letzte Woche bin ich in Berlin mit einem Taxifahrer gefahren, Türke, in Berlin aufgewachsen. Der sagt: Ich liebe die Türkei. Und, frage ich, wie ist es nach zehn Tagen in Istanbul? Ah, sagt er, ich wollte nach Berlin zurück.

Heimweh?

Ja, er hatte Heimweh. Die Deutschen müssen verstehen, dass es Deutsche gibt, die anders sind. Genauso wie Westdeutsche verstehen müssen, dass die Ostdeutschen anders waren. Oder die Norddeutschen verstehen müssen, dass die Bayern anders sind. Man kann genau sagen, in welchem Moment einer kein Ausländer mehr ist: wenn die Familie ein Kind hat, das hier zur Schule geht. Dann sind die keine Ausländer mehr, sondern Inländer ausländischer Herkunft, denn die Kinder kennen das Heimatland nicht.

Das heißt, dass nicht mehr der Pass entscheidet?

Nicht mehr der Pass entscheidet, sondern die Lebensgeschichte. Es ist unsinnig ab einer bestimmten Zeit, einen Eingewanderten immer noch als Ausländer zu bezeichnen. Unsere Gesellschaft lebt jetzt mit einer anderen Bevölkerungszusammensetzung.

Könnten die Menschen ohne deutsche Papiere in einem solchen Szenario, in dem sie ausgewiesen werden sollen, mit Solidarität rechnen?

Ja. Weil sie dazugehören. Da muss ich nur an unseren Familienabend denken. Wir machen alle paar Wochen Großfamilienessen. Wir haben drei Söhne. Der eine ist mit einer marokkanischen Einwanderin zusammen, der andere mit einer aus Eritrea und der dritte mit einer aus Griechenland. Das ist ein Volk! Was Deutsche sind, hat sich mit der Einwanderung verändert. Das ist unwiderrufbar. Mit allen Unterschieden. Die sind nicht alle gleich, die sind nicht alle nett. Ich sage ja nicht, dass ich mit allen Migranten in einer Wohnung wohnen würde. Überhaupt nicht. Aber das gehört dazu.

Wie würde die Minderheit damit umgehen, wenn die Rechtspopulisten die Mehrheit bekommen und so eine Politik umsetzen würden?

Das gäbe einen Bürgerkrieg. Ich glaube nicht, dass die Ausländer sich so behandeln lassen würden wie die Juden im Nationalsozialismus.

Warum?

Weil sie mehr sind und weil sie eine andere Mentalität haben. Die Mehrheit derjenigen Migranten, die einen deutschen Pass haben, deren Eltern haben keinen. Das heißt: Schon da gäbe es einen Riesenwiderstand. Wie viele haben einen deutschen Pass?

Hier leben 15 bis 16 Millionen Migranten, von denen 8,5 Millionen einen deutschen Pass haben, also mehr als die Hälfte.

Also: Sie würden alle ihre Familien schützen. Zu den acht Millionen können sie in Deutschland mindestens 20 Millionen rechnen, die sie verteidigen werden. Das heißt: Eine Mehrheit in Deutschland wäre 40 Millionen gegen 30 Millionen. Das gibt einen absolut blutigen Bürgerkrieg. Dann müssten sie einen autoritären Staat machen. Dann müssten sie alle Medien verbieten. Sonst ginge es nicht. Nach der deutschen Geschichte würden alle heute existierenden Medien dagegen sein. Das heißt, sie hätten Bürgerkrieg. Und: Deutschland würde sofort aus der EU ausgeschlossen. Es gäbe Wirtschaftszölle gegen die deutsche Wirtschaft. Keinen Export mehr. Die meisten Unternehmen müssten entlassen.

Sind Sie sicher, dass die Europäische Union so scharf reagieren würde?

Absolut. Die EU würde sofort eingreifen, wenn die beschließen würden, die Ausländer rauszuschmeißen. Das verstößt ganz klar gegen den Lissabonner Vertrag, gegen Geist und Buchstaben der Verträge.

Wie stark sind die Sanktionsmechanismen?

Das hätte verheerende Konsequenzen. Das kann man sich kaum vorstellen.

Aber die EU war in Konflikten mit Mitgliedstaaten bisher eher zögerlich.

Ja, aber das sind solche Dimensionen, die noch nie gedacht wurden. Das gäbe auch eine Verurteilung durch den UN-Sicherheitsrat. Das würde eine ganz große Isolation Deutschlands in der ganzen Welt, eine Ächtung durch Amerikaner, Franzosen und alle anderen werden. Die würden Wirtschaftssanktionen beschließen: keine deutschen Waren mehr. Deutschland wäre so isoliert wie der Iran heute.

Der iranische Präsident Mahmud Ahmadinedschad hält sich lange im Amt.

Aber der iranischen Bevölkerung geht es immer schlechter. Und der deutschen Bevölkerung würde es immer schlechter gehen. Und irgendwann explodiert das. Durch Wirtschaftssanktionen würde Deutschland auf sich selbst zurückgeworfen. Die ganze Stärke der deutschen Wirtschaft, der Export, könnte nicht mehr funktionieren. Der Bankenplatz wäre weg. Es ist eine No-go-Idee.

Auch in der tiefsten Krise, bei Massenarbeitslosigkeit?

Jeder Versuch, das nur auf die Migranten abzuwälzen, würde zu einer fatalen gewaltsamen Auseinandersetzung führen. Mit Recht. Nicht in der gleichen Formation wie in den 30er-Jahren zwischen Kommunisten und Faschisten. Das wären Teile der Bevölkerung gegen Teile der Bevölkerung auf einer ganz anderen Massenebene. Dazu käme es nicht, auch wenn es den Deutschen schlecht ginge. Da finden sie nicht 3 Prozent dafür. Dazu ist Deutschland demokratisch zu stabil. Dieses Szenario ist unmöglich. Es gibt genug unangenehme Szenarien, das will ich gar nicht leugnen.

Welche?

Wenn man ein realistischeres Horrorszenario machen will, wäre es nicht, dass man die Leute rausschmeißt, sondern dass man Menschen mehrerer Klassen definieren würde. Dass Migranten die sozialen Rechte abgesprochen würden und sie damit gezwungen würden, rauszugehen. Migranten, die keine Arbeit haben, kriegen nach zwei Jahren kein Hartz IV oder so etwas. Aber auch dem müsste ja ein Bundesverfassungsgericht zustimmen. Das würde nicht passieren. Anders herum: Man kann über Deutschland schimpfen, wie man will. Aber die Lehren aus dem Faschismus sind so, dass institutionelle Strukturen geschaffen wurden, dass das unmöglich ist. Welche Mehrheit auch immer es politisch gibt, welche Partei auch immer regiert. Es gibt Dinge, die sind nicht mehr möglich. Da bin ich total überzeugt.

IV. Deutschland und die Welt

Deutschland ohne Tourismus

Internationale Reiseführer warnen vor einem Besuch in Deutschland. »Ausländer sind in weiten Teilen Deutschlands nicht willkommen«, schreibt ein weltbekannter englischsprachiger Guide. »Insbesondere wenn Sie nicht wie ein typischer Deutscher aussehen: Rechnen Sie mit scharfen und häufigen Kontrollen durch die Polizei. Sie sucht nach Ausländern, die illegal in Deutschland leben.«

Eine Deutschlandreise lohne sich immer noch wegen der vielen Sehenswürdigkeiten und landschaftlichen Schönheiten, schreibt ein weiterer Reiseführer. Allerdings wird empfohlen, sie in der sicheren Atmosphäre einer Reisegruppe zu unternehmen. »Das Logo des Reiseveranstalters sollte dabei stets deutlich sichtbar getragen werden«, heißt es im Kapitel »Tipps für Deutschland«.

Ein fremdenfeindliches Deutschland wäre kein beliebtes Reiseziel mehr für ausländische Touristen. Anziehungspunkte wie Heidelberg und Berlin, Rüdesheim am Rhein und Neuschwanstein würden das nachlassende Interesse deutlich zu spüren bekommen. Auch wirtschaftlich: Hotels müssten schließen, Betriebe wie Busunternehmen oder Restaurants hätten herbe Einbußen zu verzeichnen. Beispielsweise in Berlin, wo mehr als 40 Prozent der Touristen aus dem Ausland stammen.

Der Wirtschaftsfaktor Fremdenverkehr ist nicht zu unterschätzen. 2010 haben deutsche Hotels und Pensionen erstmals mehr als 60 Millionen Übernachtungen von Gästen aus dem Ausland registriert, jede sechste Übernachtung wurde damit von internationalen Touristen gebucht. Die Deutsche Zentrale für Tourismus (DZT) hat Einnahmen aus den Reisen von Ausländern nach Deutschland verzeichnet, die so hoch sind wie nie zuvor: 26,2 Milliarden Euro im Jahr. Das Bundeswirtschaftsministerium spricht sogar von mehr als

35 Milliarden Euro, wobei es auch die Ausgaben der Touristen für Flüge mitrechnet, die alleine fast neun Milliarden Euro ausmachen. Drei von vier ausländischen Besuchern kommen aus europäischen Staaten. Jeder zehnte Gast ist Amerikaner, ebenfalls fast jeder Zehnte ein Asiat, Tendenz steigend.[97]

Damit allerdings wäre es vorbei, wenn die Ausländer aus Deutschland vertrieben würden. Denn die Atmosphäre, das »Städtische Leben« und die kulturelle Vielfalt zählen nach Marktstudien zu den wichtigsten Gründen, warum Touristen nach Deutschland kommen – all dies aber fiele in diesem Land weg, würde unser Szenario Wirklichkeit würde.

»Die Ersten, die wegbleiben würden, wären die Amerikaner«, erklärt Burkhard Kieker, Geschäftsführer der Berlin Tourismus & Kongress GmbH namens visitBerlin. »Sie reagieren ganz besonders sensibel auf aktuelle Sicherheitshinweise.« Eine Warnung in einem bekannten Reiseführer reiche schon aus, dass diese Besucher andere Ziele vorziehen.

Kieker erinnert an Erfahrungen vom Beginn der 2000er-Jahre. Damals häuften sich in englischsprachigen Reiseführern die Warnungen vor Teilen Ostdeutschlands und auch Berlins. »Prompt kamen Anfragen von besorgten Reiseveranstaltern und Reisebüros, aber auch von Individualreisenden, die verunsichert waren«, berichtet Burkhard Kieker. Die *Süddeutsche Zeitung* hatte seinerzeit unter dem Titel »Deutschland, peinlich Vaterland« über Empfehlungen an Reisende berichtet, sich vor einem Gewaltklima in Teilen Deutschlands in Acht zu nehmen. Über Berlins Osten war etwa im Guidebook *Let's Go Germany 2000* zu lesen: »Farbige, Schwule und Lesben sollten Vorsicht walten lassen, wenn sie in den östlichen Vororten der Stadt oder spät nachts mit der S-Bahn unterwegs sind; besonders der Bahnhof Lichtenberg ist kein angenehmer Ort.«

Der Reiseführer *Explorer Germany* empfahl Vorsichtsmaßnahmen für ganz Ostdeutschland: »In abgelegenen Städten und Dörfern gibt es bedauerlicherweise Nester von rechtsextremen Fanatikern, und wenn Sie unverkennbar Ausländer sind, sollten Sie nachts Nahverkehrszüge meiden.« *Frommer's 2000 Germany* schrieb über Dresden: »Leider ist die Stadt ein Zentrum neonazistischer Skinheads geworden. Seien Sie besonders vorsichtig, wenn Sie nachts durch die Straßen gehen. Die Gegend nördlich der Elbe gilt als die gewalttätigste.«[98]

Auch heute noch enthalten internationale Reiseführer solche Warnungen – selbst wenn sie nur in wenigen Sätzen neben den Empfehlungen für herrliche Schlösser, sonnige Fahrten auf dem Rhein und Tipps für das Münchner Oktoberfest auftauchen. So schreibt der Europa-Führer der *Lonely Planet*-Reihe in seiner Ausgabe vom Oktober 2011: »Afrikaner, Asiaten und Südeuropäer können rassistischen Vorurteilen begegnen, insbesondere in Ostdeutschland, wo sie als Sündenböcke für wirtschaftliche Schwierigkeiten ausgedeutet werden können.«[99] Würde Ausländerfeindlichkeit jedoch zur offiziellen Politik werden, dann wäre für die potenziellen Besucher in kürzester Zeit die Bundesrepublik wieder das hässliche Deutschland.

»Berlin steht für ein weltoffenes und multikulturelles Deutschland und hat dieses neue Image in den letzten Jahren entscheidend geprägt. Ein fremdenfeindliches Deutschland würde diese positive Entwicklung vollkommen zunichtemachen und würde einer Demontage mit der Kettensäge gleichkommen«, sagt Kieker. Das träfe die Stadt, die sich für »arm, aber sexy« erklärt hat, kulturell, aber auch wirtschaftlich.

Der Tourismus ist dort mittlerweile zum stärksten Wirtschaftszweig aufgestiegen. Er spült nach offiziellen Angaben neun Milliarden Euro pro Jahr in die Kassen und verschafft 230.000 Frauen und Männern einen Arbeitsplatz. Allein 760 Hotels und Pensionen mit 120.000 Betten leben von den Gästen. Jeder Übernachtungsgast gibt während seines Berlin-Besuches pro Tag durchschnittlich 197 Euro aus, beim Essen und für das Hotel, im Museum oder beim Shopping. Das Geschäft soll eigentlich weiter ausgebaut werden: Derzeit buchen die Gäste 22 Millionen Übernachtungen, das ist europaweit Platz 3 hinter London und Paris, aber inzwischen vor Rom. 2020 sollen es bereits 30 Millionen Übernachtungen sein.

In der Bundeshauptstadt ist der Anteil ausländischer Touristen kontinuierlich gestiegen. Die Briten stellen mit fast 900.000 Übernachtungen im Jahr die größte ausländische Besuchergruppe. Danach kommen Italiener, Niederländer, Spanier. Die Amerikaner (650.000) kommen noch zahlreicher als die Franzosen (522.000). Auch die Israelis stellen einen beachtlichen Anteil der Berlin-Touristen – mit fast 220.000 Übernachtungen. Damit wäre es sofort vorbei, wenn der Fremdenhass in Deutschland Nahrung fände.

»In Berlin leben 187 Nationen. Das ist genau der kulturelle Schmelztiegel, der den Magnetismus dieser Stadt ausmacht«, erläutert Tourismus-Chef Kieker. »Das ist die Atmosphäre und das Lebensgefühl, das diese Stadt für viele Besucher, aber auch ihre Bewohner, so ungeheuer attraktiv macht.«

Etwas anders sieht es nach Ansicht des Tourismus-Experten bei Geschäftsreisenden aus. Hier stünden oft rein monetäre Interessen im Vordergrund. Dennoch: Große Veranstaltungen würden zunehmend auch nach politisch korrekten Kriterien durchgeführt. Eine rechtsextreme Entwicklung könne dazu führen, dass Städte bei der Auswahl keine Berücksichtigung fänden. »Da braucht nur ein großer Pharmakonzern zu sagen: Wir kommen nicht mehr nach Deutschland. Das hätte ein Riesenecho.« Betroffen wären davon internationale Kongresse und Messen. »Die Internationale Tourismus-Börse (ITB) etwa lebt von den Ausstellern und Besuchern aus der ganzen Welt und dürfte große Probleme bekommen«, zeigt sich Kieker überzeugt. Die Besucher von Kongressen, Tagungen und Meetings machen etwa 30 Prozent der Berlin-Gäste aus.

Berlin steht dabei für ganz Deutschland, wenngleich die Internationalität des Tourismus in der Hauptstadt deutlich höher ist als anderswo. In Bayern etwa, dem Bundesland mit den meisten Gästen, werden zwar insgesamt mehr als 80 Millionen Übernachtungen im Jahr gebucht. Doch mit 14 Millionen Übernachtungen liegt der Anteil der Buchungen durch Ausländer weit niedriger als in Berlin. An der Spitze stehen dabei Niederländer, Österreicher und Italiener. In Hessen, wo

28 Millionen Übernachtungen von Besuchern gezählt werden, sind es 5,6 Millionen Mal ausländische Gäste, ganz vorne die Amerikaner. Was all diese Bundesländer gemeinsam haben: Der Tourismus ist eine Wachstumsbranche, die Jahr für Jahr zulegt. »Das Reiseland Deutschland liegt im Trend«, sagt die Hauptgeschäftsführerin des Deutschen Hotel- und Gaststättenverbandes, Ingrid Hartges.

Das Bundeswirtschaftsministerium hat in einer Studie Anfang 2012 beziffert, um welche Summen es in dieser »umsatzstarken Querschnittsbranche« geht.[100] Danach entfällt von den 35,4 Milliarden Euro an Gesamtausgaben der ausländischen Touristen mit 9,7 Milliarden Euro der größte Anteil auf Hotels und andere »Beherbergungsleistungen«. Für Gaststättenbesuche geben die Touristen 5,6 Milliarden Euro aus, für Flüge 8,8 Milliarden. Auch die hiesigen Geschäfte profitieren kräftig von den ausländischen Besuchern. 4,3 Milliarden Euro lassen sie beim Shopping in der Bundesrepublik. Dazu zählten insbesondere Ausgaben für den Kauf von Tabakerzeugnissen, Bekleidung, Verlagserzeugnissen, Möbel, Schmuck, Musikinstrumenten, Sportgeräten und Spielwaren, zählt die Studie auf. Für 154 Millionen Euro buchten die ausländischen Touristen Mietwagen und 34 Millionen Euro zahlten sie bei Ärzten oder in Rehakliniken.

Wenn das Image nicht beschädigt wird, sieht die Tourismus-Branche gute Aussichten, diese Zahlen weiter kräftig zu steigern. »Es wird damit gerechnet, dass Deutschland bis 2020 die 80-Millionen-Marke an ausländischen Übernachtungen durchbrechen kann«, notiert die Deutsche Zentrale für Tourismus. Die wichtigste Voraussetzung dafür: ein hohes Ansehen. Eine renommierte internationale Imagestudie bescheinige, dass Deutschland überall in der Welt zu den zehn beliebtesten Ländern zählt. »In China und in Russland steht das Image Deutschlands im weltweiten Vergleich sogar auf Platz 1.«[101] Das aber würde sich in einem fremdenfeindlichen Land sehr schnell ändern.

Vural Öger kennt die Branche wie kaum ein Zweiter. Der deutsch-türkische Unternehmer gründete schon 1969 in Hamburg ein Türkei-Reisebüro und baute daraus die erfolgreiche Firma »Öger Tours« auf, die er bis zum Jahr 2010 führte. Für Öger steht fest: Folgen des »selbstverständlich sehr fiktiven Szenarios«, das wir in diesem Buch entwerfen, »wären für Deutschland und den Tourismus ein weltweiter Imageschaden, mit anderen Worten: Die Menschen würden Deutschland fern bleiben.« Menschen ausländischer Herkunft mit einem deutschen Pass würden »versuchen, das Land zu verlassen«, sagt er. Was für ihn selbst aber nicht unbedingt gelten würde – jedenfalls nicht sofort. »Ich würde zunächst bleiben und die Entwicklung abwarten.«

Hinsichtlich der Folgen für den Tourismussektor gehe es nicht nur um das internationale Bild Deutschlands, fügt Öger hinzu – sondern schlicht um die Frage, ob die Branche ohne ausländische Beschäftigte noch arbeitsfähig wäre. Der erfolgreiche Unternehmer antwortet mit einem klaren Nein: »Menschen ausländischer Herkunft sind im deutschen Hotel- und Gaststättengewerbe sowie im gesamten Dienstleistungsbereich unersetzlich.«

Deutschland ohne Flüchtlinge

Die Bundesrepublik Deutschland hat eine unwirtliche Insel vor der Küste Afrikas erworben – zu einem symbolischen Preis von einem afrikanischen Potentaten. Alle Flüchtlinge, die ins reiche Deutschland kommen wollen, werden dorthin verfrachtet. Solange ihr Asylverfahren läuft, müssen sie in kargen Unterkünften auf der Insel ausharren. Gern erinnert die neue Bundesregierung an ihr Vorbild Australien. Auf offener Bühne werde das deutsche Vorgehen scharf kritisiert, räumt sie ein. Hinter den Kulissen bekundeten jedoch zahlreiche Länder Interesse, sich dem deutschen Asylverfahren anzuschließen.

Ein Deutschland, das keine Flüchtlinge mehr aufnimmt? Das wäre ein vollkommen anderes Land, urteilt Manfred Schmidt, der Präsident des Bundesamtes für Migration und Flüchtlinge (BAMF). Ein international isoliertes Land, das einen Großteil seiner rechtlichen und moralischen Grundlagen über Bord geworfen hätte. Ja, sagen auch die Vertreter der Menschenrechtsorganisation Pro Asyl, das wäre eine unvorstellbare Entwicklung. Und doch entdecken die Pro-Asyl-Experten in der politischen Wirklichkeit eine Abschottung Europas gegenüber Hilfesuchenden, die sie in Teilen an das Szenario dieses Buches erinnern. Wir haben beide, die Behörde und die Nichtregierungsorganisation, um ihre Einschätzung gebeten.

»Aus den schrecklichen Erfahrungen unserer Geschichte haben wir gelernt, dass Flüchtlinge effektiven Schutz benötigen und wir eine besondere Verantwortung tragen.« Amtspräsident Schmidt lässt daran keinen Zweifel: »Sollten wir uns der gesetzlichen Verpflichtung, Flüchtlinge aufzunehmen, widersetzen, käme dies unterlassener Hilfeleistung gleich.« Schließlich gehe es um Menschen, die vor Krieg und Bürgerkrieg fliehen, die politisch, religiös oder rassistisch verfolgt werden, die keine ausreichende Existenzgrundlage besitzen oder durch Umweltveränderungen aus ihrer Heimat getrieben werden.

Keine Behörde in Deutschland befasst sich so intensiv mit Migrationsfragen wie das Bundesamt in Nürnberg. Es ist auch dafür zuständig, Asylanträge zu prüfen und darüber zu entscheiden, ob Menschen in Deutschland bleiben dürfen oder nicht. Seit 2010 steht Manfred Schmidt an der Spitze des Amtes. »Sollten wir jetzt Flüchtlingszugänge von heute auf morgen stoppen, handeln wir nicht nur unsolidarisch gegenüber den Flüchtlingen, sondern erhöhen auch automatisch die Belastung für die einzelnen Mitgliedstaaten der Europäischen Union«, erklärt er. »Dieses Handeln würde im Ausland für ein Feuerwerk der Kritik sorgen und wir würden uns selbst ins Abseits stellen.«

Für dieses Buch hat der promovierte Jurist Schmidt sich Gedanken darüber gemacht, welche Gesetze bisher die Aufnahme von Flüchtlingen ermöglichen – und ob eine ausländerfeindliche Regierung sie ändern könnte, wenn sie Flüchtlingen den Zugang verwehren wollte. »Sollte Deutschland die Aufnahme von Flüchtlingen stoppen wollen, müsste sowohl nationales als auch internationales Recht geändert werden«, fasst Schmidt nüchtern zusammen.

Seine Expertise zeigt: Es bliebe juristisch und politisch kein Stein auf dem anderen. Deutschland müsste sein Grundgesetz ändern, aus wichtigen internationalen Abkommen wie der Genfer Flüchtlingskonvention (GFK) austreten und schließlich die Europäische Union und den Europarat verlassen. Und selbst dann würde es noch gegen internationales Recht verstoßen, weil etwa die Genfer Flüchtlingskonvention von der Völkergemeinschaft auch für jene Länder angewandt wird, die ihr nicht beigetreten sind.

Schmidts Argumente im Einzelnen: Deutschland müsste seine Verfassung ändern, insbesondere Artikel 16a des Grundgesetzes, der ein Grundrecht auf Schutz vor politischer Verfolgung gewährt: »Die Verankerung dieses Artikels im Grundgesetz war eine Folge der Erfahrungen politisch Verfolgter im Nationalsozialismus.« Von dieser Grundhaltung würde sich die Republik also verabschieden. Aber theoretisch wäre ein Abschied von diesem Recht möglich, so Jurist Schmidt. Denn dieser Passus sei nicht von der »Ewigkeitsklausel«, dem Artikel 79 Absatz 3 des Grundgesetzes, geschützt, »sodass Änderungen oder eine Auflösung des verfassungsrechtlichen Asylrechts durchaus möglich wären«. Die Hürden liegen allerdings hoch: Erforderlich wäre eine Zweidrittelmehrheit sowohl im Bundestag als auch im Bundesrat. Das Aufenthaltsgesetz müsste außer Kraft gesetzt werden, das Asylverfahrensgesetz würde sich gänzlich erübrigen, folgert Schmidt.

Wer ins Land einreisen und wie lange er bleiben darf – das könnten Staaten und die Europäische Union in ihrer Souveränität durchaus frei regeln. Allerdings gebe es Grenzen. »So müsste Deutschland aus der Genfer Flüchtlingskonvention austreten«, sagt Schmidt und erläutert: »Historischer Ursprung dieses Vertrags war die Erfahrung, dass sich während des Zweiten Weltkriegs viele Staaten geweigert hatten, Flüchtlingen vor dem Holocaust Zuflucht zu gewähren. Die Genfer Flüchtlingskonvention definiert nicht nur, wer ein Flüchtling ist, sondern kodifiziert auch einen Rahmen menschenrechtlicher Verpflichtungen gegenüber Flüchtlingen. Sie bestimmt unter anderem, dass ein Flüchtling nicht dorthin zurückgewiesen werden darf, wo sein Leben oder seine Freiheit bedroht ist. Dieses Gebot des Non-Refoulement in Artikel 33, Absatz 1, ist das Kernelement der GFK. Als Völkergewohnheitsrecht gilt es auch für solche Staaten, die der Konvention nicht beigetreten sind.«

Auch andere internationale Vereinbarungen wären nach Einschätzung des Experten betroffen. »Sollte sich Deutschland künftig der Aufnahme von Flüchtlingen widersetzen, müsste es auch aus der von allen Mitgliedstaaten des Europarates unterzeichneten Europäischen Menschenrechtskonvention vom 4. November 1950 austreten – was vermutlich auch einen Austritt aus dem Europarat zur Folge hätte«, fährt Schmidt fort. Die Menschenrechtskonvention legt Mindestrechte und Freiheiten von Menschen in Europa fest. »Der Europäische Gerichtshof für Menschenrechte hat darauf hingewiesen, dass insbesondere das Folterverbot es verbietet, einen

Menschen in einen Staat abzuschieben, in dem ihm Folter oder unmenschliche Behandlung droht.«

Auseinandersetzungen mit den europäischen Nachbarstaaten wären programmiert. Nach Einschätzung Schmidts »müsste eine fremdenfeindliche Regierung, sofern die Aufnahme und Einreise von Flüchtlingen unterbunden werden soll, die Landesgrenzen Deutschlands schließen, wodurch wir die Grundfreiheiten der Europäischen Union (Personenfreizügigkeit, freier Warenverkehr) verletzen würden«. Wozu eine solche Vertragsverletzung führe, sei schon 2011 zu beobachten gewesen, als die Europäische Kommission Dänemark rügte, weil es verstärkt seine Grenzen kontrolliert hatte. Auch Deutschland würde stark in die Kritik der EU-Kommission geraten, erwartet Schmidt.

Ein Deutschland, das seine Grenzen schließen wollte, müsste auch das Schengener Abkommen verlassen, in dem europäische Staaten die stationären Grenzkontrollen abgeschafft haben. »Sollte unsere Regierung auf einer Aussetzung des Schengener Abkommens beharren, würde die Kommission vermutlich eine Konventionsstrafe verhängen«, führt der BAMF-Präsident aus. »In letzter Konsequenz müsste Deutschland wahrscheinlich aus der Europäischen Union austreten.« Das wäre rechtlich möglich: In Artikel 50 des EU-Vertrags heißt es: »Jeder Mitgliedstaat kann im Einklang mit seinen verfassungsrechtlichen Vorschriften beschließen, aus der Union auszutreten.«

Die Konsequenzen sind für den Präsidenten des Bundesamtes klar. Deutschland würde sich »außenpolitisch ins Abseits stellen«. Mit Konsequenzen weit über die Flüchtlingspolitik hinaus. »Überdenkt man dieses Szenario weiter, so würde sich unser Land fortan in die internationale Isolation bewegen, sich vom Rest der Welt politisch abschotten«, betont Schmidt. »Gleichzeitig würde diese Entscheidung einen diplomatischen Erdrutsch auslösen – kein Staat hätte vermutlich mehr Interesse, mit uns diplomatische Beziehungen zu pflegen.«

Deutschland ohne Flüchtlinge? Nein, das können sich die Mitarbeiter der Menschenrechtsorganisation Pro Asyl genauso wenig vorstellen wie Amtsleiter Schmidt. Und zwar aus politischen wie aus juristischen Gründen. »Ich denke, das wäre nicht möglich«, sagt Pro-Asyl-Juristin Marei Pelzer. »Voraussetzung wäre, dass Deutschland aus der Europäischen Union austreten müsste und aus der Europäischen Menschenrechtskonvention.« So ein Szenario sehe sie nicht. Allerdings fühlen sich die Menschenrechtlerin und ihre Kollegen durchaus an manche aktuelle Entwicklung erinnert. Zwei Stunden lang diskutieren sie mit uns das Szenario. Je länger das Gedankenspiel dauert, desto mehr Beispiele fallen den Fachleuten ein für eine Politik, die schon heute versuche, Flüchtlinge und niedrig qualifizierte Migranten weit weg zu halten von Deutschland.

An der Wand prangt die Urkunde des renommierten Aachener Friedenspreises. In den Regalen stehen reihenweise Aktenordner mit Aufschriften wie »Einwanderungsdebatte II« oder »Schily-Entwurf«. An dem großen Konferenztisch sitzen drei der besten Kenner der deutschen und europäischen Flüchtlingspolitik: Marei Pelzer ist Juristin mit dem Spezialgebiet Flüchtlingsrecht, Bernd Mesovic lenkt als Vize-Geschäftsführer die Geschicke der Menschenrechtsorganisation und Karl Kopp recherchiert in vielen europäischen Ländern zur Situation von Flüchtlingen und agiert in Brüssel.

Am ovalen Holztisch in der deutschen Pro-Asyl-Zentrale zeigt sich: Europa besitzt viel Übung darin, Flüchtlingen den Weg hierher unmöglich zu machen. »Deutschland und die EU insgesamt flüchtlingsfrei zu machen ist politische Absichtserklärung der Gegenwart, nicht rechtspopulistische Zukunftsmusik«, beurteilt Mesovic die Lage. Er beobachtet diese Entwicklung schon seit zwei Jahrzehnten mit großer Sorge. Er erinnert an ein Szenario, das der frühere deutsche Innenminister Otto Schily (SPD) 2003 gemeinsam mit dem damaligen britischen Premierminister Tony Blair entwarf. Ihr Motto habe gelautet: »Die Genfer Flüchtlingskonvention ist unmodern geworden. Wir müssen was Besseres machen.« Ergebnis sei ein Vorschlag gewesen, »Aufnahmezentren« außerhalb der Europäischen Union zu schaffen, etwa in Nordafrika. Von dort aus hätten die Menschen auf der Flucht ihr Asylverfahren zu betreiben. Wenn sie anerkannt würden, wäre damit immer noch nicht ihre Einreise nach

Deutschland verbunden gewesen. Vielmehr habe man auch über die Ansiedlung von Flüchtlingen in armen Staaten nahe ihrer Heimat nachgedacht. Könnte das ein Modell sein, nach dem eine rechtspopulistische Regierung vorgeht?

Andere Länder haben das Szenario schon weiter getrieben. Australien zum Beispiel, das im Jahr 2001 Flüchtlingslager außerhalb seiner eigenen Staatsgrenzen eingerichtet hatte, auf der Pazifikinsel Nauru. »Das rechtspopulistische Szenario ist die Nauru-Lösung«, sagt Karl Kopp. »Es gibt immer wieder die Debatte: Ich kauf mir ein Nachbarland, ich kauf mir eine Insel.« Um Flüchtlinge nicht ins eigene Land zu lassen. Eine ferne Debatte? Keineswegs, sie ist auch in der Bundesrepublik durchaus bekannt.

Die Runde erinnert sich an den früheren Generalsekretär des Deutschen Roten Kreuzes (DRK), Hans-Jürgen Schilling. Er hatte im Jahr 1980 einen Vorschlag gemacht, wie Deutschland sich Flüchtlinge vom Leibe halten könne. Denn Deutschlands wirtschaftliche Perspektiven ließen für die Übernahme neuer sozialer Lasten »aus dem auswärtigen Bereich« wenig Spielraum, so Schilling in einer Rede. Die Lösung sah der DRK-Funktionär darin, dass das Hochkommissariat für Flüchtlingsfragen der Vereinten Nationen (UNHCR) Territorien erwerben solle, um Flüchtlinge anzusiedeln. Viel Platz brauchten diese Leute sowieso nicht, weil sie Enge gewohnt seien, urteilte er. Überdies könnten »selbst unwirtliche Felseninseln oder Wüstenstreifen durch den Einsatz moderner Technik zu leistungsfähigen Gemeinwesen« entwickelt werden, meinte Schilling.[102] Von da an wäre es nicht mehr weit zu einem Deutschland ohne Flüchtlinge.

So radikal dieser Vorschlag klingt – Deutschland hat bereits viele Voraussetzungen geschaffen, die Rechtspopulisten in der Flüchtlingspolitik nur vollenden müssten. Staaten, die sich als »Türsteher« für die wohlhabenden Länder zur Verfügung stellten, gebe es längst, so die Fachleute von Pro Asyl. Libyen zum Beispiel habe schon unter dem inzwischen gestürzten und getöteten Machthaber Muammar al-Ghaddafi Abkommen geschlossen, um afrikanische Flüchtlinge auf dem Weg nach Europa aufzuhalten. Die Gegenleistung: internationale Anerkennung.

Auch die Ukraine erfüllt nach den Beobachtungen der Pro-Asyl-Fachleute eine »Türsteherfunktion«. »Man greift zum Beispiel somalische Flüchtlinge bei dem Versuch auf, die Ukraine zu verlassen und die EU zu erreichen, und inhaftiert sie bis zu einem Jahr lang«, berichtet Marei Pelzer. So werde die Ausreise verhindert – auf Druck der EU. »Menschenrechtlich ist das höchst problematisch. Aber es wird gemacht.« So wie auch eine rechtpopulistische Regierung in Deutschland sich von vielem nicht abhalten lassen würde, das mit den Menschenrechten kollidierte.

Weniger einfach würde es für Deutschland, Menschen loszuwerden, deren Herkunftsländer sie nicht zurücknehmen wollen. Was dann? Auch für diese Fragen gibt es längst Lösungen der Politik, allerdings hoch problematische, wie die Pro-Asyl-Fachleute betonen. Dann nämlich, wenn sich die Durchreiseländer der Flüchtlinge verpflichten, jeden Menschen zurückzunehmen, der über ihr Territorium nach Deutschland gekommen ist. »Alle Standard-Rückübernahme-Abkommen der EU haben diese Klausel«, berichtet Europa-Experte Kopp. »Ob es funktioniert, hängt davon ab, ob du diesen Staat willfährig machst, also was du bietest.«

Kopp erinnert sich an das Jahr 1992, in dem man 80.000 Roma innerhalb von wenigen Monaten aus Deutschland abgeschoben habe. Das Beispiel zeigt: Wenn die Bundesrepublik bestimmte Ausländer nicht im Land haben wollte, fanden sich dafür auch bisher schon Wege, um das durchzusetzen. So oder ähnlich dürfte es auch ablaufen, wenn eine rechtspopulistische Regierung die unerwünschten Menschen hinauswerfen würde.

Es war im September 1992, als Deutschland ein Abschiebeabkommen für Roma mit Rumänien schloss. Die rumänische Regierung bekam 30 Millionen Mark (ca. 15 Millionen Euro) aus Bonn zugesprochen, dafür wurden Rumänen und insbesondere Roma aus Deutschland zurückgebracht.[103] Flüchtlingsorganisationen nannten das Vertragswerk einen »Deportationsvertrag«. Die Menschenrechtler der Forschungsstelle Flucht und Migration (FFM) beobachteten, dass die Abschiebung von Tausenden von Menschen vom Flughafen Berlin-Schönefeld »wie geschmiert« gelaufen sei. Sie berichteten: »An manchen Tagen überschreitet die Zahl der abgeschobenen RumänInnen 200 Personen. Für den Flug nach Bukarest nehmen die Ausländerbehörden Personen, die abgeschoben werden sollen, nach Möglichkeit rund tausend Mark ab.«[104]

Als Gegenleistung an Rumänien zahlte Deutschland nicht nur Geld. Insbesondere die schrittweise Annäherung an die Europäische Union – die damals noch Europäische Gemeinschaft hieß – war der Preis, den Deutschland anbieten konnte. Auch für die Schwierigkeit, Menschen ohne Papiere abzuschieben, fand sich eine Lösung. Das Abkommen ermöglichte die Rückführung rumänischer Staatsangehöriger ohne Grenzübertrittsdokumente, so die FFM-Experten. Es genüge ein Zeuge, der die Staatsangehörigkeit der betreffenden Person glaubhaft machen könne. In Artikel 3 des Abkommens hieß es denn auch: »Im Falle der Übergabe der betroffenen Person auf dem Luftweg ist kein Reisedokument erforderlich.«[105]

Vieles also wäre keineswegs neu, was Rechtspopulisten unternehmen müssten, um Flüchtlinge von Deutschland fernzuhalten oder sie wieder wegzuschicken. Aber würde das wirklich alle ausländischen Flüchtlinge betreffen, alle 600.000 Menschen, die die UN-Flüchtlingsorganisation UNHCR heute in Deutschland zählt?[106]

Nein, sagt Marei Pelzer. Deutschland arbeite zwar zusammen mit anderen daran, Flüchtlinge, die neu nach Europa kommen wollen, davon abzuhalten. Das schon. »Aber diejenigen, die hier sind, loszuwerden, ist ein Szenario, das sehe ich nicht.« Die Juristin hegt die Hoffnung, dass sich Deutschland nicht einfach seiner Schutzfunktion entledigen könnte. »Aus der Europäischen Menschenrechtskonvention auszusteigen oder sich den Verpflichtungen der Genfer Flüchtlingskonvention zu entledigen – das ist für mich nicht vorstellbar«, sagt sie. Diese Konventionen schützten Flüchtlinge vor Abschiebungen in die Verfolgerstaaten. Überwacht werde dies etwa durch den Straßburger Gerichtshof für Menschenrechte. Dieser verurteilte im Februar 2012 Italien dafür, weil es eritreische und somalische Flüchtlinge nach Libyen abgeschoben hatte, ohne ihre Asylanträge zu prüfen. »Der offene Bruch des Völkerrechts wurde ganz klar verurteilt«, resümiert Marei Pelzer. »So würde es auch Deutschland ergehen.«

Tatsächlich würden auch Rechtspopulisten nicht auf alle Ausländer verzichten, zeigt sich die Expertenrunde bei Pro Asyl überzeugt. Hoch qualifizierte Arbeitskräfte, aber auch Prostituierte, Hausangestellte oder Pflegekräfte würde eine solche Regierung ins Land lassen. Ein Rechtspopulismus, der scheinbar nicht rassistisch argumentiert, sondern mit den angeblichen wirtschaftlichen und sozialen Interessen Deutschlands – das ist aus Sicht der Experten die realistischste Variante.

Flüchtlinge wären davon automatisch betroffen. »Wenn ich als Flüchtling mit 50 Jahren aus einem Kriegs- und Krisengebiet komme und mein Vermögen und meine Ansprüche nicht mitnehmen kann, dann weiß ich, das ist für das Aufnahmeland ein Zuschussgeschäft. Wenn man das knallhart ökonomisch sieht …«, sagt Mesovic und führt den Satz nicht zu Ende. Er weiß, worauf er hinauslaufen würde.

Deutschland gegen Europa

Brüssel. In der schärfsten Auseinandersetzung, welche die Europäische Union jemals erlebt hat, verklagt die Europäische Kommission die Bundesrepublik Deutschland. Der Kommissionspräsident stellte gestern die Brüsseler Klage gegen das größte EU-Mitgliedsland vor. Er forderte Berlin zugleich unmissverständlich dazu auf, die Ausweisung der Ausländer sofort zu stoppen und den bereits Ausgewanderten ein Rückkehrrecht einzuräumen. »Deutschland verstößt mit seiner Politik gegen die Grundlagen der Europäischen Union und gegen die Grundgedanken der europäischen Einigung. Wir fordern die Bundesregierung dazu auf, zu einer Politik der Völkerverständigung zurückzukehren, die Grundlage für Frieden, Freiheit, Sicherheit und Wohlstand in unserem Kontinent ist«, sagte der Kommissionschef.

Bereits in ihrem Mahnschreiben an die Bundesrepublik hatte die Kommission zum Ausdruck gebracht, dass die Ausweisung der Bürger anderer EU-Staaten aus Deutschland nach ihrer Ansicht rechtlich unwirksam sei. Deutschland müsse sich auf Strafzahlungen »in bisher ungekanntem Ausmaß« einstellen, hieß es in Brüsseler Diplomatenkreisen. Ein Urteil des Europäischen Gerichthofs über die Klage der Kommission wird noch in diesem Jahr erwartet, sofern Deutschland nicht einlenkt.

Niemals könnte Deutschland die Ausländer einfach aus dem Land werfen, sagen manche. Europa wäre davor! Die Europäischen Verträge zum Beispiel, welche die Freizügigkeit der Europäer in den Mitgliedsländern gewähren und für alle anderen ebenfalls die Menschenrechte – also zum Beispiel Schutz vor Abschiebung in gefährliche Lebensumstände.

Ist das so? Würde Europa tatsächlich Deutschland in den Arm fallen? Seinem größten und mächtigsten Mitgliedsland, das am meisten Geld in die EU-Kasse füllt? Die bisherigen Erfahrungen in der europäischen Zusammenarbeit lassen Zweifel daran aufkommen.

Man könnte etwa den Vertrag von Amsterdam aus dem Jahr 1997 als Beispiel anführen, in dem der Stabilitäts- und Wachstumspakt nach jahrelangen Verhandlungen festgeschrieben wurde. Eine wesentliche Regelung lautete, dass ein Mitgliedstaat keine Schulden machen darf, die höher sind als 3 Prozent der Wirtschaftsleistung (Bruttoinlandsprodukt). Vereinbart wurden Geldstrafen in empfindlicher Höhe, bis zu 0,5 Prozent des Bruttoinlandsprodukts. Doch als die großen EU-Länder Deutschland und Frankreich die Defizitgrenze schon wenige Jahre danach überschritten, vermochten sie Sanktionen abzuwenden. Sie bekamen zwar blaue Briefe von der Europäischen Kommission zugeschickt. Die Finanzminister der Mitgliedsländer setzten aber die Strafen aus. Der Europäische Gerichtshof billigte ihr Vorgehen: Der EU-Finanzrat Ecofin sei nicht an die Vorschläge der Kommission gebunden.

So können europäische Verträge zu zahnlosen Tigern werden. Der Finanzwissenschaftler Hans-Peter Burghof sieht das ganz nüchtern. »Das grundsätzliche Problem ist, dass auch schriftliche Verträge nicht unbedingt Gültigkeit haben, wenn dahinter keine Anreize stehen, diese Verträge auch wirklich einzuhalten«, sagte Burghof in einem Interview zu den ausbleibenden Strafen gegen Defizitsünder. Auch scheinbar automatische Strafen, die in Verträgen festgelegt würden, seien keineswegs bindend. »In der Politik ist nichts automatisch«, betont der Bankenexperte. Das gelte in der Europäischen Union in besonderem Maße. »Europa ist einfach nur ein Staatenbund, kein Bundesstaat«, sagt Burghof. »Es gibt keine Zentralmacht, die irgendetwas gegen die Bundesstaaten wirklich durchsetzen könnte.«[107]

Es gibt aber auch Gegenbeispiele. Eines haben wir bereits im Kapitel »Deutschland ohne Flüchtlinge« erwähnt: Im Februar 2012 verurteilte der Europäische Gerichtshof für Menschenrechte Italien, weil es im Jahr 2009 Flüchtlinge aus Somalia und Eritrea auf hoher See aufgegriffen und in die libysche Hauptstadt Tripolis verfrachtet hatte, ohne dass die Menschen rechtlich etwas dagegen tun konnten. Damit habe Italien gegen europäische und internationale Menschenrechte verstoßen, urteilten die Straßburger Richter. Das UN-Hochkommissariat für Flüchtlinge (UNHCR) hatte die Betroffenen unterstützt und viele Menschenrechtler begrüßten das Urteil. Ob so ein menschenfreundlicher Richterspruch Auswirkungen hat, steht allerdings auf einem ganz anderen Blatt. Italien wurde verurteilt, jedem der 24 Kläger 15.000 Euro Schmerzensgeld zu zahlen – also einen Betrag aus der Portokasse des Sünderlandes.

Führende Europa-Experten sind trotzdem überzeugt, dass die Europäische Union keinem Mitgliedsland eine fremdenfeindliche Politik wie in unserem Szenario durchgehen lassen würde. Zu ihnen zählt Martin Schulz, der Präsident des Europäischen Parlaments. Der Sozialdemokrat aus Nordrhein-Westfalen gehört seit bald 20 Jahren dem Europaparlament an. Acht Jahre lang stand er an der Spitze der sozialdemokratischen Fraktion, ehe er im Januar 2012 zum Parlamentspräsidenten gewählt wurde.

»Sollte ein Mitgliedsland solche ausländerfeindlichen Gesetze erlassen, müsste die Europäische Union tätig werden«, kommentiert Schulz das in diesem Buch entworfene Szenario. »Die Ausweisung von Menschen, die innerhalb der EU Freizügigkeit genießen, wäre ein eklatanter Rechtsbruch. Ob es sich hier um EU-Bürger oder solche aus Drittstaaten handelt, spielt keine Rolle. Ich bin mir sicher, zahlreiche Partnerländer würden eine solche Entwicklung gerade in Deutschland als etwas bewerten, was dieser Kontinent nicht verkraften kann. Diese Entwicklung würde die Europäische Union sprengen.«

Schulz ist überzeugt: »Kein Partner würde zulassen, wenn – ich möchte diesen Begriff gar nicht verwenden – ein Mitgliedsland ›ethnische Säuberungen‹ beschlösse. Zunächst würden die EU-Institutionen versuchen, derlei Beschlüsse zu verhindern; wenn dies nicht hilft, würde die Isolation folgen – was Deutschland auch wirtschaftlich niemals verkraften würde.«

Die Frage eines Ausschlusses Deutschlands erübrige sich, weil sich eine Regierung, die derart ausländerfeindliche Gesetze erließe, de facto selbst aus der EU verabschieden würde, urteilt der Parlamentspräsident. »Deutsche Austrittsdrohungen würden sich die Partnerländer nicht gefallen lassen: Dieser Kontinent hat im vergangenen Jahrhundert zweimal deutsche Sonderwege ertragen müssen, einen dritten wird niemand akzeptieren.«

Schulz leugnet nicht, dass die Europäische Union in vergangenen Zeiten mal entschiedener, mal weniger entschieden eingegriffen hat – etwa als im Jahr 2000 in Österreich die rechtspopulistische FPÖ von Jörg Haider in die Regierung einzog oder als der Italiener Silvio Berlusconi Ministerpräsident war. »Die EU hat bei Jörg Haider Druck ausgeübt, bei Silvio Berlusconi leider viel zu wenig«, sagt Schulz. »In Österreich zitierte der damalige Bundespräsident Thomas Klestil die designierten Koalitionspartner ÖVP und FPÖ in die Wiener Hofburg; dort mussten sie sich öffentlich zur Einhaltung der nationalen sowie europäischen Grundrechte verpflichten. Der Druck hatte also Konsequenzen.«

Schulz ist sich da einig mit dem Grünen Daniel Cohn-Bendit, der genau so lange wie der Sozialdemokrat dem Europaparlament angehört und seit 2002 an der Spitze der Grünen-Fraktion steht. »Die EU würde sofort eingreifen, wenn die beschließen würden, die Ausländer rauszuschmeißen. Das verstößt ganz klar gegen den Lissabonner Vertrag, gegen Geist und Buchstaben der Verträge«, erklärt er (siehe das Interview mit Cohn-Bendit in diesem Buch).

Wie Sanktionen der Europäischen Union gegen Mitgliedstaaten, denen schwerwiegende Verstöße gegen Menschenrechte oder Grundwerte zur Last gelegt werden, funktionieren, ist klar geregelt. Mehrere Mitgliedstaaten, die Europäische Kommission oder das Parlament können ein Verfahren in Gang setzen, das im äußersten Falle zu einem vorübergehenden Stimmrechtsentzug gegen den Sünder führen könnte. Würde ein Vertragsverstoß Deutschlands festgestellt, dann würde das Land zunächst verpflichtet, unverzüglich die Maßnahmen zu ergreifen, die sich aus dem Urteil ergeben – also etwa die Ausweisung der Ausländer, insbesondere von EU-Bürgern, zu beenden.

Folgte Deutschland dem nicht, dann könnten die EU-Partner einstimmig Sanktionen beschließen. Ob dieser Druck allerdings stark genug wäre, um eine fremdenfeindliche Politik zu beenden – das müsste sich in dieser Situation beweisen. Denn ein derartiger Konflikt ist innerhalb der Europäischen Union bisher noch nie dagewesen.

Klar ist, dass sich Deutschland mit der Ausweisung der Ausländer gegen das europäische Recht stellen würde, macht der renommierte Europarechtler Peter-Christian Müller-Graff deutlich, der an der Heidelberger Universität Jura lehrt und als geschäftsführender Direktor des Instituts für deutsches und europäisches Gesellschafts- und Wirtschaftsrecht tätig ist. Das beginnt damit, dass die Bundesrepublik in diesem Szenario auch Menschen aus anderen Ländern der Europäischen Union aus dem Land treiben würde. Für Professor Müller-Graff steht fest: »Das Vertragsrecht der Europäischen Union lässt eine derartige Politik gegenüber Unionsbürgern aus den 26 anderen Mitgliedstaaten der EU nicht zu.« Für dieses Buch hat der Rechtswissenschaftler analysiert, welche rechtlichen Hürden Europa gegenüber dem fremdenfeindlichen Vorgehen eines Mitgliedstaats aufgebaut hat.

Die Ausweisung von EU-Bürgern durch einen Mitgliedstaat der Union sei grundsätzlich unzulässig, betont Müller-Graff und verweist auf Artikel 20 des »Vertrags über die Arbeitsweise der Europäischen Union« (AEUV), der 2007 in Lissabon beschlossen wurde. Darin heißt es unmissverständlich, Bürger der EU besäßen »das Recht, sich im Hoheitsgebiet der Mitgliedstaaten frei zu bewegen und aufzuhalten«.

Die Bundesrepublik könnte also als EU-Mitglied keine Bürger aus anderen EU-Ländern aus dem Land werfen – und auch nicht verhindern, dass weitere Menschen aus der Europäischen Union nach Deutschland ziehen. Professor Müller-Graff listet die Rechte auf, die sich aus dem Grundlagenvertrag AEUV ergeben: Nach Artikel 45 genießen EU-Bürger das Recht, sich in einem anderen Mitgliedstaat aufzuhalten, um dort nach den für die Arbeitnehmer dieses Staates geltenden Rechts- und Verwaltungsvorschriften eine Beschäftigung auszuüben, also auch in Deutschland. Wenn sie ihre Beschäftigung beenden, dürfen sie bleiben – unter Bedingungen, welche die Europäische Kommission festlegt, nicht Deutschland. Selbstständige haben nach Artikel 49 das Recht, sich frei in einem anderen Mitgliedstaat niederzulassen, und nach Artikel 56 besitzen sie auch das Recht, Dienstleistungen in einem anderen Mitgliedstaat zu erbringen. Wie grundlegend diese Rechte in Europa sind, macht ein weiteres Indiz deutlich: Sie sind zugleich Bestandteil der Grundrechtecharta der Europäischen Union, wo sie in Artikel 15 unter der Überschrift »Berufsfreiheit und Recht zu arbeiten« verbrieft werden.

Zwar sehen die Verträge auch Ausnahmeregelungen vor. Doch darauf könnte sich Deutschland nach Einschätzung des Heidelberger Rechtswissenschaftlers nicht berufen. Eine Ausweisung von Unionsbürgern könne »nur ausnahmsweise zum Schutz der öffentlichen Ordnung, Sicherheit und Gesundheit erfolgen«, erklärt er mit Verweis auf mehrere Artikel des Grundlagenvertrags.[108] Doch müssten solche Ausnahmen nach Unionsrecht gerechtfertigt sein.

»Die Festlegung der Voraussetzungen einer gerechtfertigten Ausweisung steht nicht im Belieben eines Mitgliedstaats«, erläutert Müller-Graff. Die Voraussetzungen seien in der Union festgelegt, etwa in der Freizügigkeitsrichtlinie 2004/38/EG. »Danach kann ein Verstoß gegen die öffentliche Ordnung nur im persönlichen Verhalten eines Einzelnen liegen. Kollektivausweisungen oder Ausweisungen aufgrund generalpräventiver Politik sind unzulässig.« Die Ausweisung aller Ausländer, wie sie in unserem Szenario zur offiziellen Politik wird, wäre danach in jedem EU-Mitgliedstaat unmöglich.

Etwas leichter hätte es ein rechtspopulistisches Deutschland, Ausländer aus Staaten jenseits der EU abzuschieben. Doch auch hierfür setzt Europa enge Grenzen – insbesondere bei Ausländern, die sich schon jahrelang im Land befinden. So geht es aus der sogenannten Daueraufenthalts-Richtlinie der EU hervor, die den juristisch-schlichten Namen Richtlinie 2003/109 trägt. Sie regelt zum Beispiel, dass Ausländer mit einem »langfristigen Aufenthaltstitel«

Rechte erhalten sollen, die denjenigen der Unionsbürger »so nah wie möglich« sind. Weiter heißt es: »Langfristig Aufenthaltsberechtigte sollten verstärkten Ausweisungsschutz genießen.« Das hat gerade für Deutschland beträchtliche Auswirkungen, denn zwei Drittel der Ausländer leben schon acht Jahre oder länger im Lande und könnten sich sogar einbürgern lassen.[109]

Ausländer, die nicht aus der Europäischen Union stammen, werden in der Juristensprache »Drittstaatsangehörige« genannt. Ihnen muss ein EU-Staat, wenn sie sich rechtmäßig in ihm aufhalten, nach der Richtlinie 2003/109 ein Aufenthaltsrecht einräumen, wenn sie die Bedingungen der Richtlinie erfüllen – etwa keine »Gefahr für die öffentliche Sicherheit und Ordnung« darzustellen. Über die Voraussetzungen des erstmalig rechtmäßigen Aufenthaltes befinde grundsätzlich der Mitgliedstaat, sagt Professor Müller-Graff. Doch sei die EU ermächtigt, auch diese Voraussetzungen festzulegen. Die anderen Länder könnten die Grenzen für ausländerfeindliches Handeln im Falle des Falles also noch enger ziehen.

Aus juristischer Sicht ist somit klar, was geschehen würde, wenn eine Regierung ein Deutschland ohne Ausländer anstreben würde. »Ein Vertragsverletzungsverfahren nach Artikel 258 des AEUV wäre unausweichlich«, so der Europarechtler. Das gelte umso mehr, als eine ungerügte Rechtsverletzung des größten EU-Landes Deutschland »das rechtswidrige Verhalten anderer Mitgliedstaaten anstiften« könnte.

Müller-Graff erinnert an ein Beispiel aus dem Jahr 2010. Damals hatte die EU-Kommission Frankreich mit einem Verfahren wegen Vertragsverletzung gedroht, weil das Land mehrere Hundert Roma nach Rumänien und Bulgarien abgeschoben hatte. EU-Rechtskommissarin Viviane Reding sprach von einer »Schande«. Die konservative Regierung von Präsident Nicolas Sarkozy lenkte ein – und verhinderte Sanktionen der EU. »Der genannte Roma-Fall zeigt, dass die Ausweisungspolitik eines Mitgliedstaats gegenüber Unionsbürgern aus anderen Mitgliedstaaten eine spektakuläre Angelegenheit ist, die die Grundlagen der Europäischen Union essenziell gefährdet«, kommentiert Müller-Graff. »Sie läuft dem Ziel der Gewährleistung eines ›Raums der Freiheit, der Sicherheit und des Rechts‹ diametral zuwider«, der in den grundlegenden europäischen Verträgen festgelegt sei.

In den Folgerungen sind sich der Politiker Schulz und der Rechtswissenschaftler Müller-Graff einig: Deutschland könnte in der Europäischen Union keine Politik der massenhaften Abschiebung von Ausländern durchsetzen. Würde eine rechtspopulistische Regierung also aus der EU austreten, um doch ans Ziel zu gelangen? Theoretisch wäre das möglich, räumt Juraprofessor Müller-Graff ein: »Nach der Reform von Lissabon hat jeder Mitgliedstaat ein Austrittsrecht aus der Union insgesamt, nicht aber aus Teilbereichen der Union oder aus Einzelverpflichtungen«, sagt er und verweist auf Artikel 50 des Vertrags über die Europäische Union.

Als jahrelanger intensiver Beobachter der europäischen Politik und Rechtsprechung ist er allerdings davon überzeugt, dass es so nicht kommen würde. »Der Gedanke eines Austritts Deutschlands aus der Europäischen Union ist hochgradig abwegig«, kommentiert Müller-Graff. »Deutschland würde sein ureigenes großes Erfolgsprojekt aufgeben und dem Staatszielauftrag zur Mitwirkung an der Verwirklichung eines vereinten Europa bei der Entwicklung der Europäischen Union nach Artikel 23 des Grundgesetzes zuwiderhandeln.« Der Europarechtler glaubt nicht daran, dass sich Deutschland von jenem Ziel der europäischen Einigung verabschieden würde, für die der italienische Staatspräsident Giorgio Napolitano eine knappe und eindeutige Formulierung gefunden habe: »Die beste politische Idee, welche die Menschheit jemals hatte.«

»Homogenisiert und unkultiviert«

Interview mit Dieter Oberndörfer (Politikwissenschaftler)

Dieter Oberndörfer zählt zu den Großen der Politikwissenschaft in Deutschland. Der Professor, 1929 geboren, hat die Nazizeit als Kind und Jugendlicher erlebt. Er studierte in München, Erlangen und den USA und lehrte später mehr als 30 Jahre lang in Freiburg. Beinahe 40 Jahre lang leitete Oberndörfer dort das kulturwissenschaftliche Arnold-Bergstraesser-Institut, das er mit aufgebaut hatte. Nach der deutschen Wiedervereinigung half er bei der Gründung der Wirtschafts- und Sozialwissenschaftlichen Fakultät in Rostock mit. Oberndörfer ist bis heute ein viel gefragte Ratgeber der Politik.

In den vergangenen Jahren legte Oberndörfer einen Schwerpunkt seiner Forschung auf die Auseinandersetzung mit Migration und Demografie. Er gehörte zu den Autoren des im Jahr 1994 veröffentlichten *Manifests der 60: Deutschland und die Einwanderung*. Von 2000 bis 2006 war Oberndörfer 1. Vorsitzender und Sprecher des Rats für Migration.

Wie groß ist die Gefahr einer rechtspopulistischen, ausländerfeindlichen Bewegung in Deutschland?

Eine verstärkte rechtspopulistische, ausländerfeindliche Bewegung in Deutschland kann es auf dem Hintergrund tatsächlicher oder vermeintlicher Konkurrenz auf dem Arbeitsmarkt geben. Dafür gibt es genug Anschauungsfälle in europäischen Nachbarstaaten – Beispiel Dänemark oder Österreich. Und natürlich können sich solche Entwicklungen durch charismatische Führer verstärken – Fall Haider in Österreich und vor 30 Jahren Le Pen in Frankreich. Beispiele dafür gibt es auch in der Geschichte klassischer Einwanderungsländer. In den USA brachte der Zustrom deutscher und irischer Katholiken im 19. Jahrhundert in einer ökonomischen Krise nahezu den Zusammenbruch des amerikanischen Parteiensystems. Die Polemik gegen Katholiken war damals schlimmer als heute bei uns der Antiislamismus.

Wie sehr würde eine Wirtschaftskrise eine solche Gefahr erhöhen?

Über die möglichen, keineswegs zwangsläufigen Folgen einer Wirtschaftskrise habe ich schon oben gesprochen. Die Ausweisung eingebürgerter Ausländer ist grundgesetzwidrig, wäre also nur bei Absage an unser Grundgesetz möglich – derzeit unwahrscheinlich. Auch die Ausweisung von nicht eingebürgerten Ausländern, die einen rechtlich gesicherten Aufenthaltsstatus haben – die meisten haben einen solchen Status, zum Beispiel EU-Ausländer oder Türken als Bürger eines assoziierten Landes – halte ich rechtlich und politisch nicht für möglich. Aber es genügen ja Schikanen und Benachteiligung in und aus der Umwelt der hier lebenden Menschen mit ausländischer Herkunft, um sie schlechter zu stellen und so allmählich ihre Abwanderung herbeizuführen. Solch sozialer und politischer Druck ist in den zuvor erwähnten Konstellationen ökonomischer Krisen möglich. Er wird sich vor allem gegen Ausländer mit nur »geduldetem« Aufenthalt richten und die Abwehr weiterer Zuwanderung verstärken.

Wie würde die unterlegene Minderheit in Deutschland reagieren, wenn die Ausländer ausgewiesen würden?

Inzwischen haben sich die Kräfte der Abwehr von Ausländerfeindlichkeit verstärkt, selbst weitere Zuwanderung kann in der veränderten gesamtgesellschaftlichen Stimmung unserer inzwischen zum De-facto-Einwanderungsland gewordenen Republik und aus demografischen Gründen wieder ein Thema werden. In Großstädten werden Zuwanderer und ihre Nachkommen bald die Mehrheit stellen. Solidarität gegenüber Fremden kann aber, wie die Geschichte der Einwanderung vieler Staaten dokumentiert, nur sehr eingeschränkt erwartet werden. Oft sind ehemalige Zuwanderer schlimme Feinde neuer oder andersstämmiger Zuwanderer. Aber jedenfalls werden die Zuwanderer in Großstädten zu einer politischen Größe und können in Konstellationen, in denen wenige Prozent den Ausschlag für Sieg oder Niederlage geben, wichtiger werden.

Was würden die Ausländer in Deutschland tun?

So ein Szenario wäre nur bei Aufgabe unserer rechtlichen und politischen Ordnung denkbar. Ich halte das nicht für aktuell. Aber auch Untertauchen wäre in unserem administrativ so dicht kontrollierten Land nicht wesentlich über den jetzt schon praktizierten Umfang hinaus möglich. Vermutlich sogar weit weniger, da ja dann der jetzt im Rechtsstaat mögliche Widerstand gegen Polizeiwillkür ausgeschaltet wäre.

Wie würde sich ein solches Szenario niederschlagen im Stadtbild, im politischen Leben und in der Kultur in Deutschland?

Grauenhaft. Das alles liefe ja auf die Abschaffung des Rechtsstaates und seiner Garantien fundamentaler Grundrechte hinaus. Deutschlands Kultur würde von wahnsinnigen ultrarechten Fanatikern wie unter den Nazis in ihrem Sinne und nach ihren Kriterien homogenisiert und unkultiviert werden.

V. Ist so ein Szenario möglich?

Gefahr für Deutschland

In den Jahrzehnten seit dem Ende der Nazizeit ist die Gefahr eines rechtsradikalen, eines fremdenfeindlichen Deutschland oft beschworen worden – und nicht immer zu Unrecht. Die Feindschaft gegenüber bestimmten Gruppen in der Gesellschaft hat sich über die Jahrzehnte verändert, aber sie ist präsent geblieben – und gefährlich. Die Bluttaten der rechtsradikalen Zelle »Nationalsozialistischer Untergrund«, die über ein Jahrzehnt lang mordend durch Deutschland zog und im November 2011 endlich öffentlich aufgedeckt wurde, sind dafür das schrecklichste Zeichen. Ihre Opfer waren Ausländer und Menschen mit ausländischen Wurzeln, was in den Augen der Täter offenkundig das Gleiche bedeutete. Sechs der Getöteten waren Türken, zwei türkischstämmige Deutsche, einer Grieche und die einzige Frau eine deutsche Polizistin.

Die Gruppe »Nationalsozialistischer Untergrund« (NSU) setzte in die Tat um, was Rechtsextremisten in- und außerhalb der NPD grölen: »Deutschland den Deutschen, Ausländer raus.« Die deutschen Sicherheitsbehörden versagten, weil sie nicht einmal ernsthaft der Frage nachgingen, ob die Anschläge fremdenfeindlich motiviert sein könnten – und stattdessen die Opfer selbst in den Ruch der organisierten Kriminalität rückten.

Hinterbliebene fragten sich, ob sie in Deutschland noch zu Hause seien – Menschen wie Semiya Şimşek, die in Deutschland geboren wurde und zum Gedenken an ihren Vater und andere Opfer bei der offiziellen Gedenkfeier im Konzerthaus am Berliner Gendarmenmarkt sprach. Die Frage quäle sie, sagte sie dort. Aber sie stellte auch mit Entschiedenheit fest: Ja, klar sei sie in Deutschland zu Hause.

Der Aufruf zum »Aufstand der Anständigen« von Bundeskanzler Gerhard Schröder am 4. Oktober 2000 hatte der rechtsextremen Gefahr für einige Monate Aufmerksamkeit verschafft, doch die mediale Konjunktur ebbte bald wieder ab.[110] »Spätestens nach dem 11. September 2001 verschwand die Bedrohung durch rechte Gewalt fast vollständig von der Medien-Agenda«, stellten Medienforscher fest, welche die Berichterstattung drei Jahre lang untersucht hatten.[111] Doch die Bluttaten gingen weiter.

182 Todesopfer rechter Gewalt zählte die Amadeu-Antonio-Stiftung von 1990 bis 2011. Die Stiftung führt damit eine Zählung fort, die die *Frankfurter Rundschau* und der *Tagesspiegel* im Jahr 2000 mit der Recherche »Den Opfern einen Namen geben« begonnen hatten. Nicht alle Opfer waren Ausländer. Auch Obdachlose und Punks, Behinderte und couragierte Anti-Nazis mussten sterben, weil sie den Extremisten nicht ins Bild passten. Aber eine Vielzahl der Opfer wurde nur deshalb umgebracht, weil sie oder ihre Vorfahren aus dem Ausland kamen.

Aufmerksame Beobachter weisen seit Jahren darauf hin, dass die Bluttaten lediglich die Spitze des Eisbergs darstellen. Fremdenfeindlichkeit ist der Humus, auf dem sie gedeihen. Alltägliche Diskriminierung, Angstzonen für Ausländer und andere Fremde, Übergriffe gegen Dönerbuden, Beleidigungen und Angriffe auf Ausländer bei Volksfesten und in S-Bahnen – all dies erregt wenig Aufmerksamkeit.

Lassen wir als einen von vielen möglichen Kronzeugen für das Vorhandensein einer alltäglichen Fremdenfeindlichkeit den Bundestagsvizepräsidenten Wolfgang Thierse zu Wort kommen: »Ich habe bei meinen Reisen im Land ganz oft gehört, dass wir viel zu viele Ausländer haben und dass die Ausländer schuld seien an unserer Arbeitslosigkeit. Dieses einfache Strickmuster kennen wir aus der deutschen Geschichte. Vor 70 Jahren hieß es: ›Die Juden sind schuld an unserer Arbeitslosigkeit und an unserem Unglück.‹«[112]

Der Autor Hans-Jürgen Heinrichs beobachtete kurz nach der deutschen Vereinigung den ausgeprägten Ausländerhass im Osten der größer gewordenen Republik – ohne dass nennenswert viele Ausländer dort gelebt hätten. Heinrichs bemerkte: »Wenn aber über 60

Prozent der Bürger in der ehemaligen DDR glauben, dass es zu viele Ausländer in Deutschland gebe, so ist dies eine Meinung, die sich in der Regel ohne konkrete Erlebnisse mit Ausländern herausgebildet hat, einmal abgesehen von den wenigen Arbeitern aus Vietnam, Mozambique und Kuba.«[113]

Fremdenfeindlichkeit in der Mitte der Gesellschaft? Es gibt dafür Beispiele zuhauf. Nicht erst seit gestern und keineswegs nur in der ehemaligen DDR. Im Jahr 1999 haben Berliner Studenten während des hessischen Landtagswahlkampfes die Probe aufs Exempel gemacht. Sie sind an die Unterschriftenstände der CDU geeilt, wo Menschen den Unions-Aufruf »Ja zur Integration – Nein zur doppelten Staatsbürgerschaft« unterstützen sollten und in vielen Fällen einfach nur anfragten, wo sie »gegen Ausländer unterschreiben« könnten. Entsprechend fielen auch jene Aussagen von Unterstützern aus, welche die Studenten notierten. Ein Beispiel: »Alles nur Ausländer! Und wir Deutschen sitzen in unseren Wohnungen und müssen parieren, das geht nicht.«[114] Die CDU gewann übrigens mithilfe ihrer Unterschriftenkampagne überraschend die Landtagswahl.

Das aktuellste und umstrittenste Beispiel dafür, wie populär solche Ressentiments gegen Fremde in Deutschland sind, lieferten 2010 die Reaktionen auf das Buch *Deutschland schafft sich ab* von Thilo Sarrazin. Auch der frühere Berliner Finanzsenator von der SPD vertritt die Auffassung, dass zu viele Muslime aus der Türkei und den arabischen Ländern in Deutschland seien. »Wirtschaftlich brauchen wir die muslimische Migration in Europa nicht«, urteilt er.[115] Doch Sarrazin erweitert seine Ressentiments auf alle Migranten und äußert die Sorge, dass »Staat und Gesellschaft im Laufe weniger Generationen von den Migranten übernommen« werden könnten.[116] Bemerkenswert ist für unsere These, wie weit sein Buch Verbreitung fand: Es war das mit Abstand meistverkaufte Sachbuch des Jahrzehnts mit weit mehr als einer Million verkaufter Exemplare.

Wie wahrscheinlich also ist vor diesem Hintergrund eine Stimmung, die sich gegen den Verbleib von Ausländern in Deutschland wendet?

Er habe Hoffnung, dass die demokratischen Strukturen stabil genug seien, sagt der Evangelische Kirchenpräsident von Hessen-Nassau, Volker Jung. »Wir können aber nie ausschließen, dass in schwierigen Situationen wieder charismatische Figuren auftreten, durch die Bewegungen entstehen, die wir glaubten hinter uns zu haben. Ich halte Rechtsextremismus für eine große Bedrohung.«[117]

Ist die Bundesrepublik gefährdet? Kann passieren, was wir in diesem Buch ausgemalt haben – dass eine Mehrzahl der Deutschen die Ausländer zu Sündenböcken macht und aus dem Land wirft? Vielleicht nicht heute, aber wenn sich in einer tiefen Wirtschaftskrise Arbeits- und Perspektivlosigkeit ausbreiten?

Wir haben Fachleute aus allen Gesellschaftsbereichen um ihre Meinung gebeten. Herausragende Politiker, Juristen und Sozialwissenschaftler, die sich seit Langem mit dem Thema befassen, beschreiben in diesem Kapitel, welche Entwicklungen und Gefahren der Fremdenfeindlichkeit sie im heutigen Deutschland sehen. In einem sind sich die Experten einig: So radikal, wie dieses Buch ein rechtspopulistisch regiertes und dominiertes Land ausmalt, werde es sich nicht entwickeln. Aber vor Tendenzen in diese Richtung warnen sie alle – und vor der Gefahr, dass diese sich in Krisenzeiten verstärken könnten.

Was sagen die Politiker?

Rita Süssmuth zählt zu den Politikerinnen und Politikern, die sich am meisten mit den Themen Migration und Ressentiments gegenüber Fremden auseinandergesetzt haben. Die CDU-Politikerin leitete in den Jahren 2000 und 2001 die von der damaligen rot-grünen Bundesregierung eingesetzte Zuwanderungskommission, die den Weg zu einer ernsthaften politischen Auseinandersetzung mit Einwanderung in Deutschland ebnete. Vorher war sie Professorin für Erziehungswissenschaft, dann Bundesfamilienministerin unter Kanzler Helmut Kohl (CDU) und hatte als Präsidentin des Deutschen Bundestags amtiert.

Nachdenklich reagiert Süssmuth, wenn sie auf das Szenario in diesem Buch angesprochen wird. »Gern würde ich eine Antwort geben, die selbstbewusst zum Ausdruck bringt: Bei uns kann das nicht passieren. Rechtspopulismus, das funktioniert anderswo, nicht aber in Deutschland«, hebt sie an, um einzuschränken: »Erstens ist das Unterschätzen der Bedrohung rechter und populistischer Einstellungen Leichtsinn und Fehler zugleich und zweitens ist dieses Potenzial in unserer Gesellschaft unbestreitbar vorhanden.« Der Erfolg des Sarrazin-Buches zeige dies genauso wie eine aktuelle Studie, die 20 Prozent der Gesellschaft eine Tendenz zu alltäglichem Antisemitismus attestiere. Die empfundene Bedrohung durch »den Islam« nehme die prominenteste Rolle in diesem Bereich ein – dabei handele es sich aber um eine Verallgemeinerung, die ähnlich haltlos sei wie die Rede von »den Deutschen«.

Süssmuth warnt: »Die Gefahr des Erfolges einer rechtspopulistischen Partei auf Bundesebene ist nicht auszuschließen.« Bislang aber sei sie von den Bürgerinnen und Bürgern in ihrem Wahlverhalten abgewehrt worden. »Die wirtschaftliche Entwicklung ist ein wichtiger, aber nicht der einzige Faktor«, fügt sie hinzu.

Die frühere Bundestagspräsidentin erinnert an Abgeordnete der rechtsextremen NPD, die in Länderparlamente gewählt worden sind, und gibt ein weiteres Beispiel: »In strukturschwachen Regionen, in denen es auch an basisdemokratischen Strukturen fehlt, punkten Parteien aus dem rechten und populistischen Spektrum. In einigen Gemeinden und Kommunen findet sich kein Kandidat der etablierten Parteien für ein lokales Mandat. Mancherorts stellt die Freiwillige Feuerwehr eine Liste auf, gibt es Parteilose oder Bürgerbündnisse. Wo das nicht geschieht, stoßen oftmals rechte Parteien in das Vakuum vor.«

Das Szenario dieses Buches löst bei Süssmuth ambivalente Reaktionen aus. Es sei »menschenverachtend und real zugleich«. Immerhin würden Ausländer und Deutsche mit Migrationshintergrund bereits als Sündenböcke missbraucht. »Sie in ihrer Gesamtheit des Landes zu verweisen verstößt gegen menschenrechtliche Prinzipien, gegen unser Grundgesetz, gegen menschliche Vernunft«, gibt die Politikerin einerseits zu bedenken. Sie fügt jedoch hinzu: »Dennoch werden in Deutschland geborene Ausländer in ihre ›Heimat‹ abgeschoben, sobald die Aufenthaltsgenehmigung, zum Beispiel aus Gründen der Arbeitslosigkeit oder Straffälligkeit, erlischt.« Ihr kommt dabei eine Erkenntnis der Philosophin Hannah Arendt in den Sinn. »Hannah Arendt wusste: Was einmal geschah, kann sich prinzipiell wiederholen. Im Einzelfall wie in der Masse.«

Als wichtigsten Garanten für die Abwehr dieser Gefahren sieht Süssmuth eine wache und lebendige Zivilgesellschaft. Eine wichtige Instanz, die ohne große Effekthascherei, aber resolut und integer die demokratisch verfassten Werte in Deutschland verteidige, sei das Bundesverfassungsgericht.

»Ich persönlich möchte die vielen schönen Erlebnisse und zahlreichen Freundschaften mit Ausländern nicht missen«, betont die Politikerin. »Ich durfte viel durch die verschiedenen interkulturellen Erfahrungen lernen, profitieren und konnte die ein oder andere Sichtweise auf bestimmte Dinge korrigieren.« Der Mensch sei schließlich ein lebenslang lernendes Wesen. »Deutschland ohne Ausländer würde uns mit einem Schlag einer wichtigen Erfahrungs- und Wissensquelle berauben. Der interkulturelle Austausch mit Menschen aus anderen Kulturkreisen ist eine nicht mehr wegzudenkende Realität meines Lebens und des Lebens der Menschen in Deutschland.«

Dafür sprechen nicht nur Süssmuths eigene Erfahrungen. Auch in der Forschung sei es mittlerweile eine anerkannte Tatsache, dass Heterogenität – also Vielfalt – das Leben bereichere, sagt die Erziehungswissenschaftlerin. »Gesteigerte Kreativität, neue Denkansätze oder Problemlösungsstrategien: Fremde Kulturen bieten für viele Lebensbereiche eine Quelle der Inspiration«, betont sie. »Deutschland ohne Ausländer bedeutet, dass wir auf die verschiedensten kulturellen Einflüsse, welche die Menschen aus ihren Herkunftsländern mitbringen, verzichten müssten.« Eine multikulturell zusammengesetzte Gesellschaft, Beziehungen und

Freundschaften mit Ausländern seien in allererster Linie als Geschenk und gewinnbringend zu betrachten, denn es erweitere den persönlichen Horizont, wenn man sich auf andere einlasse und neugierig sei auf landesspezifische kulturelle Traditionen, Bräuche und Verhaltensmuster. »Deutschland ohne Ausländer wäre eintöniger, gleichförmiger, kulturell und geistig ärmer. Auch die Wirtschaft hat das erkannt. Teams gemischter Kulturen haben sich als kreativer, effizienter und produktiver erwiesen als kulturell homogene Gruppen«, stellt Süssmuth fest.

Daher sei die Auseinandersetzung mit anderen Kulturen schon im frühen Alter wichtig. »Kinder lernen schon in der Grundschule, mit kulturellen Mustern der ausländischen Klassenkameraden umzugehen und diese zu akzeptieren. Dieses frühe Lernen und Auseinandersetzen mit anderen Kulturen gibt den Kindern auf ihrem weiteren Weg die Kompetenz, multikulturelle Lebenswelten zu verinnerlichen. Die so vermittelten interkulturellen Kompetenzen sind in der heutigen globalisierten Arbeitswelt von immer größer werdender Bedeutung. Eine Schule ohne Ausländer hieße, allen Kindern Chancen zu verbauen.«

Daneben wären auch die Auswirkungen auf die wirtschaftliche und demografische Entwicklung, die ein plötzlicher Bevölkerungsschwund von knapp sieben Millionen Menschen bewirken würde, »katastrophal«, urteilt die CDU-Politikerin. »Es würde uns um Jahrzehnte zurückwerfen.« Ohnehin fehlten durch die demografische Entwicklung bis 2020 bereits etwa 6,5 Millionen Arbeitskräfte.

Auch Wolfgang Thierse zählt seit Jahren zu den unermüdlichen Mahnern in dieser Frage. »Wirtschaftliche und soziale Umbrüche bringen Ängste und Verunsicherungen mit sich, welche die Empfänglichkeit der Menschen für die Erlösungsrhetorik von Populisten erhöht«, sagt der Bundestagsvizepräsident. »In wirtschaftlichen Krisenzeiten erliegen die Menschen leichter den Heilsversprechen vermeintlich einfacher Lösungen.«

Der Schriftsetzer und Kulturwissenschaftler Thierse prägte den demokratischen Aufbruch in der DDR mit. Im Wendejahr 1990 war

Thierse Vorsitzender der SPD der DDR. Bei der ersten gesamtdeutschen Wahl 1990 zog er in den Bundestag ein. Dort amtierte er sieben Jahre lang – von 1998 bis 2005 – als Parlamentspräsident und bekleidet heute das Amt des Vizepräsidenten.

Mit Argwohn verfolgt auch der Sozialdemokrat Thierse die pauschale Beurteilung von Zuwanderergruppen durch seinen Parteifreund Thilo Sarrazin. Der Verkaufserfolg von Sarrazins Buch zeige exemplarisch, »dass Menschen in Krisenzeiten nach fassbaren Ursachen ihrer Verängstigung suchen und zunehmend mit Ausgrenzung und Abwertung anderer reagieren«. Ein Deutschland ohne Ausländer wäre für ihn eine schreckliche Vorstellung – da ist sich Thierse mit Süssmuth einig. »Ohne Zuwanderung wäre das Leben in Deutschland weniger vielfältig, weniger bunt, weniger lebenswert«, betont der Politiker. »Abseits aller ökonomischen Überlegungen: Zuwanderung ist lebensnotwendig für eine plurale, kreative, spannende, also kulturell produktive Gesellschaft.«

Cem Özdemir, der Bundesvorsitzende von Bündnis 90/Die Grünen, stammt selbst aus einer Zuwandererfamilie. In seinem Buch *Currywurst und Döner – Integration in Deutschland* und seiner Autobiografie *Ich bin Inländer* hat er seine multikulturellen Erfahrungen in der Bundesrepublik verarbeitet. Özdemir bezeichnet sich augenzwinkernd als »anatolischen Schwaben« und wurde 1994 als erster Abgeordneter türkischer Herkunft in den Deutschen Bundestag gewählt. Die Vorstellung eines Deutschland ohne Ausländer nennt er »ebenso erschreckend wie absurd«. Allein schon angesichts der Einbindung Deutschlands in die Europäische Union könne keine Regierung rechtmäßig hier lebende Menschen des Landes verweisen, ohne Deutschland international massiv zu isolieren, argumentiert der Grünen-Chef. »Außerdem würde unser Land schlichtweg nicht funktionieren. Die Wirtschaft käme zum Erliegen, das kulturelle Leben würde veröden, auch viele Menschen mit deutschem Pass würden sicher nicht in einem solchen Land leben wollen.«

Seine Prognose ist verhalten optimistisch. »Die Bundesrepublik zeichnet sich auch dadurch aus, dass im Gegensatz zu anderen europäischen Ländern bislang keine rechtspopulistische Partei in den Bundestag eingezogen ist«, stellt Özdemir fest. Er fügt aber auch hinzu: »Dass der Aufstieg einer rechtspopulistischen, auf eine Person zugeschnittenen Partei in relativ kurzer Zeit möglich ist, hat man in Hamburg bei der sogenannten Schill-Partei gesehen.« Die Partei Rechtsstaatliche Offensive des Richters Ronald Barnabas Schill schaffte es innerhalb kürzester Zeit mit harten Law-and-Order-Sprüchen in die Hamburger Bürgerschaft und in die Regierung des Stadtstaats, der sie von 2001 bis 2004 angehörte. Doch die Schill-Partei verstrickte sich in Querelen und löste sich wenige Jahre nach ihren Erfolgen auf.

Grünen-Politiker Özdemir sagt: »Ich vertraue darauf, dass die Bürgerinnen und Bürger in Deutschland wissen, dass eine rechtspopulistische Bewegung auch in wirtschaftlich schwierigen Zeiten die falsche Antwort ist. Selbst wenn eine solche Partei in den Bundestag einziehen könnte, halte ich es angesichts der demokratischen Kräfte für ausgeschlossen, dass sie an die Regierung käme, schon gar nicht mit ausländerfeindlichen und rassistischen Positionen.«

Viele Gedanken hat sich Gregor Gysi über unser Szenario gemacht. Der Jurist ist – wie Wolfgang Thierse – Berliner Bundestagsabgeordneter und wie Thierse war er schon Parlamentarier der ersten frei gewählten Volkskammer der DDR im Jahr 1990. Im Bundestag führte Gregor Gysi lange die PDS-Bundestagsfraktion und steht seit 2005 an der Spitze der Linksfraktion.

Gysi beobachtet in anderen Ländern der Europäischen Union »eine beunruhigend hohe Bereitschaft in der Bevölkerung«, rechtspopulistische oder auch rechtsradikale Parteien zu wählen. »Das spricht zunächst für die Annahme, dass das in Deutschland auch passieren kann«, sagt er. Die Sorge, dass die deutsche Gesellschaft für rechte Parteien anfällig sein könnte, verstärke sich noch, wenn man die Thesen des Rechtsextremismusforschers Wilhelm Heitmeyer teile – dass ein Zerfall von sozialer Anerkennung eine höhere Bereitschaft zur Akzeptanz rechter, autoritärer Ideologien mit sich bringe. Bedeutet dies, dass Ausländerfeinde in Deutschland unter bestimmten Bedingungen eine Mehrheit mobilisieren könnten?, fragen wir. Er müsse das »zumindest so weit bejahen, dass eine rechtspopulistische, ausländerfeindliche Partei Chancen auf etablierungsfähige Existenz hätte, wenn sie das nötige Personal aufbieten würde: Leute, die gut organisieren können, und Leute, die mit Charisma Anhängerinnen und Anhänger gewinnen könnten«, antwortet Gysi. Mehrheitsfähig dagegen könnte eine solche Partei erst dann werden, wenn die demokratischen Parteien sich »als Hort politischer Korruptheit« erwiesen »und eine Linke zu schwach wäre, eine glaubwürdige Alternative anzubieten«, fügt der erfahrene Politiker hinzu. Dafür gebe es auch heute Beispiele: die Regierungszeit Silvio Berlusconis in Italien und die Rechtsregierung Ungarns unter der Fidesz-Partei.

Auch die Durchsetzung eines »antieuropäischen Projekts« hält Gysi nicht für abwegig. Mehrheiten würden sich dafür aber nur finden in einer gesellschaftlichen Stimmungslage, »in der die Mitgliedschaft in der Union und in der Eurozone als komplettes Minusgeschäft erscheint«. Er habe zwar nicht den Eindruck, dass dieser Zustand in der deutschen Gesellschaft erreicht sei, sagt Gysi, es gebe aber doch »ernst zu nehmende Signale«.

Bei all diesen Befürchtungen würde der Linken-Politiker jedoch die Frage, ob eine Partei Aussichten auf Erfolg hätte, die alle Ausländerinnen und Ausländer ausweisen wollte, »eher verneinen«. Seine Begründung bezieht sich auf den Umstand, dass Deutschland wirtschaftlich in weltweite Zusammenhänge eingebunden ist. Eine solche Entwicklung sieht Gysi nicht, »weil ein politisches Ideal, das die Ausweisung aller Ausländerinnen und Ausländer beinhaltet, mit ökonomischen Autarkievorstellungen einhergeht«. Dem stehe das Faktum gegenüber, dass die deutsche Volkswirtschaft von der starken Einbindung in die Weltmarktstrukturen bislang eher profitiert habe.

Und doch – ganz ausschließen will Gysi auch eine radikale Entwicklung nicht. Jede Aussage sei unter einen Vorbehalt zu stellen, gibt er zu bedenken. »Niemand kann ernsthaft sagen, wie beispielsweise krisenhafte Entwicklungen gerade auch die irrsinnigsten politischen

Ideen in ihrer Durchsetzung befördern. Zu befürchten ist das allemal.« Eine radikal ausländerfeindliche Entwicklung sei für ihn aber ein »unwahrscheinlicher Fall«.

Politisch müsse man einer verhängnisvollen Rechtsentwicklung begegnen. Wenn der Zerfall sozialer Anerkennung solche Entwicklungen verstärke, müsse die Demokratie darauf reagieren, »indem sie Sozialstaat bleibt und soziale Demokratie verwirklicht«, fordert der Politiker. Wenn immer größere Menschengruppen auf den Gedanken kämen, »dass die Demokratie offenbar für andere ganz gut läuft, für sie aber nicht«, sei das eine demokratiefeindliche Entwicklung. »Hier muss ein Aufklärungsprojekt ansetzen, das an die Bevölkerung und das politische System gleichermaßen adressiert ist«, so Gysi.

Was sagen die Juristen?

Jenseits der politischen Einschätzungen stellt sich die Frage, ob die juristischen Hürden ausreichen, um ein Szenario wie in diesem Buch zu verhindern. Immerhin setzt beispielsweise Ex-Bundestagspräsidentin Süssmuth auf das Bundesverfassungsgericht.

So drängt sich nicht nur die Frage auf, inwieweit das Grundgesetz einer Ausweisung aller Ausländer entgegensteht. Man muss auch überlegen, ob eine rechtspopulistische Regierung solche Grundsätze durch die Benennung linientreuer Richter unterlaufen könnte. Das haben wir Joachim Wieland gefragt, einen der profiliertesten Verfassungsjuristen Deutschlands. Er ist Rektor der Deutschen Universität für Verwaltungswissenschaften in Speyer, Vorsitzender der Vereinigung der Deutschen Staatsrechtslehrer und hat einst als wissenschaftlicher Mitarbeiter praktische Erfahrung am Bundesverfassungsgericht gesammelt.

Aus seiner Expertise lässt sich schließen: Die Hürden liegen hoch. Aber unüberwindbar sind sie nicht. So unwahrscheinlich es uns heute erscheinen mag, dass Rechtspopulisten an die Regierung kommen und alle Ausländer des Landes verweisen – selbst in unserer Demokratie ist das nicht vollkommen ausgeschlossen. Denn wenn diese Partei über eine Zweidrittelmehrheit in Bundestag und Bundesrat verfügte, könnte sie die Verfassung ändern. Die aktuelle Entwicklung in Ungarn lässt grüßen. Auch die Besetzung von Verfassungsrichterposten hinge von einer solchen Mehrheit ab.

»Nach der bestehenden Rechtslage könnte eine ausländerfeindliche Regierung die Rechtsprechung des Bundesverfassungsgerichts nicht durch die Wahl linientreuer Verfassungsrichter beeinflussen«, sagt Professor Wieland – allerdings lässt er eine entscheidende Einschränkung folgen. Das gelte nur, »solange sie nicht über die zu Verfassungsänderungen notwendige Zweidrittelmehrheit in Bundestag und Bundesrat verfügt«. Sprich: »Mit einer solchen Mehrheit könnte sie allerdings sowohl die Grundrechte – abgesehen von der Garantie der Menschenwürde – ändern als auch ihr genehme Verfassungsrichter benennen.« Hingegen würde die Einführung einer Volksbefragung oder eines Volksentscheids die Position der Regierung nach Wielands Auffassung nicht verändern, weil die Grundrechte weiter gelten würden und auch das Volk binden.

Gegner der Massenausweisung von Menschen aus Ländern der Europäischen Union könnten sich nach seiner Expertise auf Artikel 11 des Grundgesetzes berufen. Der Jurist erläutert: »Das Grundrecht der Freizügigkeit, das vor Ausweisung schützt, gilt zwar seinem Text nach nur für Deutsche. Dem Recht der Europäischen Union kommt jedoch Anwendungsvorrang zu. Es verbietet eine Diskriminierung von Unionsbürgerinnen und Unionsbürgern. Sie werden deshalb rechtlich wie Deutsche behandelt und genießen Ausweisungsschutz.«

Was aber ist mit den anderen Ausländern, die aus Amerika, Afrika, Asien stammen – oder aus einem europäischen Land jenseits der EU? Für sie sieht es finsterer aus, legt Wieland dar. »Ausländer, die nicht EU-Bürger sind, genießen gegenüber Ausweisungen nur einen schwachen Rechtsschutz«, schreibt er in seiner Expertise für dieses Buch. »Sie können sich auf die in Artikel 2 Absatz 1 des Grundgesetzes garantierte allgemeine Handlungsfreiheit berufen. Die gilt jedoch nur im Rahmen der Gesetze. Wenn also ein Gesetz erlassen würde, das alle Ausländer, die nicht EU-Bürger sind, aus Deutschland ausweist, könnte man dagegen nur mit dem Argument angehen, das Gesetz greife unverhältnismäßig in die Rechte der Betroffenen ein. Eine solche Argumentation wäre jedoch nicht einfach, weil nur die deutsche Staatsangehörigkeit und die Unionsbürgerschaft ein Aufenthaltsrecht vermitteln. Entscheidend wäre deshalb der Zweck des Gesetzes. Er müsste in Bezug auf die Wertordnung des Grundgesetzes legitim sein. Das wäre nicht der Fall, wenn rassistische Ziele verfolgt würden, die gegen die Menschenwürdegarantie in Artikel 1 des Grundgesetzes verstoßen. Außerdem könnten sich Ausländer für eine Übergangszeit auf rechtsstaatlichen Vertrauensschutz berufen und geltend machen, dass sie ihre Lebensplanung auf einen Aufenthalt in Deutschland ausgerichtet haben.« Doch Wielands Fazit fällt ernüchternd aus, was diese Gruppe betrifft: »Auf Dauer würde sie das jedoch nicht vor einer Ausweisung bewahren.«

Besonders durchsetzungsfähig wäre, wie erwähnt, eine rechtspopulistische Regierung, die sich auf eine Zweidrittelmehrheit in Bundestag und Bundesrat stützen könnte. Sie könnte nicht nur ihr genehme Verfassungsrichter einsetzen. Sie wäre auch in der Lage, die Verfassung selbst zu ändern. Aber nicht alle Artikel. »Die Garantie der Menschenwürde in Artikel 1 des Grundgesetzes ist für den verfassungsändernden Gesetzgeber unantastbar«, betont Wieland. »Sie kann nach Artikel 79 Absatz 3 des Grundgesetzes auch nicht durch eine Änderung der Verfassung mit Zweidrittelmehrheit in Bundestag und Bundesrat angetastet werden.«

Das gelte jedoch nicht für andere Artikel. Das Grundrecht der Freizügigkeit aus Artikel 11 könne der verfassungsändernde Gesetzgeber einschränken. Allerdings auch nur begrenzt. »Er dürfte bei einer Einschränkung nicht zwischen Deutschen und Unionsbürgen differenzieren. Da nach völkerrechtlichen Prinzipien die Staatsangehörigkeit das Recht zum Aufenthalt auf dem Territorium des eigenen Staates vermittelt, dürfte es aber kaum möglich sein, Deutschen und damit auch Unionsbürgern den Ausweisungsschutz zu entziehen«, erklärt der Rechtswissenschaftler.

Die allgemeine Handlungsfreiheit des Grundgesetzartikels 2 könnten Bundestag und Bundesrat mit Zweidrittelmehrheit dagegen zu Lasten von Ausländern, die nicht Unionsbürger sind, einschränken und damit deren beschränkten Schutz vor Ausweisung beseitigen. All dies freilich sind theoretische Erwägungen. »Vergleichbare Fälle im Verfassungsrecht gibt es ebenso wenig wie vergleichbare Urteile«, stellt Wieland fest.

Neben dem Grundgesetz der Bundesrepublik Deutschland hätten die Rechtspopulisten auch Hürden auf europäischer Ebene zu überwinden – davon war bereits im Kapitel »Deutschland gegen Europa« die Rede. »Das Grundrecht auf Aufenthaltsfreiheit für Unionsbürgerinnen und Unionsbürger (Artikel 45 der Grundrechtecharta) und mit ihm verbundene Aufenthaltsrechte etwa für Familienangehörige, die nicht über die Unionsbürgerschaft verfügen, schützen vor Ausweisung«, hebt Professor Wieland hervor. »Das Aufenthaltsrecht für Unionsbürger in Deutschland kann der deutsche Staat nicht einschränken. Er könnte nur versuchen, auf europäischer Ebene auf eine entsprechende Änderung der Grundrechtecharta der EU oder des sonstigen Unionsrechts hinzuwirken, die aber vermutlich kaum zu erreichen wäre.«

Bliebe also für die Rechtspopulisten nur der EU-Austritt. Hier kommt der Speyerer Juraprofessor zu einem ähnlichen Ergebnis wie sein Heidelberger Kollege Peter-Christian Müller-Graff, den wir an anderer Stelle bereits zitiert haben. »Wenn Deutschland aus der Europäischen Union austräte, was rechtlich gemäß Artikel 50 des Vertrags über die Europäische Union zulässig ist, entfiele die geschützte Stellung von Unionsbürgern in Deutschland«, stellt Wieland fest. »Allerdings hätte ein Austritt aus der Union erhebliche wirtschaftliche Nachteile für Deutschland als Exportland zur Folge.«

Was sagt die Wissenschaft?

Kaum einer, der die Wahrscheinlichkeit unseres Szenarios beurteilen soll, kommt an den Studien der Bielefelder Sozialwissenschaftler um Wilhelm Heitmeyer vorbei. Manche berufen sich direkt auf den Forscher, den wir bereits in der Einleitung haben zu Wort kommen lassen. Zehn Jahre lang haben Heitmeyer und sein Team die Entwicklung von Rassismus und anderen Formen von »gruppenbezogener Menschenfeindlichkeit« untersucht und die Ergebnisse in ihrer Buchreihe *Deutsche Zustände* veröffentlicht. Jahr für Jahr befragten sie 2000 bis 3000 Bundesbürger über 16 Jahren – und schufen damit Daten, die für Deutschland repräsentativ waren. Der letzte Band ist 2011 erschienen, kurz vor Heitmeyers Emeritierung. Er enthält die Befragungsergebnisse aus dem Jahr 2011.[118]

Nun setzen andere seine Arbeit am Institut für Interdisziplinäre Konflikt- und Gewaltforschung der Universität Bielefeld fort. Zu ihnen gehört der Erziehungswissenschaftler Andreas Zick, der jahrelang an Heitmeyers Forschungsprojekt beteiligt war, das von drei Stiftungen finanziert wurde. Zick würde es bedauern, wenn die »deutschen Zustände« künftig nicht mehr wissenschaftlich erhoben würden. So zeigten die Daten der vergangenen drei Jahre, dass die Zustimmung zu fremdenfeindlichen Äußerungen bei einer Gruppe auffällig angestiegen ist: bei den Besserverdienenden. »Es wäre folgerichtig, das jetzt genau weiter zu verfolgen, weil es eine neue Bewegung ist«, erklärt Zick. »Leider ist aber unsere Beobachtung mit dem Jahr 2011 beendet.«

Der Wissenschaftler beschreibt im Gespräch mit uns ein Deutschland, in dem fremdenfeindliches Gedankengut verbreitet ist. Doch er fügt hinzu: »Für eine Bewegung sind die rechtspopulistischen und ausländerfeindlichen Gruppen zu zersplittert. Nehmen wir aber ernst, dass in Deutschland circa 9 Prozent in unserer repräsentativen Umfrage 2011 rechtspopulistischen Aussagen klar und deutlich zustimmen und einige Parteien und Gruppen, aber auch die sogenannte ›Pro-Bewegung‹ genau an diese Meinungen appellieren, könnte man die Gefahr weitaus höher einschätzen.« Zicks Forschungsteam macht den Rechtspopulismus an autoritären Meinungen, Ausländer-, Juden- und Islamfeindlichkeit fest.

Die Befragungen hätten gezeigt, »wie weit in der Mitte der Gesellschaft rechtspopulistische und vor allem menschenfeindliche Meinungen vertreten sind«, stellt Zick fest. »Es bedarf gewissermaßen keiner Bewegung, um ein Klima und Ideologien der Ungleichwertigkeit in der Gesellschaft zu erhalten.« Zudem sehe er ein großes Potenzial rechtspopulistischer Empörung und Diskriminierung im Internet. »Virtuell gibt es schon eine Bewegung, die wir weitgehend ignorieren.«

In Deutschland seien zwar einige Voraussetzungen für breitere rechtspopulistische Bewegungen gegeben, aber manche fehlten auch. »Rechtspopulismus ist vorhanden, Menschenfeindlichkeit auch. Die Wahrnehmung von Ungerechtigkeit und Spaltung, an die Rechtspopulismus und -extremismus appellieren, sind ebenso vorhanden. Nicht vorhanden ist eine charismatische Führungsperson. Nicht vorhanden sind stabile Netzwerke. Nicht vorhanden ist die gemeinsame kollektive Identität der ›Rechtspopulisten und Ausländerfeinde‹.«

Wer zum Fremdenfeind wird, wer andere abwertet, darüber entscheidet nach den Erkenntnissen der Vorurteilsforschung nicht zuletzt das soziale Umfeld: Freunde, Nachbarn, Arbeitskollegen, der Stammtisch, das grölende Stadion, das politische Klima. »Wir wissen heute, dass das Gefühl der Frustration über die eigene Lebenslage, die Arbeit und so weiter nicht einfach zur Abwertung von anderen führt«, betont Zick. »Die weitverbreitete einfache Sündenbock-Theorie stimmt so nicht. Frustrationen führen dann zu einer aggressiven Abwertung anderer, wenn der soziale Kontext uns das nahelegt und die Abwertung legitim erscheint. Wir wissen, dass Abwertungen dann wahrscheinlich werden, wenn Individuen meinen, die soziale Gruppe, der sie angehören und die einen Teil ihrer Persönlichkeit ausmacht, würde durch die Abwertung gewinnen.« Es seien, sagt Zick, daher eigentlich alle Gruppen ansprechbar für die Abwertung anderer, »wenn wir in einem bestimmten sozialen Kontext leben oder in eine Situation geraten, wo andere Abwertungen tolerieren oder provozieren«. Der Sexismus sei dafür ein klassisches Beispiel, Homophobie und antisemitische Äußerungen im Fußballstadion ein anderes. Zugespitzt fügt der Vorurteilsforscher hinzu: »Wenn Abwertungen Zugehörigkeit, Anerkennung, Selbstwert suggerieren, dann sind alle Menschen anfällig.«

Und trotzdem zeigten die Studien, dass einige demografische Gruppen besonders häufig zum Rechtspopulismus neigten: ältere Menschen, Frauen, Menschen mit einem geringen formalen Bildungsniveau. Außerdem hätten die Untersuchungen bestätigt, dass Kontakt helfe, um Vorurteile abzubauen. Wer noch nicht einmal indirekten Kontakt zu vermeintlich Fremden habe – nach dem Motto »Ich kenne jemanden, der jemanden kennt« –, der sei »eher anfällig für das, was wir als gruppenbezogene Menschenfeindlichkeit bezeichnen«, resümiert der Erziehungswissenschaftler.

So lässt sich auch ausmachen, woher die Unterstützung einer ausländerfeindlichen Bewegung wie in unserem Szenario stammen würde. »Die wesentlichen Unterstützer und Dulder kämen aus genau jenen Bereichen, die bereits jetzt nach einer Zuwanderungsbegrenzung, Ausweisungen und so weiter rufen«, so der Vorurteilsforscher. Man dürfe nicht übersehen, dass »Begrenzungen der Zuwanderung, Abschiebungen und Ausweisungen ja mehrheitlich über Jahre hinweg toleriert beziehungsweise hingenommen« worden seien.

»Der Konformismus ist weiter verbreitet, als wir das denken«, fügt Zick hinzu. Doch mahnt er zugleich, die Kirche noch im Dorf zu lassen. »Unsere Daten zeigen auch, dass die Gewinne von Rechtsextremisten auf der Landesebene die Menschen ein wenig wachrütteln. Das heißt, Bürgerinnen und Bürger reduzieren ihre leichtfertigen menschenfeindlichen Ressentiments, wenn sie bemerken, dass der Rechtsextremismus erfolgreich ist. Das Problem ist nämlich, dass in der modernen individualisierten Gesellschaft die Menschenfeindlichkeit uns selbst treffen kann.«

Auch Unterstützung für die von einer Massenausweisung bedrohten Ausländer würde es geben, glaubt Zick. »Ich nehme an, dass es dieselben Regionen und Bevölkerungsteile sind, die sich bereits jetzt aktiv für Zivilcourage, gegen Rechtsextremismus und gegen die gruppenbezogene Menschenfeindlichkeit einsetzen.« Städtische Gruppen, gebildete Menschen, die jüngere Generation. Zugleich aber wisse man, wie hoch die Hürden für die Zivilcourage seien, gegen Mehrheiten aufzustehen. Nur mit Mut, enorm guten Nerven und Kreativität funktionierten viele Projekte, »die derzeit in lokalen Räumen gegen eine Mauer aus rechtsextremen Gruppen und einer tolerierenden Mehrheit zivilen Widerstand leisten«, erläutert Zick, der solche Initiativen unterstützen hilft – als Mitglied der Jury des Sächsischen Förderpreises für Demokratie und im Beirat der Amadeu-Antonio-Stiftung. Der Forscher folgert: »Hat sich die Menschenfeindlichkeit in den Alltag geschlichen, ist es viel schwerer und aufwendiger, ihr zu begegnen, als sie jetzt erst gar nicht entstehen zu lassen.«

Wie sich Ausländer verhalten würden, wenn sie ausgewiesen werden sollten? Der Wissenschaftler grübelt. »Eine schwere Frage.« Für Widerstandsaktionen und Solidarität seien bestimmte Voraussetzungen notwendig – und »wir wissen, dass die Solidarität für Mitglieder der eigenen Gruppe begrenzt ist, wenn die eigene Gruppe in der Mehrheitsgesellschaft als minderwertig beurteilt wird«. Insofern hält Zick auch andere Reaktionen für denkbar. »Wir beobachten, dass Zuwanderinnen und Zuwanderer, die ein höheres Ausmaß an Diskriminierung wahrnehmen, ständig die Rückkehroption bewahren. Nehmen wir das Horrorszenario rechtspopulistischer Mehrheiten: Die deutschen Verwandten und Freunde wie auch die Menschen, die als Ausländer bezeichnet werden, würden sich überlegen, auszuwandern.«

Das sind durchaus beunruhigende Nachrichten aus Deutschland. Zuversichtlicher äußert sich die Berliner Sozialwissenschaftlerin Naika Foroutan. »Ich sehe für Deutschland keine Gefahr«, sagt sie uns. »Selbst wenn wir ein stabiles Potenzial von circa 20 Prozent rechtspopulistische Unterstützung hier nachweisen können und eine latente bis offene Abneigung gegen ›den Islam‹, so ist doch hier eher von einer optimistischen Öffnung in Richtung Vielfalt auszugehen. Und das Bild eines neuen Deutschland wird tagtäglich selbstverständlicher.«

Deutschland sei mit sich selbst zufriedener in Momenten, in denen es sich seiner Vielfalt bewusst werde – wie der Fußball-Weltmeisterschaft 2006 im eigenen Land. Oder sogar in einem Moment wie nach der Trauerfeier für die Angehörigen der Opfer der Mörder vom »Nationalsozialistischen Untergrund«, auf der Semiya Şimşek sich trotz des Mordes an ihrem Vater zu ihrer Heimat Deutschland bekannte. »Wir haben eine starke Öffentlichkeit hier und ein hohes Maß an Bürgerverantwortung«, kommentiert Foroutan. »All diese Mechanismen würden anspringen, wenn eine Regierung die abstruse Idee hätte, so einen Plan umzusetzen.«

»In einem Deutschland ohne Ausländer müsste man sich die Kugel geben«

Interview mit Günter Wallraff (Schriftsteller)

Wie es ist, in Deutschland als Ausländer angefeindet zu werden, das kennt wohl kein Deutscher so genau wie Günter Wallraff. Seine *Industriereportagen* machten Wallraff in den 1960er-Jahren bekannt. Dazu schlüpfte er jedes Mal in eine fremde Rolle. Zusammen mit Bernt Engelmann schrieb Wallraff Mitte der 70er-Jahre seinen ersten Bestseller *Ihr da oben – wir da unten*. Zu dieser Zeit unternahm er auch seinen ersten Rollentest als Gastarbeiter. Ein Film des Westdeutschen Fernsehens dokumentiert, wie er zusammen mit einem türkischen Freund verschiedene Vermieter aufsucht, um ein Zimmer zu bekommen. Der Undercover-Autor stieß dabei auf heftigen Widerstand. Genau elf Jahre nach seinem ersten Anlauf in der Ausländerrolle erlebte er dann bundesdeutsche Wirklichkeit aus einer Perspektive, die Deutschen sonst nicht zugänglich ist, und machte Erfahrungen, die eher an das südafrikanische Apartheitsregime erinnern als an den viel gerühmten demokratischen Rechtsstaat. In seiner Rolle als Türke Ali war er unter anderem Hilfskraft in einer Filiale von McDonald's, Leiharbeiter auf einer Großbaustelle sowie bei einem Arbeiterverleiher bei Thyssen/Duisburg und menschliches Versuchskaninchen bei einem Medikamentenversuch. Er erlebte, wie Türken buchstäblich als »der letzte Dreck« angesehen und behandelt wurden, gebraucht nicht nur als »Lückenbüßer« der wirtschaftlichen Konjunktur, sondern vor allem als Billigarbeitskräfte für jeden Zweck, für dreckigste und gefährlichste Arbeiten. Das Echo auf die Veröffentlichung seiner Erfahrungen in dem Buch *Ganz unten* (1985) war unvergleichlich groß. Fernsehen und Presse nahmen sich des Themas Leiharbeit engagiert an und übten dadurch Druck auf Politiker und Unternehmer aus. In Nordrhein-Westfalen haben zahlreiche illegale Leiharbeitsfirmen Besuch vom Staatsanwalt bekommen, entsprechend sind auch gerichtliche Verfahren eingeleitet worden. Um Ausländern wirksam helfen zu können, richtete Günter Wallraff den Hilfsfonds »Ausländersolidarität« ein. Für ein in Duisburg geplantes Wohnmodell, in dem Ausländer und Deutsche zusammenleben werden, stiftete er den Großteil seiner Honorare.

Herr Wallraff, in Umfragen sagt die Hälfte der Deutschen, dass zu viele Ausländer in Deutschland leben. Sind Rechtspopulisten denkbar, die – wie in unserem Szenario – den Volkszorn umsetzen?

Zurzeit sind unsere Politiker doch mehr oder weniger demokratisch stabile Persönlichkeiten, denen das nicht zuzutrauen ist. Aber es könnten andere Typen kommen, vielleicht auch ganz junge, die vorher eher im Showgeschäft zu Hause waren. Typen, die so etwas bedienen. Mit dieser modischen Sorte von Volksbefragungen, wo man reintut, was man raushaben will. Hätten wir solche Referenden, wir hätten längst die Todesstrafe wieder eingeführt. Denken Sie an die Pogromstimmungen gegen Ausländer in den 90er-Jahren, mitgeschürt von der *Bild-Zeitung*. Schlagzeile auf Schlagzeile wurden hier Angst und Fremdenhass produziert. Dann schritten ja Rechtsradikale zur Tat und in Mölln und Solingen fielen türkische Familien den Brandanschlägen zum Opfer. Das waren publizistische Brandstifter, die das angezettelt haben. Das alles ist in noch größerem Ausmaß vorstellbar. Allerdings existiert eine demokratisch-stabile Gegenbewegung unabhängig von der Parteizugehörigkeit. Aber wenn sich eiskalte Populisten irgendwann in der Politik mehrheitlich durchsetzen, dann ist der gesellschaftliche Katastrophenfall vorstellbar.

Im Moment wirkt die deutsche Gesellschaft doch relativ stabil …

Es bilden sich aber immer mehr Parallelgesellschaften. Selbst der ehemalige Finanzminister Steinbrück spricht mittlerweile von einer »asozialen Parallelgesellschaft«, die alle Vorteile mitnimmt und gleichzeitig andere ausgrenzt und mit Dünkelhaftigkeit und Verachtung auf sie herabsieht. Er spricht von Spitzenmanagern, zum Beispiel des Finanzsektors, oder von Jungunternehmern. Es gibt auf der anderen Seite die Parias der Gesellschaft, die Unberührbaren: Langzeitarbeitslose, Hartz-IV-Empfänger, Alte, Kranke. Der Riss zwischen Arm und Reich vergrößert sich. Das führt auch zur Zerreißprobe für die Demokratie. In diesem Vorgang sind wir schon mittendrin. Das lässt – auch gesamteuropäisch gesehen – Schlimmes befürchten.

Herr Wallraff, vor kurzem hat sich die Bundeskanzlerin bei den Angehörigen der Opfer der rechtsterroristischen NSU entschuldigt – wie sind die Taten dieser Terrorgruppe aus Ihrer Sicht zu verstehen?

Diese Täter sahen sich als Avantgarde. Sie fühlten sich als besonders mutige Speerspitze einer Bewegung, die sich hervortun wollten und das vorwegnehmen wollten, was sie sich unter dem Selbsterhaltungstrieb von Helden einer kommenden Gesellschaft vorstellten. Bestimmte Beamte des Bundesamtes und der Landesämter für Verfassungsschutz haben diese Leute gewähren lassen. Vielleicht glaubten die Täter sich deshalb gedeckt und sogar geschützt; sie bekamen ja regelmäßige finanzielle Zuwendungen und sogar logistische Unterstützung. Umgekehrt waren manche U-Boote im Verfassungsschutz – und vom Verfassungsschutz gleichzeitig gefördert. Wenn der ehemalige Thüringer Verfassungsschutzpräsident heute noch in rechtsextremen Zusammenhängen publiziert, zeigt das, wes Geistes Kind der immer schon war. Ich will gar nicht wissen, was der inoffiziell noch alles getrieben hat. Es gab offensichtlich eine Vernetzung und die ist unheimlich. Ich bekomme die Aktivitäten aus diesem Netzwerk auch selbst zu spüren. Ich habe in letzter Zeit wieder zunehmend Droh- und Schmähbriefe bekommen. Diese Drohbriefe nehmen allein an meiner Rolle als Schwarzer Anstoß. Die harmloseren dieser Briefe enden mit »Mit deutschem Gruß«.

Öffentlich war das Thema Fremdenfeindlichkeit seit 2001 kaum präsent – dafür wurde umso mehr die Angst vor Anschlägen geschürt, die Fremde auf uns verüben könnten. Sie haben in dieser Zeit den Film *Schwarz auf Weiß* gemacht, in dem Sie als Schwarzer verkleidet die fremdenfeindlichen Reaktionen der Umwelt entlarven. Dafür gab es in einigen Medien auch Häme – warum eigentlich?

Ich hatte immer Kontakt zu Menschen anderer Hautfarbe, die mir aus ihrem Alltag berichteten. Das war ja der Grund, warum ich in diese Rolle als Schwarzer eingestiegen bin. Das ist mir besonders von einzelnen deutschen Journalisten verübelt worden. Aber die Zustimmung auf den Film von hier lebenden Menschen anderer Hautfarbe war groß. Ich habe sehr viele Zuschriften bekommen, in denen mir Schlimmeres berichtetet wurde. Zum Beispiel das erschütternde Tagebuch einer in Norddeutschland lebenden Juristin mit schwarzer Hautfarbe. Oder der Bericht eines Rechtsanwaltes, dessen Bruder sich umgebracht hatte. Er wurde in einer Kleinstadt wegen seiner Hautfarbe ständig diffamiert. Es gab aber auch Briefe, deren Verfasser sich von dem Film ermutigt fühlten. Wenn ein verdruckster deutscher Feuilletonchef den Film nicht »korrekt« findet, ist das sein Problem. Dem passte die ganze Richtung nicht. Und es passt ihm nicht, dass ich im heutigen Deutschland Alltagsrassismus feststelle; das durfte nicht sein. Der Film hat übrigens 2011 in den USA beim New York Festival die »Gold World Medal« als bester Dokumentarfilm gewonnen. Was mich natürlich gefreut hat.

Warum gab es diese Ablehnung in Deutschland gegenüber Ihrer Darstellung von virulentem Fremdenhass?

Es herrschte mittlerweile die Meinung vor: Das haben wir alles hinter uns. Wir brauchen ja auch nicht mehr an Auschwitz erinnert zu werden. Das ist alles schwarzer Schnee von gestern. Damit dürfen Jüngere nicht mehr belastet werden – Ältere sowieso nicht. Keiner sollte das Bild dieses Deutschlands stören, das da lautet: Wir leben hier in einer absolut funktionierenden Demokratie, der gerechtesten aller Welten, und seit dem Fußball-»Sommermärchen« sind hier alle nur gut. Wer dieses Bild stört, ist ein Nestbeschmutzer, der uns im Ausland in Misskredit bringt.

Dabei haben Sie in dem Film nur gezeigt, wie schnell man im heutigen Deutschland wegen einer schwarzen Hautfarbe ausgegrenzt, diffamiert und sogar angegriffen wird.

Ja, nur die Hautfarbe, nur das Äußere machte mich als Fremden kenntlich. Ich habe ja Deutsch gesprochen, wurde aber ständig wie ein Kind behandelt, dem man sagen muss, wo es langgeht. Man wird geduzt, weggeschickt, verspottet. Das erleben hier lebende schwarze Deutsche ständig. Und in dem Fußballfan-Zug, in dem ich fast gelyncht wurde, war das so. »Wo kommst du her?«, haben sie mich gefragt. »Aus Deutschland«, habe ich gesagt. »Das haben wir noch nie gesehen, einen schwarzen Deutschen«, war die Antwort. »Dann müsst ihr mal raus hier«, sagte ich, »was ist denn deutsch?« Da streckte mir ein Fußballfan seinen Hintern entgegen und sagte: »Hier, mein Arsch ist deutsch!« Schon vorher liefen die mit Hitlergruß über den Bahnhof, brüllten faschistische Parolen und beschimpften mich. Als ich den Einsatzleiter der Polizei um Hilfe bat, sagte dieser wörtlich: »Mir ist nichts aufgefallen.« Ich frage mich, ob das noch Gleichgültigkeit ist oder schon Sympathisantentum.

Eine ähnliche Gleichgültigkeit wie jene, mit der die deutsche Öffentlichkeit die rechtsextreme Mordserie an Ausländern als Bandenkriminalität deutete?

Man hat es sofort abgetan. »Döner-Morde« sollten es gewesen sein. Das Milieu der Ausländer sollte schuld sein. Mit diesem Verweis wurde jeder einzelne Mord auch von Elitejournalistenschnöseln namhafter Zeitschriften abgetan. Auch in den Medien gibt es eine Dünkelhaftigkeit und ein Herrenmenschencredo. Ich weiß nicht, aus welchen Milieus diese Journalisten kommen, aber ich weiß, dass sie auf andere herabblicken wollen.

Wie fühlten Sie sich in ihren Einsätzen als Schwarzer?

Dass man keine Wohnung bekommt, habe ich dutzendmal erlebt. Das erleben hier lebende schwarze Deutsche immer wieder. Sie bekommen weder eine Arbeitsstelle noch eine Wohnung. Höchstens auf Empfehlung. Sie haben es zehnmal so schwer wie Weiße. Das ist der Normalzustand. Es gibt viele, die sich nur noch in ihren eigenen Kreisen aufhalten. Ich kenne den Fall eines Schülers, eines sehr begabten Gymnasiasten, der immer wieder »Bimbo« genannt wurde und dem von Lehrern gesagt wurde: »Du weißt hoffentlich, dass Obama es nur geschafft hat, weil er zur Hälfte die Gene und die Denkweise eines Weißen hat.« Oder: »Nenne mir doch mal einen schwarzen Nobelpreisträger.« Er sagte mir, sein Freundeskreis bestehe ausschließlich aus zugereisten Menschen anderer Herkunft oder Hautfarbe. »Eigentlich bin ich Deutscher«, sagte er mir, »man macht mich aber zum Ausländer.«

Verhindern die Ausschlussmechanismen der Mehrheitsgesellschaft die Integration von Ausländern?

Ja, es gibt keine Normalität des Zusammenlebens. Wer sensibel ist und kein übertriebenes Selbstwertgefühl hat, der fängt an, an sich selbst zu zweifeln und sich das selbst zuzuschreiben. Es gibt auch dieses Verdruckste. Manche bewerben sich, machen einen weiten Weg und dann heißt es: Ach, Sie sprachen so ein gutes Deutsch. Wenn Sie gesagt hätten, dass Sie schwarz sind, hätten Sie sich den Weg ersparen können. Natürlich immer mit dem Zusatz: »Ich habe ja nichts gegen Ausländer, gegen Schwarze – aber meine Kunden, die anderen Mieter im Haus.« Das passiert immer wieder. Auf manchen meiner Veranstaltungen kommen anschließend ältere Deutsche zu mir, die schlucken und sagen: »Ich habe mich auch schon so verhalten.« Ein Reisebürobesitzer sagte mir zum Beispiel kürzlich, er habe Kreditkarten von Ausländern und Schwarzen einfach nie akzeptiert. Das wolle er ändern. Ich kenne eine deutsche Ärztin iranischer Herkunft, die sagt: »Hätte ich meinem Sohn doch nur einen deutsch klingenden Namen gegeben.« Dann hätte er nicht diese Probleme jetzt. Der Sohn ist Jurist mit Top-Examen, will gern als Wirtschaftsanwalt arbeiten. Er bekommt aber in der Kanzlei nur Mandate aus dem Sozialbereich. Mit seinem Namen, heißt es, ginge die Betreuung der Wirtschaftsmandate nicht so gut. Diese Ressentiments haben nichts mit dem Bildungsstand zu tun. In allen Gesellschaftsschichten ist die

Fremdenfeindlichkeit etwa gleich stark vorhanden, oft noch gepaart mit antisemitischen Einstellungen.

Also kein Phänomen der Ränder der Gesellschaft?

Nein, damit macht man es sich viel zu einfach. Es gibt eine große Dünkelhaftigkeit auch in der Mitte und noch stärker in der Oberschicht der Gesellschaft. Dort würde man sich nie offen fremdenfeindlich geben – aber wenn die eigenen Kinder sich zum Beispiel mit Ausländern anfreunden, spielt es doch plötzlich eine Rolle. Diese Haltung in der Mitte und in höheren Gesellschaftsschichten ist gefährlich – diese Gruppen stellen die Weichen, sind richtungsweisend und bilden den Überbau. Dazu gehört auch die *Bild-Zeitung*. Bei den Ausschreitungen von Mölln bis Solingen waren sie die Brandstifter. Bei Sarrazin funktionierte das ähnlich: Da durfte man plötzlich. Da war der Geist aus der Flasche. Das hat für all diejenigen, die schon immer so dachten, etwas Befreiendes. Ähnlich wie damals die Walser-Debatte, die Schlussstrich-Debatte. Da applaudierte in der Paulskirche ja der ganze Saal mit Standing Ovations – nur Bubis und Schorlemmer blieben sitzen. Da sprach Walser dieser immerhin deutschen Bildungselite unmittelbar aus der Seele: Damit wollen wir nichts mehr zu tun haben. Das liegt alles hinter uns. Wir sind die Gerechten und wir haben es alles jetzt bestens eingerichtet und müssen uns damit nicht mehr auseinandersetzen. Immer wird bei diesen Debatten ein mühsam errichtetes und sinnvolles Tabu eingerissen. Man kann sehr schnell Hysterien erzeugen in dieser Gesellschaft – dann gibt es kein Halten mehr.

Als Ali in *Ganz unten* haben Sie vielfältige Diskriminierungen gegen Türken beschrieben – 30 Jahre später reden wir über eine rechtsextreme Mordserie mit mehrheitlich türkischen Opfern. Hat sich nichts verbessert?

Es ist vielschichtiger geworden. Früher waren die türkischen Leiharbeiter völlig ausgegrenzt. Sie gehörten nicht nur nicht dazu, sondern man hat ihnen überall Verachtung entgegengebracht. Das ist in vielen Betrieben heute nicht mehr so. Da gibt es auch ein neues Selbstbewusstsein bei den türkischen Kollegen. Da hat sich etwas zum Positiven verändert. Es gibt aber eine bestimmte Öffentlichkeit, die diese Verachtung weiter zulässt. Auch in der Politik gibt es weiter die Tendenz, scheinbar Fremdes und Andersartiges auszugrenzen. Die Gesellschaft ist gefährdet, weil ihr ökonomischer Zusammenbruch denkbar ist: dieser hochgezüchtete Turbokapitalismus, der an seine Grenzen gelangt ist und kurz davor ist, an sich selbst zu ersticken oder auch an der Komplexität, an der Überreizung, an der hasardeurhaften Spekulation gigantischen Ausmaßes zu zerbrechen – es ist den Zauberlehrlingen entglitten. Das sagen heute ja selbst konservative Wirtschaftstheoretiker. Die sprechen plötzlich so wie wir Linken früher. Wir wurden dafür als Spinner und weltferne Panikmacher verspottet. Und jetzt reden diejenigen so, die an den Schalthebeln saßen. Wenn etwas so außer Kontrolle gerät, können auch ganze Gesellschaftsgruppen ins Visier geraten. Man sucht dann Menschen, die man unter sich glaubt, an denen man sich abreagieren kann. Die man verantwortlich machen kann, wenn nicht als die Schuldigen, so zumindest als die Überflüssigen, Nicht-Dazugehörigen hinstellen, ghettoisieren, ausgrenzen und sie vom gesellschaftlichen Konsens ausschließen kann. Umso besser fühlen sich die anderen, die dann unter sich sind, ihre eigenen Codes haben, mit ihren Luxuslimousinen in ihren Nobelvierteln. Wir leben ja längst in solch einer Kastengesellschaft. Die Aufstiegsmöglichkeiten für die unteren Schichten gehen dann gegen null.

Was wäre, wenn alle Ausländer plötzlich weg wären – wie in unserem Szenario?

Das wäre eine grauenhafte Vorstellung. Es gäbe neue Verteilungskämpfe. Man würde sich mit Sicherheit auf die Alten als überflüssige Esser stürzen. Es würde erneut und wahrscheinlich massenhaft debattiert werden, wer da noch ein Überlebensrecht hat und wer nicht mehr durchgefüttert werden kann. Für wen sich Operationen noch lohnen und wer keine neue Hüfte, kein Kniegelenk mehr bekommt. Ein grausames Science-Fiction-Szenario, vor dem man sich retten müsste. Durch Emigration ins Ausland. Man müsste sofort auswandern. Ich würde in diesem Deutschland verhungern. Dann gibt es wieder jeden Tag Jägerschnitzel mit Champignons aus der

Dose. Unser ja schon längst viel bunterer Alltag, unsere Mode, unsere Kultur würden verarmen. Das wäre ein Land zum Fürchten: die geschmähten Alten, die dann ihrerseits naserümpfend jeden Kinderlärm als bedrohlich empfinden würden. Die Rache nehmen würden und ein einziges gigantisches verwahrlostes Altersheim wuchern ließen, wo aber keiner hilft, weil keine Pfleger mehr da sind. Und wer noch nicht alt ist, würde nur noch malochen und schimpfen: auf die Alten, auf die Welt und auf die Ausländer, die uns jetzt von draußen die Gurgel zudrücken. Der Alltag und das öffentliche Leben wären nicht mehr zu bewältigen. Und der Gipfel dieser grauenhaften Vorstellung: Am Ende wären die Sarrazins unter sich! Da würde man sich eher die Kugel geben.

Dank

Viele Menschen und Institutionen haben uns auf unterschiedliche Weise beim Schreiben dieses Buches unterstützt, Menschen mit Migrationshintergrund und ohne, Ausländer und Deutsche gleichermaßen. Ihnen allen danken wir sehr herzlich. Unser besonderer Dank gilt den Experten, die uns so freigebig an ihrem Wissen haben teilhaben lassen. Ihre Namen durchziehen dieses Buch – und kein Leser wird übersehen, wie wesentlich sie dazu beigetragen haben, mit Vorurteilen aufzuräumen und sie durch Fakten zu ersetzen. Eine Liste all jener, die mit Interviews und Statements beigetragen haben, findet sich am Anfang dieses Bandes. Die Hilfe dieser Menschen war für uns unersetzlich, um die ganze Bandbreite unseres Themas ausloten zu können.

Neben ihnen haben uns weitere Kenner der Themen mit Tipps versorgt. Dafür danken wir Ulrike Foraci von der Arbeitsgemeinschaft der Ausländerbeiräte Hessen und Dr. Steffen Angenendt von der Stiftung Wissenschaft und Politik. Ohne fruchtbare Diskussionen zu Migrationsthemen in den vergangenen Jahren hätte dieses Buch nicht so sachkundig entstehen können. Dafür bedanken wir uns bei Günther Schultze von der Friedrich-Ebert-Stiftung, Volker Roßocha vom Deutschen Gewerkschaftsbund, dem früheren Leiter des Bundesamtes für Migration und Flüchtlinge, Dr. Albert Schmid, und seinem Nachfolger Dr. Manfred Schmidt.

Aktuelle politische Bücher entstehen unter schwierigen Bedingungen. Deswegen danken wir allen im Redline Verlag, die dieses Projekt auf den Weg gebracht und unterstützt haben, insbesondere Oliver Kuhn und Michael Wurster.

Von der *Frankfurter Rundschau* und der DuMont-Redaktionsgemeinschaft sowie von zahlreichen Kolleginnen und Kollegen haben wir immer wieder Aufmunterung erfahren, uns dieses Buch neben der journalistischen Tagesarbeit vorzunehmen. Auch dies hat zum Gelingen wesentlich beigetragen. Wir danken dafür besonders Arno Widmann, Christian Bommarius, Steven Geyer und Susanna Dahs sowie Volker Schmidt, Arnd Festerling und Stefan Kuhn.

Der größte Rückhalt waren unsere Familien. Sie zeigen uns, dass Liebe Grenzen überwinden kann. Wir danken Beate Zekorn-von Bebenburg, Marija Žegarac-Thieme, Olivia Thieme, Lucia Thieme, Dusko Žegarac, Zorka Žegarac, Gabriele und Gottfried Thieme, Veronika Thieme und Giovanni Reber sowie Eva-Maria Thieme.

Über die Autoren

Pitt von Bebenburg berichtet seit 30 Jahren als Journalist für die *Frankfurter Rundschau.* Nach Stationen als stellvertretender Nachrichtenchef in Frankfurt und Hauptstadt-Korrespondent in Berlin arbeitet er seit 2005 als hessischer Landeskorrespondent für die Zeitung. Daneben moderiert der Diplom-Soziologe politische Veranstaltungen. Einen Schwerpunkt seiner Arbeit bilden seit vielen Jahren die Migrations- und Integrationspolitik sowie die Auseinandersetzung mit Fremdenfeindlichkeit. In diesem Zusammenhang erschienen Beiträge von Pitt von Bebenburg in der Forschungsreihe „Deutsche Zustände“, herausgegeben von Professor Wilhelm Heitmeyer.

Matthias Thieme ist ab Sommer 2012 als Redakteur für investigative Recherche bei Gruner + Jahr tätig. Zuvor war er Korrespondent für die DuMont-Gruppe und schrieb für *Berliner Zeitung, Frankfurter Rundschau, Kölner Stadt-Anzeiger* und *Mitteldeutsche Zeitung.* Für seine Recherchen zur Unicef-Affäre hat Thieme 2009 den Wächterpreis der Tagespresse erhalten. Für seine Berichte zur Landes- und Flüchtlingspolitik erhielt er 2009 den Hessischen Journalistenpreis. 2011 wurde Thieme für seine Recherchen zur hessischen Steuerfahnder-Affäre erneut mit dem Wächterpreis ausgezeichnet.

Beide Autoren haben bereits zusammen das Buch *Ausgekocht. Hinter den Kulissen hessischer Machtpolitik,* 2010 im Eichborn Verlag veröffentlicht.

Literaturhinweise

Akyazi, Mehmet, *Getürkt! Mein krasses Leben als Doppelbürger*, München: Heyne 2011

Alt, Jörg, *Leben in der Schattenwelt. Problemkomplex illegale Migration. Neue Erkenntnisse zur Lebenssituation »illegaler« Migranten in München und anderen Städten Deutschlands*, Karlsruhe: Von Loeper Literaturverlag 2003.

Amenda, Lars, »Metropole, Migration, Imagination. Chinesenviertel und chinesische Gastronomie in Westeuropa 1900–1970«, in: *Zeithistorische Forschungen*, Online-Ausgabe 4 (2007), Heft 3, Seite 10ff.

Arte, »Der Alltag: die Änderungsschneiderei«. Text von Tonguc Baykurt zu seiner gleichnamigen Sendung vom 8. 6. 2010. Im Internet: http://www.arte.tv/de/3248756,CmC=3248766.html (Abruf am 7.2.2012)

Asbrock, Frank/Kauff, Mathias/Issmer, Christian/Christ, Oliver/Pettigrew, Thomas F./Wagner, Ulrich, »Kontakt hilft – auch wenn die Politik es nicht immer leichtmacht«, in: Heitmeyer (Hg.) 2011, 199–219

Bauman, Zygmunt, Vereint in Verschiedenheit. In: Berghold, Josef/Menasse, Elisabeth/Ottomeyer, Klaus (Hg.), *Trennlinien*. Klagenfurt: Drava 2000, 35-46

von Bebenburg, Pitt, »Findling, 15 Kilo schwer. Ein junger Aussiedler wird in Wittstock erschlagen«, in: Heitmeyer (Hg.) 2002, 169–176

von Bebenburg, Pitt, »Fremdenfeindlichkeit als ›ganz normale Gesinnung‹. Das Urteil zum Wittstocker Totschlag an Kajrat Batesov«, in: Heitmeyer (Hg.) 2003, 164–167 von Bebenburg, Pitt, »Finstere Orte des Rechtsstaats. Abschiebehaft treibt Flüchtlinge zu Verzweiflungstaten«, in: Heitmeyer (Hg.) 2003, 234–241

von Bebenburg, Pitt, »Das ungeschönte Bild des Rechtsextremismus. Ein Thema auf die Tagesordnung setzen«, in: *Kursiv. Journal für politische Bildung*, Heft 1/2007

Beck, Ulrich/Beck-Gernsheim, Elisabeth, *Fernliebe*, Berlin: Suhrkamp 2011

Berliner Morgenpost, »Der Mann, der Berlin verkauft«, Interview mit René Gurka von Bernd Philipp, 10.6.2008

Bettauer, Hugo, *Die Stadt ohne Juden. Ein Roman von übermorgen*, Wien: Metroverlag 2008

Birg, Herwig, »Auswirkungen und Kosten der Zuwanderung nach Deutschland«, Gutachten im Auftrag des Bayerischen Staatsministeriums des Innern, 2001. Im Internet: http://www.herwig-birg.de/downloads/dokumente/Gutachten-Muenchen.pdf

Blecking, Diethelm/Dembowski, Gerd (Hg.), *Der Ball ist bunt. Kosmopolitisches im deutschen Fußball*, Frankfurt: Brandes & Apsel 2010

Bonin, Holger, »Der Finanzierungsbeitrag der Ausländer zu den deutschen Staatsfinanzen: Eine Bilanz für 2004«, Bonn: IZA (Forschungsinstitut zur Zukunft der Arbeit) 2006. Im Internet: http://ftp.iza.org/dp2444.pdf (Abruf am 21.1.2012)

Bundesamt für Migration und Flüchtlinge (BAMF), »Die Einbürgerung von Ausländern in Deutschland«, Working Paper 17, von Susanne Worbs, Nürnberg: BAMF 2008

Bundesamt für Migration und Flüchtlinge (BAMF), *Muslimisches Leben in Deutschland. Studie im Auftrag der Deutschen Islam-Konferenz*, von Sonja Haug, Stephanie Müssig und Anja Stichs, Nürnberg: BAMF 2009

Bundesamt für Migration und Flüchtlinge (BAMF), *Minas. Atlas über Migration, Integration und Asyl,* 4. Auflage, Nürnberg: BAMF 2011

Bundesamt für Migration und Flüchtlinge (BAMF), *Das Bundesamt in Zahlen 2010. Asyl, Migration, ausländische Bevölkerung und Integration,* Nürnberg: BAMF 2011 (BAMF 2011/2)

Bundesamt für Migration und Flüchtlinge (BAMF), »Sozialversicherungspflichtig beschäftigte Ausländerinnen und Ausländer in qualifizierten Dienstleistungen«, Working Paper 38, von Barbara Heß, Nürnberg: BAMF 2011 (BAMF 2011/3)

Bundesministerium für Wirtschaft und Technologie (BMWi), *Wirtschaftsfaktor Tourismus Deutschland. Kennzahlen einer umsatzstarken Querschnittsbranche,* Berlin: BMWi 2012

Büro für arbeits- und sozialpolitische Studien Bern (BASS), »Gesellschaftliche Kosten der Nichtintegration von Zuwanderinnen und Zuwanderern in Kommunen«, von Tobias Fritschi, Heidi Stutz, Susanne Schmugge, im Auftrag der Bertelsmann-Stiftung. Ohne Orts- und Datumsangabe (ca. 2007). Im Internet: http://www.bertelsmann-stiftung.de/bst/de/media/xcms_bst_dms_21610_21611_2.pdf (Abruf am 21.1.2012)

Cohn-Bendit, Daniel/Schmid, Thomas, *Heimat Babylon. Das Wagnis der multikulturellen Demokratie,* Hamburg: Hoffmann und Campe 1992

Cyrus, Norbert: »Aufenthaltsrechtliche Illegalität in Deutschland - Sozialstrukturbildung – Wechselwirkungen – Politische Optionen«, Bericht für den Sachverständigenrat für Zuwanderung und Integration, Nürnberg. Oldenburg: Interdisziplinäres Zentrum für Bildung und Kommunikation in Migrationsprozessen (IBKM) an der Universität Oldenburg, ohne Datum (ca. 2004). Im Internet: http://www.forum-illegalitaet.de/mediapool/99/993476/data/04_Expertise_Sachverstaendigenrat_Cyrus.pdf (Abruf am 5.4.2012)

Cyrus, Norbert/de Boer, Katrin/Vogel, Dita, Menschenhandel zum Zweck der Arbeitsausbeutung. Eine explorative Untersuchung zu Erscheinungsformen, Ursachen und Umfang in ausgewählten Branchen in Berlin und Brandenburg - im Auftrag des Berliner Bündnisses gegen Menschenhandel zum Zweck der Arbeitsausbeutung. Berlin: Internationale Organisation für Migration, 2010. Im Internet: http://www.gegenmenschenhandel.de/Downloads/BBGM%20Studie%20September%202010.pdf

Der Spiegel, Herrschende Standards, *Der Spiegel* 23/1981 (über DRK-Generalsekretär Hans-Jürgen Schilling)

Der Spiegel, Erst im Himmel sicher, *Der Spiegel* 29/1993 (über Roma-Abschiebungen)

Der Spiegel, Zehn Prozent Abschlag, *Der Spiegel* 45/1997 (über Arbeitsbedingungen in Hamburger-Lokalen)

Der Spiegel, »Die Gesellschaft ist vergiftet«, Interview mit Wilhelm Heitmeyer von Ulrike Demmer und Dirk Kurbjuweit, *Der Spiegel,* 50/2011

Deutscher Bundestag, Drucksache 16/11384, 17.12.2008 (Antwort der Bundesregierung auf die Kleine Anfrage der Fraktion Bündnis 90/Die Grünen: »Situation in deutschen Abschiebehaftanstalten«)

Deutscher Bundestag, Drucksache 17/5460, 12.4.2011 (Antwort der Bundesregierung auf die Kleine Anfrage der Fraktion Die Linke zu Abschiebungen im Jahr 2010)

Deutscher Industrie- und Handelskammertag (DIHK), »Migranten schaffen 150.000 Arbeitsplätze im laufenden Jahr«. Im Internet: http://www.migazin.de/2010/09/16/migranten-schaffen-150-000-arbeitsplatze-im-laufenden-jahr/

Deutsche Zentrale für Tourismus (DZT), *Jahresbericht 2010,* Frankfurt 2011

Die Welt, »Ohne Ausländer droht Kollaps der Sozialsysteme«, von Dorothea Siems und Cornelia Wolber, 1.8.2000. Im Internet: http://www.welt.de/print-welt/article525931/Ohne_Auslaender_droht_Kollaps_der_Sozialsysteme.html (Abruf am 21.1.2012)

Döner-Messe, im Internet: http://döga.de/category/neuigkeiten/ (Abruf am 9.12.2011)

Ein Tag ohne Mexikaner. ... und wer macht den Dreck weg?, Film von Sergio Arau, USA 2009. In Deutschland als DVD erhältlich bei Das-Vierte.de

Europäische Union, »Konsolidierte Fassung des Vertrags über die Europäische Union, Amtsblatt der Europäischen Union vom 30.3.2010«. Im Internet: http://eur-lex.europa.eu/LexUriServ/LexUriServ.do?uri=OJ:C:2010:083:0013:0046:de:PDF (Abruf am 27.12.2011)

Europäische Union, »Konsolidierte Fassung des Vertrags über die Arbeitsweise der Europäischen Union«, Amtsblatt der Europäischen Union vom 9.5.2008. Im Internet: http://eur-lex.europa.eu/LexUriServ/LexUriServ.do?uri=OJ:C:2008:115:0047:0199:DE:PDF (Abruf am 27.12.2011)

Europäischer Verband der Mischfutterindustrie (Fefac), *Feed & Food. Statistical Yearbook* 2010, Brüssel: Fefac 2011

Evers & Jung GmbH, *Unternehmensgründungen von Migranten und Migrantinnen, Untersuchung im Auftrag des Bundesministeriums für Wirtschaft und Technologie (BMWi)*, von Martin Jung, Michael Unterberg, Mirko Bendig und Britta Seidl-Bowe, Hamburg: Evers & Jung 2011

Foroutan, Naika, »Neue Deutsche, Postmigranten und Bindungs-Identitäten. Wer gehört zum neuen Deutschland?«, in: *Aus Politik und Zeitgeschichte* 46–47/2010

Foroutan, Naika/Schäfer, Isabel, »Hybride Identitäten – muslimische Migrantinnen und Migranten in Deutschland und Europa«, in: *Aus Politik und Zeitgeschichte* 5/2009

Frankfurter Rundschau, »Echt nur mit Zwiebeln und Salat«, Interview mit Kadir Numan, von Eva Dorothee Schmid, 20.9.2011

Frankfurter Rundschau, »Neue deutsche Gründerzeit«, von Jakob Schlandt, 30.12.2011

Frankfurter Rundschau, »Fremdenhass ist Mainstream«, Interview mit David Wnendt von Katja Tichomirowa, 21.1.2012

Frankfurter Rundschau, »Wir leben in einem unglaublichen Reichtum«, Interview mit Volker Jung von Peter Hanack, 25.2.2012

Forschungsstelle Flucht und Migration (FFM), *Vor den Toren der Festung Europa. Heft 2: Rumänien,* Berlin/Göttingen: Verlag der Buchläden 1996. Im Internet: http://www.ffm-berlin.de/rumaenien.pdf

Gesemann, Frank/Roth, Roland (Hg.), *Lokale Integrationspolitik in der Einwanderungsgesellschaft. Migration und Integration als Herausforderung von Kommunen,* Wiesbaden: Verlag für Sozialwissenschaften 2009.

Hagist, Christian/Moog, Stefan/Raffelhüschen, Bernd, »Die fiskalische Nachhaltigkeit der Zuwanderung in Deutschland. Eine Analyse anhand der Generationenbilanzierung«. In: *Zeitschrift für Wirtschaftspolitik,* Heft 1/2011, 24–47.

Heinrichs, Hans-Jürgen, *Inmitten der Fremde. Von In- und Ausländern,* Reinbek: Rowohlt 1992

Heitmeyer, Wilhelm (Hg.), *Deutsche Zustände. Folge 1,* Frankfurt a.M.: Suhrkamp 2002

Heitmeyer, Wilhelm (Hg.), *Deutsche Zustände. Folge 2,* Frankfurt a.M.: Suhrkamp 2003

Heitmeyer, Wilhelm (Hg.), *Deutsche Zustände, Folge 3,* Frankfurt a.M.: Suhrkamp 2004

Heitmeyer, Wilhelm (Hg.), *Deutsche Zustände. Folge 10,* Berlin: Suhrkamp 2011

Heitmeyer, Wilhelm, »Erfahrungen mit der gesellschaftlichen Verantwortung der Wissenschaft. Eine Bilanz nach zehn Jahren«, in: Heitmeyer (Hg.) 2011, 321–329

Initiative Tageszeitung, *Online-Lexikon Ausländer – Fremdenfeindlichkeit – Extremismus, Stichwort Neue Länder*. Im Internet unter: http://www.initiative-tageszeitung.de/lexika/leitfaden-artikel.html?LeitfadenID=218 (Abruf am 21.2.2012)

Kahane, Anetta, »In eigener Sache«, in: *Newsletter der Amadeu Antonio Stiftung*, Nr. 81, Dezember 2011. Im Internet: http://www.amadeu-antonio-stiftung.de/newsletter/newsletter-nr-81-dezember-2011/ (Abruf am 31.12.2011)

Keuchel, Susanne/Weil, Benjamin, *Lernorte oder Kulturtempel. Infrastrukturerhebung: Bildungsangebote in klassischen Kultureinrichtungen*, Köln: ARCult 2010

Leibold, Jürgen/Thörner, Stefan/Gosen, Stefanie/Schmidt, Peter, »Mehr oder weniger erwünscht? Entwicklung und Akzeptanz von Vorurteilen gegenüber Muslimen und Juden«, in: Heitmeyer 2011, 177–198

von Loeffelholz, Hans Dietrich, »Auswirkungen von Zuwanderung auf die ökonomische Entwicklung von Kommunen«, in: Gesemann/Roth 2009.

von Loeffelholz, Hans Dietrich/Bauer, Thomas/Haisken-DeNew, John/Schmidt, Christoph M., *Fiskalische Kosten der Zuwanderer. Endbericht zum Forschungsvorhaben des Sachverständigenrates für Zuwanderung und Integration*, Essen: RWI 2004

Lonely Planet, Germany. Im Internet: http://www.lonelyplanet.com/germany/practical-information/health#1 (Abruf am 6.4.2012)

Mansel, Jürgen/Christ, Oliver/ Heitmeyer, Wilhelm, »Der Effekt von Prekarisierung auf fremdenfeindliche Einstellungen. Ergebnisse aus einem Drei-Wellen-Panel und zehn jährlichen Surveys«, in: Heitmeyer 2011, 105–128

Markforschung.de, »Pizza und Pasta sind die Lieblingsgerichte der Deutschen«. Im Internet unter http://www.marktforschung.de/information/nachrichten/marktforschung/pizza-und-pasta-sind-die-lieblingsgerichte-der-deutschen/ (Abruf am 8.12.2011)

Medien Tenor Forschungsbericht Nr. 137, Oktober 2003, 78f.

Nehrkorn, Stefan, »Der Döner«, 45. Sitzung der Humboldt-Gesellschaft am 22.10.1997, im Internet: http://www.humboldtgesellschaft.de/inhalt.php?name=doener (Abruf am 6.2.2012)

Oberndörfer, Dieter, »Zuwanderung nach Deutschland – eine Bilanz«. Osnabrück 2007 (Rat für Migration: Politische Essays zu Migration und Integration, 2/2007)

von Oswald, Anne, Volkswagen, Wolfsburg und die italienischen »Gastarbeiter« 1962-1975. Die gegenseitige Verstärkung des Provisoriums. Bonn: Archiv für Sozialgeschichte, Friedrich-Ebert-Stiftung, 2002, Band 42, 55-79

Özdemir, Cem, *Ich bin Inländer. Ein anatolischer Schwabe im Bundestag*, München: dtv 1997

Petersen, Thomas, »Allensbach-Analyse: »Das zarte Pflänzchen Integration«, in: *Frankfurter Allgemeine Zeitung*, 18.3.2008. Internet: http://www.faz.net/aktuell/politik/allensbach-analyse-das-zarte-pflaenzchen-integration-1511603.html (Abruf am 30.12.2011)

Phan-Thi, Minh-Khai, *Zu Hause sein. Mein Leben in Deutschland und Vietnam*, München: Diana 2007

Ramelsberger, Annette, »Haben alle Angst voreinander?, Gespräch mit Wolfgang Thierse«, in Heitmeyer 2002, 281–285

Rau, Johannes, »Ohne Angst und ohne Träumereien: Gemeinsam in Deutschland leben.« Berliner Rede, gehalten am 12.5.2000 im Haus der Kulturen der Welt, Berlin. Im Internet: http://www.bundespraesident.de/SharedDocs/Reden/DE/Johannes-Rau/Reden/2000/05/20000512_Rede2.html

Rönneburg, Carola, *Grazie mille – Wie die Italiener unser Leben verschönert haben,* Freiburg: Herder 2005. Zusammenfassung in: Rönneburg, Carola, Saure Äpfel bei Volkswagen, die tageszeitung vom 12.2.2005

Sarrazin, Thilo, *Deutschland schafft sich ab. Wie wir unser Land aufs Spiel setzen,* München: Deutsche Verlags-Anstalt 2010

Schmidt, Sascha, *Integration durch Profifußball. Eine Analyse der Leistungszentren der Bundesliga,* Oestrich-Winkel: European Business School 2010

Schulze-Marmeling, Dietrich, »Am Anfang waren die Engländer. Zur Frühgeschichte des Fußballs in Deutschland«, in: Blecking, Diethelm/Dembowski, Gerd (Hg.), *Der Ball ist bunt. Kosmopolitisches im deutschen Fußball,* Frankfurt: Brandes & Apsel 2010, 216–226

Siebel, Walter, »Zum Stand der Integration in Deutschland«, Vortrag auf der Tagung »Integration - sind wir auf einem guten Weg?« des Verbands der Deutschen Wohnungswirtschaft am 22. März 2006 in Köln.

Simmel, Georg, »Exkurs über den Fremden.« In: Soziologie. Untersuchungen über die Formen der Vergesellschaftung. Berlin : Duncker & Humblot 1908, S. 509-512.

Sinn, Hans-Werner/Flaig, Gebhard/Werding, Martin/Munz, Sonja/Düll, Nicola/Hofmann, Herbert, »EU-Erweiterung und Arbeitskräftemigration. Wege zu einer schrittweisen Annäherung der Arbeitsmärkte«, Ifo-Beiträge zur Wirtschaftsforschung, 2/2001, München (zitiert nach Birg)

Sozialdezernat der Stadt Düsseldorf, Ausländer raus!!!???, »Stunde Null« – Ausländer verlassen die Stadt Düsseldorf. Düsseldorf: Sozialdezernat, 1992

Sozialwissenschaftliches Forschungszentrum Berlin-Brandenburg, *Sozialreport 2010. Daten und Fakten zur sozialen Lage 20 Jahre nach der Vereinigung – 1990 bis 2010. Positionen der Bürgerinnen und Bürger. Studie im Auftrag der Volkssolidarität Bundesver-*

band e.V. Berlin August 2010. Im Internet: http://www.sfz-ev.de/Aktuelles/Leben_2010/1_Sozialreport_2010.pdf (Abruf am 30.12.2011)

Stadt Frankfurt, *Statistisches Jahrbuch Frankfurt am Main 2011*, Frankfurt 2011

Statistische Ämter des Bundes und der Länder, »Bevölkerung nach Migrationsstatus regional.« Ergebnisse des Mikrozensus 2008, Wiesbaden: Hessisches Statistisches Landesamt 2010

Statistisches Bundesamt (2008), »Ausländerzahl in Deutschland geringfügig zurückgegangen«, Pressemitteilung Nr. 059 vom 18.02.2008

Statistisches Bundesamt (2009/1), »Zahl der binationalen Paare hat sich seit 1996 fast verdoppelt«, Zahl der Woche Nr. 038 vom 22.09.2009. Im Internet: http://www.destatis.de/jetspeed/portal/cms/Sites/destatis/Internet/DE/Presse/pm/zdw/2009/PD09__038__p002,templateId=renderPrint.psml (Abruf am 7.12.2011)

Statistisches Bundesamt (2009/2), »Immer mehr in Deutschland geborene Kinder haben ausländische Eltern«, Zahl der Woche Nr. 019 vom 12.05.2009. Im Internet: http://www.destatis.de/jetspeed/portal/cms/Sites/destatis/Internet/DE/Presse/pm/zdw/2009/PD09__019__p002,templateId=renderPrint.psml (Abruf am 7.12.2011)

Statistisches Bundesamt (2010), »Erstmals mehr als 16 Millionen Menschen mit Migrationshintergrund in Deutschland«, Pressemitteilung Nr. 248 vom 14.07.2010. Im Internet: http://www.destatis.de/jetspeed/portal/cms/Sites/destatis/Internet/DE/Presse/pm/2010/07/PD10__248__122,templateId=renderPrint.psml (Abruf am 25.2.2012)

Statistisches Bundesamt (2011/1), »Bevölkerung und Erwerbstätigkeit. Bevölkerung mit Migrationshintergrund, Ergebnisse des Mikrozensus 2010«, 26. September 2011. Im Internet: http://

www.destatis.de/jetspeed/portal/cms/Sites/destatis/Internet/DE/Content/Publikationen/Fachveroeffentlichungen/Bevoelkerung/MigrationIntegration/Migrationshintergrund2010220107004,property=file.pdf (Abruf am 3.1.2012)

Statistisches Bundesamt (2011/2), *Statistisches Jahrbuch 2011 für die Bundesrepublik Deutschland*, Wiesbaden: Statistisches Bundesamt 2011. Im Internet: http://www.destatis.de/jetspeed/portal/cms/Sites/destatis/Internet/DE/Navigation/Publikationen/Querschnittsveroeffentlichungen/Jahrbuch,templateId=renderPrint.psml__nnn=true (Abruf am 16.2.2012)

Statistisches Bundesamt (2011/3), »Zahl der Einbürgerungen im Jahr 2010 leicht angestiegen.« Pressemitteilung Nr. 255 vom 7.7.2011. Im Internet: https://www.destatis.de/DE/PresseService/Presse/Pressemitteilungen/2011/07/PD11_255_12511.html (Abruf am 5.4.2012)

Statistisches Bundesamt (2011/4), »Wanderungen.« Im Internet: https://www.destatis.de/DE/ZahlenFakten/GesellschaftStaat/Bevoelkerung/Wanderungen/Wanderungen.html (Abruf am 4.12.2011)

Statistisches Bundesamt (2012), »Bevölkerung und Erwerbstätigkeit. Ausländische Bevölkerung. Ergebnisse des Ausländerzentralregisters.« Wiesbaden: Statistisches Bundesamt 2012. Im Internet: https://www.destatis.de/DE/Publikationen/Thematisch/Bevoelkerung/MigrationIntegration/AuslaendBevoelkerung2010200117004.pdf?__blob=publicationFile (Abruf am 5.4.2012)

Susen, Ann-Sofie: »Weil ick dafür bin, daß keine doppelten Staatsbürgerschaften existieren«, in: agent provocateur. Studierendenzeitung am Otto-Suhr-Institut. Berlin (1999). Im Internet: http://www.polwiss.fu-berlin.de/fsi/ap/ap7-cdukamp.htm (Abruf am 20.5.2010)

Ullenhag, Erik, »Vision von einer offenen Gesellschaft«, Gastbeitrag in der *Frankfurter Rundschau* vom 31.12.2011

UNHCR, Global Trends 2010, Genf: UNHCR 2011. Im Internet: http://www.unhcr.de/service/zahlen-und-statistiken.html (Abruf am 6.2.2012)

Verband binationaler Familien und Partnerschaften, »Binationale in Deutschland. Zahlen und Fakten«. Im Internet: http://www.verband-binationaler.de/index.php?id=30 (Abruf am 7.12.2011)

Vogel, Dita, *Zuwanderung und Sozialstaat: fiskalische Effekte der Zuwanderung – ihre Messung und Interpretation*, Frankfurt u.a.: Peter Lang 1996

Vogel, Dita/Aßner, Manuel, »Kinder ohne Aufenthaltsstatus – illegal im Land, legal in der Schule.« Berlin: Sachverständigenrat der deutschen Stiftungen für Integration und Migration (SVR) 2010

Wiesel, Elie, »Die Angst vor dem Fremden«, *Die Tageszeitung*, 8.6.1991 (Sonderausgabe)

Zick, Andreas/Küpper, Beate/Hövermann, Andreas, *Die Abwertung der Anderen. Eine europäische Zustandsbeschreibung zu Intoleranz, Vorurteilen und Diskriminierung*, Berlin: Friedrich-Ebert-Stiftung 2011. Im Internet: http://library.fes.de/pdf-files/do/07905-20110311.pdf. (Abruf am 27.12.2011)

Zwanziger, Theo, »Vorwort«, in: Blecking, Diethelm/Dembowski, Gerd (Hg.), *Der Ball ist bunt. Kosmopolitisches im deutschen Fußball*, Frankfurt: Brandes & Apsel 2010, 9–10

Zweites Deutsches Fernsehen (ZDF), »Die Lehren aus Maastricht, Filmbeitrag von Daniel Pontzen, mit einem Interview mit Hans-Peter Burggraf«, *heute-journal* vom 7.2.2012

Anmerkungen

1 Simmel, 509

2 Bauman, 59

3 Statistische Ämter des Bundes und der Länder 2010, 36ff.

4 Sarrazin, 259

5 Petersen

6 Sozialwissenschaftliches Forschungszentrum Berlin-Brandenburg, *Sozialreport 2010*

7 Heitmeyer 2011, 36

8 Ebenda sowie Heitmeyer 2004, 21

9 Heitmeyer 2011, 38

10 Heitmeyer 2004, 30; Mansel/Christ/Heitmeyer 2011, 121

11 Statistisches Bundesamt 2012, 26. – Hinweis zu den Statistiken in diesem Buch: Das Statistische Bundesamt veröffentlicht unterschiedliche Zahlen über die ausländische Bevölkerung in Deutschland. Soweit möglich, nutzen wir die Bevölkerungsfortschreibung nach dem Mikrozensus, die als vollständigste regelmäßige Erhebung angesehen werden kann. An verschiedenen Stellen müssen wir allerdings auf Daten aus dem Ausländerzentralregister zurückgreifen, da sie detaillierter sind. Beide unterscheiden sich, weil nur die Bevölkerungsfortschreibung auch die vorübergehend in Deutschland aufhältigen Ausländer erfasst. Der Unterschied ist nicht unerheblich: Zum 31.12.2011 standen 7.369.909 Ausländern nach der Bevölkerungsfortschreibung nur 6.930.896 Ausländer nach dem

Ausländerzentralregister gegenüber. Aus diesem und anderen statistischen Gründen sind nicht alle Zahlen in diesem Buch miteinander vergleichbar.

12 Statistisches Bundesamt 2011/1, 23

13 Sozialdezernat der Stadt Düsseldorf, 13

14 BAMF 2011/1

15 Statistisches Bundesamt 2012, 23

16 Statistisches Bundesamt 2012, 31ff

17 BAMF 2011/1, 107

18 Statistisches Bundesamt 2011/1, 23

19 Statistisches Bundesamt BA 2011/3

20 Statistisches Bundesamt 2011/4

21 Verband binationaler Familien und Partnerschaften

22 Statistisches Bundesamt 2009/1

23 BAMF 2008, 5

24 Statistisches Bundesamt, PM 59/2008

25 BAMF 2008, 29

26 BAMF 2008, 36

27 BAMF 2011, 76

28 BAMF 2008, 39

29 Deutscher Bundestag, Drucksache 17/5460

30 Deutscher Bundestag, Drucksache 16/11384

31 BAMF 2011/2, 72

32 Zick/Küpper/Hövermann 2011

33 Asbrock u.a. 2011

34 Abschlussbericht zur Studie »Wirkungen des Pflege-Weiterentwicklungsgesetzes« aus 6/2011, BMG Berlin

35 Rönneburg, zitiert nach die *tageszeitung*

36 Stadt Frankfurt 2011, 127

37 FR vom 30.12.2011

38 Evers & Jung, 33

39 Arte 2010

40 Berliner Morgenpost 10.6.2008

41 Sarrazin, 260

42 Vogel, 204

43 ebenda

44 Bonin, »Abstract« (ohne Seitenzahl)

45 Bonin 8

46 Bonin 14

47 von Loeffelholz 2009, 188

48 von Loeffelholz 2009, 185

49 Birg, 19

50 Birg, 52

51 Von Loeffelholz et al. 2004, 21, Tab. 2

52 BASS, 13

53 Verband binationaler Familien und Partnerschaften

54 Statistisches Bundesamt 2009

55 Verband binationaler Familien und Partnerschaften

56 Statistisches Bundesamt 2011/2, 58

57 Beck/Beck-Gernsheim, 32

58 Beck/Beck-Gernsheim, 43f.

59 Beck/Beck-Gernsheim, 240

60 BAMF 2008, 28

61 Nehrkorn, 1997

62 Rau

63 Fefac 2011, 67

64 BAMF 2011/3, 40f.

65 *Frankfurter Rundschau*, 20.9.2011

66 *Berliner Zeitung*, 17.4.2011

67 Marktforschung.de

68 Amenda, 10

69 Amenda, 11

70 *Der Spiegel* 45/1997

71 Akyazi, 8

72 Schulze-Marmeling 216

73 BAMF 2009, 12

74 BAMF 2009, 69

75 Leibold 2011, 193

76 Heitmeyer 2011, 33

77 Siebel

78 Statistische Ämter 2010, 38

79 Statistisches Bundesamt 2011/1, 7

80 Statistisches Bundesamt 2010

81 Statistisches Bundesamt 2011, 32

82 Statistisches Bundesamt 2011, 32

83 Statistisches Bundesamt 2011, 32

84 Statistisches Bundesamt 2011, 32

85 Statistische Ämter 2010, 38

86 Statistisches Bundesamt 2011/1, 32

87 Ebenda

88 Ebenda

89 Foroutan 2010, 2

90 Phan-Thi, 11

91 Foroutan 2010, Anm. 13

92 Foroutan 2010, 8

93 zitiert nach Foroutan 2010, 7, Anm. 19

94 Heitmeyer 2011, 323

95 Cyrus/de Boer/Vogel

96 Vogel/Aßner

97 DZT, 14ff.

98 zitiert nach Initiative Tageszeitung

99 Ähnlich auch bei Lonely Planet, Germany

100 BMWi 2012, 44f.

101 DZT, 14ff.

102 *Der Spiegel* 23/1981

103 *Der Spiegel* 29/1993

104 FFM, 12f.

105 FFM, 11

106 UNHCR 2011, 14

107 ZDF, 7.2.2012

108 Artikel 45, Absatz 3, sowie Artikel 52 und 62 AEUV

109 BAMF 2008, 28

110 von Bebenburg 2007

111 *Medien Tenor* 2003

112 Ramelsberger, 285

113 Heinrichs, 29

114 Susen 2

115 Sarrazin, 267

116 Sarrazin, 259

117 *Frankfurter Rundschau*, 25.2.2012

118 Heitmeyer 2011

Personenregister

Register